George F. Kennan

# Wolken der Gefahr

Aktuelle Probleme
der amerikanischen Außenpolitik

George F. Kennan

# Wolken der Gefahr

## Aktuelle Probleme der amerikanischen Außenpolitik

[redacted]



tuduv

Die Originalausgabe erschien unter dem Titel
„The Cloud of Danger"

Aus dem Amerikanischen ins Deutsche übertragen von Hartmut Velbinger

CIP-Kurztitelaufnahme der Deutschen Bibliothek

**Kennan, George F.:**
Wolken der Gefahr: aktuelle Probleme d. amerikan. Außenpolitik. – München: tuduv-Verlagsgesellschaft, 1978.
Einheitssacht.: The cloud of danger (dt.)
ISBN 3-88073-068-7


8000 München 2, Gabelsbergerstr. 15, Tel. 089/2 80 90 95
Gesamtherstellung: Fotodruck Frank oHG, 8000 München 2
Printed in Germany

## EINFÜHRUNG

Die amerikanische Weltpolitik der Nachkriegsära kennt nur wenige Diplomaten, die so wie der Verfasser dieses Buches, George F. Kennan, über ein umfassendes Geschichtswissen, verbunden mit klaren philosophischen Denkstrukturen sowie politischem und organisatorischem Talent in Problembereichen außenpolitischer Praxis verfügen. Am geschichtlichen Wendepunkt der amerikanischen Nachkriegsdiplomatie, der sich mit dem Beginn der Eindämmungspolitik, dem Marshallplan und der NATO-Gründung manifestierte, prägte er als Gründungsdirektor des Planungsstabes im amerikanischen Außenministerium manche Entscheidungen von weltpolitischer Tragweite. Kennan zählt nicht nur zu den führenden Rußland- und Deutschlandkennern der amerikanischen Gegenwartsdiplomatie. Er gehört in Schrift und Praxis auch zu den bahnbrechenden Denkern des „Politischen Realismus", der seinen philosophisch-anthropologischen Grundansatz Reinhold Niebuhr, seine politikwissenschaftliche Systematisierung Hans J. Morgenthau und seine Erprobung in der außenpolitischen Praxis der USA vor allem Kennan selbst, Acheson und Kissinger verdankt. Was an Kennan fasziniert, ist seine tiefe und subtile systemübergreifende Humanität, die ihn vereint mit seinem Realismus zum scharfsichtigen Kritiker jener ideologischen Selbstverherrlichung, machtpolitischen Selbstüberschätzung und undifferenziert simplifizierenden Schwarz-Weiß-Malerei macht, die manche selbstschädigende Phasen der amerikanischen Außenpolitik der Nachkriegszeit gekennzeichnet hat. Gerade seine Differenziertheit macht aber Kennan für jene, die vereinfachte Weltbilder und pauschale Lösungen bevorzugen, zu einem provozierend „unbequemen" Denker.

Der vorliegende Band zeigt Kennans souveräne Fähigkeit zur kraftvollen Verbindung zahlreicher regionaler und funktionaler Teilbereiche zum Gesamtbild einer wirklichkeitsnahen Analyse gegenwärtiger amerikanischer Weltpolitik.

München, im Juli 1978 — Gottfried-Karl Kindermann

## INHALTSVERZEICHNIS


| | | Seite |
|---|---|---|
| Einleitung | | I |
| Vorwort | | VII |
| I. | **Die Vereinigten Staaten als Teilnehmer am Weltgeschehen** | 1 |
| | 1. Das Regierungssystem in der Praxis | 1 |
| | 2. Der militärisch-industrielle Komplex | 7 |
| | 3. Die Abhängigkeit von Energie | 13 |
| | 4. Der Vorrang innenpolitischer Probleme | 17 |
| | 5. Schlußbemerkung | 24 |
| II. | **Die globale Szene** | 26 |
| | 1. Die Organisation der internationalen Gesellschaft | 26 |
| | 2. Die drohende Überbevölkerung und Ernährungskrise | 31 |
| | 3. Das Umweltproblem | 33 |
| | 4. Die „Dritte Welt" und der Nord-Süd-Dialog | 37 |
| | 5. „Demokratie" als weltweites Thema | 41 |
| | 6. Gipfeldiplomatie | 46 |
| | 7. Weltwirtschaftsprobleme | 50 |
| | 8. Schlußbemerkung | 51 |
| III. | **Lateinamerika** | 53 |
| | 1. Der Panamakanal | 54 |
| | 2. Kuba | 60 |
| | 3. Schlußbemerkung | 68 |
| IV. | **Afrika** | 70 |
| | 1. Allgemeines | 70 |
| | 2. Südliches Afrika | 72 |
| V. | **Der Nahe Osten** | 82 |

| | | |
|---|---|---|
| **VI.** | **Zwischen Nahem und Fernem Osten** | 94 |
| | 1. Pakistan | 95 |
| | 2. Indien | 95 |
| | 3. Südostasien | 96 |
| | 4. Die Philippinen | 98 |
| **VII.** | **Der Ferne Osten** | 102 |
| | 1. China | 102 |
| | 2. Japan | 110 |
| | 3. Korea | 113 |
| **VIII.** | **NATO** | 116 |
| | 1. Griechenland und die Türkei | 116 |
| | 2. Italien | 122 |
| **IX.** | **Unsere Freunde in Westeuropa** | 126 |
| | 1. Frankreich | 133 |
| | 2. Die Deutschen | 135 |
| | 3. Großbritannien | 139 |
| | 4. Die kleineren Völker | 140 |
| | 5. Die euro-amerikanischen Wirtschaftsprobleme | 141 |
| **X.** | **Osteuropa** | 144 |
| | 1. Jugoslawien | 144 |
| | 2. Finnland | 148 |
| | 3. Das kommunistische Osteuropa | 150 |
| **XI.** | **Die Sowjetunion – Der Alarm** | 155 |
| | 1. „Détente“ und ihre falsche Interpretation | 155 |
| | 2. Der militärische Vorwurf | 161 |
| | 3. Der politische Vorwurf | 168 |
| | 4. Sowjetische Absichten | 172 |
| | 5. Schlußbemerkung | 177 |

**XII. Die Sowjetunion – Die Realität** 179

1. „Weltherrschaft“ 179
2. Die innere Lage 186
3. Die äußere Lage 193
4. Zusammenfassung 207

**XIII. Sowjetisch-amerikanische Beziehungen** 209

1. Die militärische Gefahr 209
2. Die SALT-Gespräche 210
3. Nukleartests 212
4. Das Prinzip der „Erstanwendung“ 213
5. Konventionelle Waffen 216
6. Nachrichtenwesen 218
7. Dissidenten und Menschenrechte 221
8. Handel 227
9. Kulturelle Beziehungen 231
10. Berufsdiplomatie und die Moskauer Botschaft 234

**XIV. Ein Globalkonzept amerikanischer Politik** 238

## VORWORT ZUR DEUTSCHEN AUSGABE

Dieses Buch, das Anfang 1977 geschrieben wurde, war ursprünglich gedacht als Kommentar zu den Problemen, mit denen die neue US-Regierung unter Präsident Carter voraussichtlich bald zu tun haben sollte. Es war insbesondere mit Blick auf den neuen Präsidenten und seine jungen, teils unerfahrenen Ratgeber verfaßt, weniger dagegen für den ausländischen Leser bestimmt. Eine spezielle deutsche Ausgabe war von daher auch nicht vorgesehen.

Damit ergibt sich die Frage: Wozu jetzt noch – nach bald zwei Jahren – eine deutsche Ausgabe? Folgende Gründe schienen mir nach reiflicher Überlegung dafür zu sprechen:

Erstens haben die in dem Buch behandelten Probleme in der Zwischenzeit wenig an Aktualität verloren. Keines von ihnen (es sei denn das Problem des Panamakanals, und das nur auf die unmittelbare Zukunft) ist inzwischen gelöst worden, manche haben an Brisanz und Schärfe sogar noch zugenommen.

Zweitens stellen sich die meisten dieser Probleme – wenn auch unterschiedlich stark ausgeprägt – ebenso für die NATO-Mitglieder. Fragen wie die gefährliche Abhängigkeit der westlichen Industrieländer von den OPEC-Ländern im Hinblick auf die Versorgung mit Rohöl, wie die Organisation der internationalen Staatengemeinschaft, die internationalen Aspekte der Umweltverschmutzung, die Situation im südlichen Teil von Afrika, das Verhältnis der Vereinigten Staaten zum russisch-chinesischen Konflikt, und vor allen Dingen die Probleme der direkten Beziehungen zu Sowjetrußland: die militärische Rivalität, die Frage der Menschenrechte und der Möglichkeit nützlicher ausländischer Einwirkung auf diesem Gebiet, die innenpolitische Lage in der Sowjetunion und ihre Beziehung zur sowjetischen Außenpolitik: – das alles sind Fragen, mit denen sich auch die westeuropäischen Partner Amerikas in Zukunft mehr oder minder auseinandersetzen müssen.

Anzunehmen, daß das, was hier zu diesen und ähnlichen Fragen geschrieben steht, das letzte Wort sein sollte oder sein könnte, wäre vermessen und liegt mir fern. Es ist jedoch das Produkt einer fünfzigjährigen Beschäftigung mit den betreffenden Problemen – namentlich solchen, die mit dem Verhältnis zur Sowjetunion zusammenhängen. Und wenn die Ausführungen dem deutschen Leser dazu verhelfen können, diese Probleme klarer und umfassender zu sehen und in ihrer tieferen Bedeutung besser zu erfassen, dann dürfte die Mühe, die man sich mit der Übersetzung und Herausgabe des Buches auf Deutsch gegeben hat, nicht umsonst gewesen sein.

Ein kleines Nachwort. Ich kann sehr gut verstehen, daß es von vielen Europäern nicht gerne gehört wird, wenn man behauptet, daß die Kraftquellen, die den Vereinigten Staaten heute zur Erfüllung außenpolitischer Aufgaben zur Verfügung stehen, viel enger begrenzt sind als allgemein angenommen, und daß das Land deshalb bei weitem nicht all den Erwartungen gerecht werden kann, denen es sich heute gegenübergestellt sieht. Dies aber ist nach meiner festen Überzeugung die wahre Sachlage. Und je eher man dies im Ausland begreift, je schneller man sich darauf einrichtet und beginnt, Probleme in eigener Verantwortung anzupacken, deren Lösung man bisher den Amerikanern überließ, desto größer werden die Chancen sein, zu einer stabileren, allgemein besseren und den Interessen der betreffenden Länder entsprechenden internationalen Ordnung zu gelangen.

Kristiansand, im Juli 1978 George F. Kennan

# Die Vereinigten Staaten als Teilnehmer am Weltgeschehen

Jede Betrachtung über die Rolle, die ein Land auf internationaler Ebene zu spielen wünscht, und über die Ziele, die es zu seinem Nutzen verfolgen möchte, hat mit dem Wesen des betreffenden Landes zu beginnen: mit seinen Bedürfnissen in bezug auf seine internationale Umwelt sowie der Art und Weise, in der innere Verfassung und Gewohnheiten seine Handlungsmöglichkeiten nach außen beeinflussen. Bevor ich mich daher den Fragen der äußeren Verwicklungen und Verpflichtungen dieses Landes zuwende, möchte ich den Leser an bestimmte interne Bedingungen der amerikanischen Gesellschaft erinnern, die eine weitgehende Begrenzung oder Erschwernis darstellen, wo es um die Handlungsfreiheit oder die Fähigkeit zu wirksamem Handeln im auswärtigen Bereich geht.

## 1. Das Regierungssystem in der Praxis

Es würde zu weit führen, wollte man ausführlich bei den Schwächen verweilen, die einer Regierung wie der unseren vom Standpunkt ihres außenpolitischen Verhaltens anhaften. Nach fast 150 Jahren kann man nur wenig dem hinzufügen, was Tocqueville diesbezüglich 1831 zu sagen hatte. Die scharfe Trennung der Gewalten, die in den Augen der Gründerväter den eigentlichen Eckstein des amerikanischen Regierungssystems bildete, geht bereits so weit, daß sie Geheimhaltung, Beweglichkeit, Schnelligkeit und Durchschlagskraft von Entscheidung und Handlung ausschließen, die kennzeichnend für die großen imperialen Mächte der Vergangenheit waren und von den Herrschern eines großen Staates im allgemeinen als notwendig für die Führung einer wirksamen Weltpolitik betrachtet werden.

Wenn in dieser Hinsicht eine Veränderung eingetreten ist seit Tocquevilles Schrift vor 150 Jahren, dann nur eine zum Schlechteren; und zwar deshalb, weil die amerikanische Regierung seiner Tage wenigstens den Vorteil hatte, eine kleine Regierung in einer kleinen Gesellschaft zu sein. Den Überblick über all ihre Aktionen zu behalten, war zu jener Zeit keine Schwierigkeit. Die kleine Anzahl von Personen, die damals im Regierungssystem mitwirkten – im Bereich der Exekutive, der Legislative und der Judikative – gestattete ihnen zumindest einen leichten und vertrauensvollen Gedankenaustausch, wenn Einvernehmen schon nicht immer erzielbar war. Heute ist die US-Regierung weit komplizierter und unübersichtlicher. Ihre vielfältigen Verwicklungen und Aktivitäten sind für den Einzelnen nicht mehr durchsichtig und erst recht nicht mehr kontrollierbar von einem einzigen Zentrum aus. Wenn das Land deshalb schon in Tocquevilles Tagen nur bedingt tauglich war für eine gut koordinierte und zielbewußte Teilnahme am wechselvollen Geschäft der Weltpolitik, so ist es heute noch weniger darauf abgestimmt.

Zu bezweifeln ist, ob diese Situation von den begeisterten Fürsprechern einer amerikanischen Führungsrolle in der Welt oder einer imperialen Macht jemals angemessen in Rechnung gestellt wurde. Die Tatsache, daß die amerikanische Staatsführung einen großen Fehler oder eine große Torheit nach der anderen begeht, ist in den Köpfen dieser Menschen anscheinend nie in Verbindung gebracht worden mit der Art, in der dieses Land ursprünglich zur Führung von Außenpolitik angelegt war. Daß wir in zwei Weltkriege ohne angemessene militärische Vorbereitung hineinschlitterten und sie ohne angemessene politische Vorbereitung beendeten, ist eine Tatsache, die den Staatsmännern der betreffenden Periode gelegentlich vorgeworfen wird, doch fast nie wird das Wesen unseres politischen Systems kritisiert. Auch scheint uns die Frage nicht in den Sinn zu kommen, ob die großen Fehlkalkulationen, die uns zur Torheit von Vietnam führten, nicht noch tiefere Ursachen hatten als bloß die Kurzsichtigkeit einiger Individuen – ob sie nicht in Wirklichkeit eine gewisse Untauglichkeit des Systems insgesamt widerspiegelten, wo es um Planung und

Ausführung ehrgeiziger politisch-militärischer Unternehmen weitab von unseren Küsten ging.

Wie dem auch sei, eine der Signalwirkungen von Vietnam und Watergate bestand zum Glück oder Unglück darin, unsere Fähigkeiten diesbezüglich noch weiter zu verschlechtern. So findet man unter den Konsequenzen eine ernsthafte Beeinträchtigung der ohnehin begrenzten Möglichkeiten für Geheimhaltung, wie sie früher innerhalb unseres außenpolitischen Verwaltungsapparats bestanden hatte. Das liegt teilweise an der umfangreichen Aufdeckung relativ jungen Archivmaterials für die kritischen Augen von Presse und Öffentlichkeit. Doch ebenso liegt es an der größeren Rolle, die nach allgemeiner Übereinstimmung dem Kongreß jetzt generell bei Formulierung der Politik übertragen werden sollte. Präsident Carter hat wiederholt seine Absicht ausgedrückt, den Kongreß ausgiebig zu konsultieren und partnerschaftlich mit ihm in Fragen der Außenpolitik zusammenzuarbeiten. Dies deckt sich mit einer Gefühlswelle, wie sie öffentlich in dieser Richtung zum Ausdruck kommt und den Glauben widerspiegelt, daß einer der Hauptgründe für die Fehlschläge der vergangenen Jahre in der Geheimhaltung zu suchen sei, die in hohem Maße von regierungsamtlicher Seite geübt wurde und hinter der sich die jeweiligen politischen Handlungen und Entscheidungen verbergen ließen.

Der Kongreß ist danach ausgiebiger zu befragen und ins Vertrauen zu ziehen; und es ist gewiß nicht meine Absicht, dagegen etwas einzuwenden. Soll doch schließlich alles zum Besten dienen. Doch wer auch immer von einer Konsultation des Kongresses in den Hauptfragen der Außenpolitik spricht, der spricht gleichzeitig über die Preisgabe jener Vorteile, die – wie immer geartet – eine Geheimhaltung der Entscheidung mit sich bringt. Das ist dann nicht die Schuld eines Einzelnen; es ist einfach unvermeidlich, und wenn es nur an der großen Zahl von Menschen liegt, die miteinbezogen werden müssen.

Doch ist der Verlust der Geheimhaltung nicht der einzige Weg, über den der Kongreß dank seines größeren Gewichts den politischen Entscheidungsprozeß vermutlich beeinflussen wird. Er kann nicht mehr als jede andere große gesetzgebende Körperschaft durch tägliche diskrete Empfehlung auf die Führung der Außenpolitik einwirken; er kann dies nur durch Festsetzung starrer Normen in Form von Gesetzen, Verträgen oder finanziellen Einengungen tun, die den Zweck verfolgen, den Handlungsspielraum der Exekutive auf lange Zeit hin zu binden. Anders ausgedrückt: Der Kongreß kann nur unregelmäßig die auswärtige Politik beeinflussen – durch Festlegung der großen, entscheidenden Linien, die die Richtung und Grenzen für Abweichungen oft bis weit in die Zukunft hinein abstecken. Das kann durchaus negativ gemünzt sein – als Absicherung gegenüber Torheiten der Regierung; es begrenzt aber in beträchtlicher Weise die Beweglichkeit der Regierung, wo es sie nicht gänzlich ausschließt. Es wird der Exekutive dadurch unmöglich gemacht, feinfühlend und wirksam zu reagieren auf Veränderungen der tatsächlich gegebenen Situation, die zu der Zeit, als die betreffende Norm des Kongresses fixiert wurde, nicht vorhergesehen wurden und auch nicht vorhersehbar waren (und der Lauf internationaler Angelegenheiten ist voll von solchen Veränderungen).

Kurzum – die Beteiligung des Kongresses am politischen Prozeß schränkt nicht nur die Geheimhaltung der Entscheidung ein, sondern belästet diesen Prozeß mit einem hohen Grad von Schwerfälligkeit und Unbeweglichkeit; und diese Bedingungen zusammengenommen berauben den Politiker der Möglichkeit zur Initiative, der Vorteile von Überraschungen sowie der Fähigkeit, einfühlsam auf Unerwartetes zu antworten.

Das ist aber noch nicht alles. Der Kongreß ist ohne Frage zwangsläufig anfälliger als die Exekutive – insbesondere das State Department*– gegenüber dem Druck von ethnischen und anderen organisierten Interessengruppen (Lobbies) oder Minderheiten, die ängstlich darauf bedacht sind, die auswärtige Politik zum Vorteil ihrer verschiedenen engstirnigen Ziele und Anliegen zu beeinflussen. Beispiele dafür gibt es so zahlreich, daß es überflüssig, wenn nicht gar ärgerlich wäre, auch nur ein einziges hier zu erwähnen. Keiner, der die Annalen gerade unserer Nachkriegsjahrzehnte nochmals an sich vorüberziehen läßt, dürfte Schwierigkeiten haben, sich eine Anzahl markanter Fälle zu vergegenwärtigen, in de-

* Das Außenministerium der USA, A.d.Ü.

nen völkische Minderheiten Druck ausgeübt haben, um so die Außenpolitik in Richtung dessen zu beeinflussen, was sie für die Interessen ihres früheren Mutterlandes halten – Interessen, die zwar mit denen der Vereinigten Staaten übereinstimmen können, aber nicht müssen. Die Vertreter industrieller und gewerkschaftlicher Interessengruppen haben sich bei vielen Gelegenheiten immer wieder entsprechend verhalten, wo es um die selbstsüchtigen Interessen von Minderheiten unter den US-Bürgern ging – um Interessen, die wiederum identisch oder nicht identisch mit denen des ganzen Landes sein konnten.

Am bemerkenswertesten bei solcher Druckausübung ist nicht, daß sie vorkommt – dies liegt in der Natur der Dinge –, sondern daß sie so erfolgreich ist. Beispiele über Beispiele fallen einem ein von Fällen, wo sich der Druck in Form von Einflußnahme auf Kongreßentscheidungen in auswärtigen Angelegenheiten als mächtiger und wirksamer erwies als die Ansichten besonders kompetenter Persönlichkeiten auf Regierungsebene, denen im Gegensatz zu den Lobbyisten ausschließlich nationale Interessen am Herzen lagen.

Wenn so etwas geschieht, bedeutet dies einfach, daß die Macht unserer Regierung, auf die internationale Umwelt einzuwirken, für politische Zwecke daheim mißbraucht und verdreht wird – mit dem Ergebnis, daß unsere Aktionen auf dem äußeren Schauplatz als Ausdruck nationaler Politik leicht inkonsequent werden, entweder wirkungslos oder selbstzerstörerisch. Und dies engt nicht nur den Raum ein, auf dem sich wirksam Politik machen läßt, es liefert auch einen offenkundigen Anreiz für ausländische Staatsmänner und ihre Vertreter, Konzessionen von den Vereinigten Staaten zu erlangen – nicht, indem sie den vernünftigen Weg über die verfassungsmäßigen Kanäle von Präsident oder Außenminister beschreiten, sondern indem sie sich durch die Hintertür einschleichen und die Unterstützung spezieller amerikanischer Interessenvertreter und Persönlichkeiten im Kongreß gewinnen, deren Absichten zufällig mit ihren eigenen übereinstimmen. Beispiele dieser Art gibt es ebenfalls in reichem Maße – sie umfassen nicht nur die Aktivitäten der China Lobby in den späten 1940er und frühen 1950er Jahren, sondern auch die neueren angeblichen Aktivitäten südkoreanischer Agenten in diesem Land.

Es mag den Leser nun überraschen, wenn er erfährt, daß diese Bemerkungen zum Einfluß des Kongresses auf die Außenpolitik nicht die Absicht verfolgen, der vergrößerten Rolle des Kongresses, wie sie sich jetzt abzeichnet, entgegenzutreten. Ich kann mir wohl vorstellen, daß die Art, wie dieses Land jetzt regiert wird, substantiell die einzige Methode darstellt, wie sich ein Land von unserer Größe und unserem Ausmaß überhaupt regieren läßt, wenn man an demokratischen Spielregeln festhalten will. Es sollte niemanden überraschen, daran erinnert zu werden, daß immer Preise zu zahlen sind für demokratische Freiheiten. Vielleicht ist dies einer von solchen Preisen. Sollte dem so sein, so mag es gut sein. Bestünde allerdings eine Wahl zwischen dem Verzicht auf die Vorzüge der Demokratie einerseits und der Aufgabe der Errungenschaft einer in hohem Maß wirksamen Außenpolitik andererseits, ich zweifle nicht, wie meine eigene Wahl ausfiele.

Doch ist es ratsam für Gesellschaften wie für Individuen, realistisch die Schwächen in Rechnung zu stellen, die sie nicht kontrollieren können, sowie die Hindernisse, die sie nicht überwinden können. Meine Bitte geht nur dahin, daß, wenn die Dinge so liegen, wie ich sie gerade angedeutet habe – wenn die Rolle des Kongresses im außenpolitischen Entscheidungsprozeß wirklich im Ansteigen begriffen ist mit all den Begleiterscheinungen des Verlusts der Geheimhaltung und Flexibilität und dem größeren Einfluß von Lobbies und anderen organisierten Minderheiten bei der Formulierung der Politik –, daß dann die sich daraus ergebenden Konsequenzen für Amerikas Teilnahme an der Weltpolitik erkannt werden und die entsprechenden Lektionen beherzigt werden sollten. Wer immer darauf besteht, Karten zu spielen, und diese dann offen auf den Tisch legt, der sollte das phantasievollere und teurere Pokerspiel vermeiden. Und wer um jeden Preis meint, der Außenwelt genau kundtun zu müssen, wie er sich auf lange Sicht zu verhalten gedenkt, und damit eine Festlegung auf diesen und keinen anderen Weg eingeht, der sollte sich keinen Illusionen hingeben über den Wert seines Einflusses, den er tagtäglich auf andere Regierungen nehmen kann; diese nämlich werden schon lange die engen Grenzen seiner Handlungsfreiheit bemerkt und berücksichtigt haben. Und wenn schließlich das Verhalten einer Regierung zum großen Teil nicht mehr von denen kontrolliert werden kann, die Politik im nationalen Interesse zu gestalten haben, sondern statt dessen auf der Grundlage von Motivationen und Absichten bestimmt wird, die nicht unbedingt im nationalen Interesse liegen, dann mag die Regierung erkennen, daß es ihr in ihrem Schicksal, sich durch den Wald internationaler Ereignisse hindurchzubewegen, ebenso ergeht wie einem Mann mit Muskelzerrung, der ziellose und selbstzerstörerische Bewegungen machen muß; und indem sie dies erkennt, wird sie vermeiden, in Spiele verwickelt zu werden, die die äußerste Koordination und Kontrolle der Muskelkraft verlangen.

Aus all dem zu schließen, daß diese verschiedenen Nachteile zwangsläufig schicksalhaft seien für die Sicherheit dieses Landes, scheint mir nicht zwingend. Ich betrachte sie nicht als etwas, wodurch wir gleichsam zur Hilflosigkeit verdammt werden, wodurch wir uns nicht mehr des Respekts für unsere vitalen Interessen sicher sein können. Ich könnte mir aber sehr wohl vorstellen, daß sie diese Wirkung haben *könnten,* wenn wir sie nicht in Betracht zögen und versuchten, uns so zu verhalten, als existierten sie überhaupt nicht. Weil für Gesellschaften ebenso wie für Individuen Selbsterkenntnis nicht nur der erste Weg zur Besserung, zur Weisheit ist, sondern auch zum wirksamen Einsatz der eigenen Kräfte.

## 2. Der militärisch-industrielle Komplex

Ein zweites Phänomen des amerikanischen Lebens, das man sich immer vor Augen halten muß, wenn man an die Situation dieses Landes vom Standpunkt außenpolitischen Verhaltens denkt, ist der militärisch-industrielle Komplex. Damit meine ich natürlich das Gewicht des Militärs als Auftraggebers unserer Wirtschaft, die Rolle des Pentagons* als eines Faktors in unserem industriellen Leben und die Wirkung von alledem auf unsere Gesellschaft.

Die allgemeinen Grundzüge dieses Phänomens sind wohlbekannt. Die Verteidigungsausgaben übersteigen jetzt die 100-Mil-

* Das (auf fünfeckigem Grundriß gebaute) Verteidigungsministerium der USA, A.d.Ü.

liarden-Dollar-Grenze, die Rüstungskäufe liegen bei über 30 Mrd. Dollar pro Jahr, wobei man zumindest in diesem Zusammenhang noch einige 10 Mrd. Dollar mehr hinzurechnen muß für Waffenhilfe und Waffenverkäufe an andere Länder*. Dadurch wird das Pentagon eindeutig zum größten Käufer in den Vereinigten Staaten – mit einem Anteil von ca. 6 % des gesamten Bruttosozialprodukts an Gütern und Dienstleistungen.

All das hat jetzt bestimmte Auswirkungen, die einer Betrachtung wert sind:

Zunächst einmal ergibt sich daraus ein inflatorischer Effekt. Ob die für militärische Zwecke erforderlichen teuren Käufe von Dienstleistungen und Materialien *in sich* inflationär sind oder nicht, ist etwas, worüber Wirtschaftsexperten verschiedener Meinung sein können und wohl auch sind, wie ich vermute. (Als Gegenleistung für Waren und Dienstleistungen werden dadurch sicher enorme Geldmengen in Umlauf gebracht, die in weitem Umfang der normalen Erzeugerwirtschaft des Landes verlorengehen.) Keine Meinungsverschiedenheit kann es nach meinem Dafürhalten aber darüber geben, daß stark inflatorische Nebenwirkungen die Folge sind. Keinem, der Gelegenheit hatte, das Wirken der Streitkräfte aus erster Hand zu beobachten, konnte die verschwenderische Art entgangen sein, wie dort mit Geld umgegangen wird im Vergleich zu jenen Wirkungsbereichen, die dem normalen Wettbewerb des privaten Lebens standhalten müssen. Und es fiele schwer zu glauben, daß die, die die Waffenkäufe vom Pentagon aus steuern, überhaupt in der Lage sein sollten, denselben mäßigenden Druck auf die Preise auszuüben, den private Gesellschaften bei dem, was sie kaufen, geltend machen, um ihre Bilanz positiv zu halten. Es gibt tatsächlich eine Reihe von Gründen – u. a. Zeitdruck und fehlende Konkurrenz bei zahlreichen Artikeln –, warum sie dies kaum tun könnten, selbst bei bestem Willen und moralisch einwandfreiester Haltung. (Beim Niederschreiben dieser Zeilen entdecke ich die folgende Passage eines

---

* Die Beteiligung des Pentagons an Militärhilfeprogrammen und Waffenverkäufen an ausländische Regierungen ist so kostspielig und die Auswirkungen dieser Programme sind den Einkäufen für die US-Truppen so ähnlich, daß sie einen wesentlichen Teil des hier behandelten Problems darstellen.

Artikels (*New York Times,* 14. Dezember 1976) von Mr. Seymour Melman, Professor für Maschinenbau an der Columbia-Universität:

> Anders als zivile Firmen, die traditionellerweise die Produktionskosten möglichst klein halten mit Blick auf maximale Gewinne, vergrößern die Firmen in der Pentagon-Wirtschaft all ihre Kosten und die Ausgleichsabgaben weitestgehend. Das führt zu steigenden Preisen.
>
> Die US-Militärwirtschaft ist eine Inflationsmaschine. Von der Spitze bis auf die unterste Ebene werden Kosten- und Preisanstieg ermuntert und belohnt; diese Praktiken übertragen sich ansteckend auf zivile Teile von Firmen, die das Pentagon beliefern, und auf andere Unternehmen. Die klassischen Prozesse des Ausgleichs von Kostenwachstum durch Mechanisierung und andere leistungssteigernde Maßnahmen werden mißachtet. Höhere Kosten werden auf die Preise geschlagen.)

Abgesehen vom Ausmaß, in dem das Pentagon zur Inflation beigetragen haben dürfte, ist es offenkundig eines ihrer Hauptopfer gewesen. Die Beweise dafür sind schlagend und alarmierend. Man schätzt, daß die Ersatzkosten der wichtigsten Ausrüstungsartikel für die Streitkräfte – insbesondere für Luft- und Schiffahrt – jetzt 3- bis 5mal höher liegen als diejenigen Artikel, die ersetzt werden sollen, obwohl viele der letzteren nur einige Jahre in Gebrauch gewesen sind. Die Verkleinerung des Umfangs der Streitkräfte, mit der man nach Beendigung des Vietnam-Krieges gerechnet hatte und die in geringem Maß auch stattgefunden hat, wurde nicht flankiert von irgendeiner entsprechenden Reduzierung der Militärkosten; ganz im Gegenteil – in zahlreichen Fällen ist es jetzt kostspieliger, reduzierte Streitkräfte zu unterhalten als die größeren der Vor- und Vietnam-Periode.

All das zeugt allgemein von den inflatorischen Auswirkungen großer Militärausgaben; es zeugt aber auch von einer zweiten höchst wichtigen Tatsache, die man bei der Diskussion von Problemen des Wettrüstens mit der Sowjetunion oft übersieht; daß wir uns selbst nämlich ständig Preise setzen, die uns ins Hintertreffen bringen. Selbst wenn es wahr wäre, daß wir schnell überholt werden und ins Hintertreffen geraten durch die Geschwindigkeit der Entwicklung der russischen Streitkräfte (und darüber wird noch an anderer Stelle dieser Diskussion etwas zu sagen sein), sollten wir erkennen, daß der Grund dafür bei genauerem

Hinsehen weniger in Tempo und Ausmaß der sowjetischen Anstrengung liegt als in den wild angewachsenen Kosten bei uns selbst. Betrachten wir die Rate, mit der man die nationalen Verteidigungskosten in diesem Lande jetzt ansteigen läßt, können wir kaum erwarten, in solch einem Wettbewerb Schritt zu halten – es sei denn zu enormen, ständig wachsenden und schließlich fast unerschwinglichen Kosten für unsere Wirtschaft als ganzes. Doch wird dies bei Diskussionen in der Öffentlichkeit und im Kongreß über das Verteidigungsbudget offensichtlich nur wenig beachtet. Nehmen wir an, die Vorkämpfer hoher Militärausgaben wollten tatsächlich auf einfachste Weise das korrigieren, was sie als wachsendes Ungleichgewicht zu unserem Nachteil in der relativen Stärke sowjetischer und amerikanischer Streitkräfte ansehen: Sie täten gut daran, dann mehr unsere eigene Inflation und insbesondere deren Auswirkungen auf den Militärhaushalt zu beachten als weiterhin sich darum zu bemühen, uns übrige von den drohenden Absichten und der gefährlichen Stärke unserer sowjetischen Gegner zu überzeugen.

Es gibt aber über die von Militär und Industrie gemeinsam verursachte inflatorische Wirkung hinaus noch eine andere, die unsere Aufmerksamkeit verdient. Und zwar entsteht durch derartig massive Militärausgaben ein eigentümlicher doppelter Maßstab in der Bewertung und dem Gebrauch des Geldes zwischen denen, die mit diesen Militärausgaben zu tun haben, und uns übrigen. Es bedeutet, daß es eine Gruppe von Leuten in Washington gibt, die zusammen mit ihren Partnern in der Industrie gewohnt sind, mit Millionen von Dollars in derselben Weise zu rechnen wie unsereiner mit Tausenden. Als ich einmal auf See auf einem unserer Kriegsschiffe war und verschiedenen Formen von Scheibenschießen zuschaute, durchfuhr es mich bei dem Gedanken, daß jede Rakete eines bestimmten Typs, die mit viel Hingabe abgefeuert (und nicht wiederentdeckt) wurde, mehr gekostet hatte als meine ganze Farm in Pennsylvania, die selbst das Ergebnis generationenlanger anstrengender Arbeit gewesen ist. Ich bin jedoch sicher, daß dieser Gedanke nie in die Köpfe von Offizieren eingedrungen ist, die für Scheibenschießen verantwortlich waren. Warum sollte er auch? Hatten sie doch noch viel mehr von diesen Raketen auf Lager. Niemand fragte nach den Kosten. Niemand hatte ernsthaft danach gefragt, als die Raketen ursprünglich bestellt wurden. In den Augen derjenigen, die den Kauf vornahmen, waren die Kosten ein Pappenstiel.

Nun will ich damit nicht sagen, daß solches sich vermeiden ließe. Die Aktivitäten des Militärs in Friedenszeiten bestehen nun einmal darin, mit einer großen Menge teuren Spielzeugs umzugehen; und es ist schwer, Kriterien dafür zu finden, wie man sich beim Umgang mit Spielzeug finanziell klug verhält. Ich behaupte jedoch, daß es zwangsläufig zu einem doppelten Maßstab führt in der Art, wie die Menschen über Geld denken. Und dieser doppelte Maßstab erschwert es, gültige Vergleichsmethoden zu finden zwischen militärischen Notwendigkeiten und solchen der zivilen Wirtschaft. Wenn die Militärausgaben derartige Ausmaße annehmen und zu einem so weitgehenden und inflationären Kostenaufwand führen, kommt es leicht vor, daß man sie trennt von all den normalen, für die anderen Bereiche unseres Regierungs- und Wirtschaftslebens geltenden Nützlichkeitserwägungen, und daß sie ein Eigenleben zu führen beginnen in einer irrealen Welt, wo zu jeder Zahl 3 Nullen hinzugefügt werden, als wäre es das Natürlichste auf der Welt, wo zu Millionen gemacht wird, was für uns Tausende sind.

Es stellt sich dann die Frage, wie die Milliarden-Dollar-Wirtschaft kontrolliert werden soll, ob sie insgesamt überhaupt kontrolliert werden kann – von denen, deren Konzepte in einer völlig anderen Dimension geldlicher Werte entstehen.

Dazu kommt die Überlegung, daß diese große Flut von Militärausgaben mit der Zeit ein wohlbegründetes Interesse seitens all derer bildet, die daran beteiligt sind und davon profitieren. Das schließt nicht nur die Industriellen ein, die das Geld bekommen, und die Einkäufer vom Pentagon, die die Waren und Dienstleistungen erhalten, sondern auch all die, die von dieser Einrichtung auf andere Weise profitieren: nicht nur das uniformierte Personal der Streitkräfte, sondern auch die zivilen Mitarbeiter im Pentagon sowie darüber hinaus noch die vielen anderen, die als Arbeiter in Verteidigungsanlagen oder in anderen Stellungen die hohen Ausgaben mit verursachen. Die letzteren allein werden auf über 2 Millionen geschätzt. Sie alle sind natürlich interessiert an unbegrenzter Fortdauer hoher Verteidigungsausgaben. Und da insbesondere die Arbeiter in der Verteidigungsindustrie gern in geschlossenen Wohnblöcken in einzelnen Kongreßbezirken leben und in Verbindung mit mächtigen Gewerkschaften stehen, ist ihre politische Durchschlagskraft entsprechend stark. Der einzelne Kongreßabgeordnete sieht sich einem Druck von dreierlei Seiten ausgesetzt: von den Industriellen, die Aufträge und Geld wollen; vom Militär, das Ausrüstung und Dienstleistungen wünscht; und von den Arbeitern des Rüstungssektors und ihren Gewerkschaften, denen es um die Jobs im Bereich der Verteidigung geht. Dies ist eine mächtige Verbindung, die manchmal so weit geht, daß sie den Abgeordneten zwingt, selbst zum Teilhaber der durch sie repräsentierten weit verzweigten Interessen zu werden.

Dies bedeutet, daß unsere Praxis (inzwischen eine Gewohnheit), das Pentagon jedes Jahr mehr als 100 Mrd. Dollar für die angeblichen Erfordernisse nationaler Verteidigung hinauswerfen zu lassen, zu viel mehr geworden ist als nur einem Charakteristikum der Verteidigungspolitik – sie ist zu einer Art volkswirtschaftlichem Laster geworden – einer Gewohnheit, mit der wir nicht ohne weiteres leicht oder schnell binnen weniger Jahre brechen können, selbst wenn die ganze äußere Rechtfertigung dafür schwinden sollte – selbst wenn die Sowjetunion morgen mit all ihren Armeen und Raketen auf den Grund des Ozeans versinken sollte.

Ich versuche hier nicht zu behaupten, daß sich zusammen mit diesen inneren Zwängen nicht gute Gründe anführen ließen für solche Ausgaben, wie sie aus den realen Notwendigkeiten der nationalen Verteidigung erwachsen. Ich behaupte jedoch, daß diese zwei Motivationen in den für unsere Verteidigungsausgaben maßgeblichen Regierungsentscheidungen mitspielen, und daß es schwer ist, jeweils anzugeben, wo die eine aufhört und die andere beginnt. Verteidigungsausgaben sind mit anderen Worten nicht nur ein Mittel für einen einzigen Zweck: die Gewährleistung unserer äußeren Sicherheit in einer unsicheren und unstabilen Welt; sie sind auch eine Bedingung der amerikanischen Gesellschaft – eine, die tiefe Auswirkungen auf unser innenpolitisches Leben hat und die eine Begrenzung mehr darstellt bezüglich unserer Fähigkeit, unsere Außenpolitik als Antwort auf äußere Herausforderungen zu gestalten und durchzuführen.

Die Maßnahmen, die man ergreift zur Bestimmung seiner Verteidigungsstellung, d. h. zur Entwicklung militärischer Stärke, sind nicht nur innenpolitische Maßnahmen: es sind Akte der Außenpolitik – ob zu diesem Zwecke beabsichtigt oder nicht. Sie berühren andere Regierungen. Sie beeinflussen die Politik, die diese anderen Regierungen verfolgen. Dennoch ergeben sich hier auf dem Gebiet der Verteidigungsvorbereitung und der Verteidigungsausgaben zahlreiche außenpolitische Handlungen, deren Ausmaß und Wesen sich nicht nur aus äußerer Notwendigkeit ableiten läßt. In beträchtlichem Maße sind wir gezwungen, bestimmte Handlungen diesbezüglich allein aus innenpolitischer Notwendigkeit vorzunehmen – gleichgültig, wohin uns dies in unseren äußeren Beziehungen führen mag. Und damit ist nur auf andere Weise ausgedrückt, daß hier wieder einmal eine Begrenzung unserer Freiheit liegt, eine Außenpolitik zu führen, die mit Blick auf die Wirkungen nach außen verständlich und konsequent aufs Ziel gerichtet wäre.

### 3. Die Abhängigkeit von Energie

In einer Reihe öffentlicher Vorträge, die 1954 an der Universität Princeton gehalten wurden, sah sich der Verfasser dieser Zeilen aus Sorge über die Folgen der Verleihung völliger staatlicher Unabhängigkeit an eine wachsende Zahl kleiner oder unterentwickelter politischer Gebilde zu folgenden Bemerkungen veranlaßt, die allerdings entgegen seinen Hoffnungen kein Gegenstand nationaler Diskussion wurden:

> . . . wir haben . . . jeder anderen souveränen Regierung in hohem Maße das Recht zugebilligt, im Hinblick auf ihre Rohstoffquellen zu tun, was sie wünscht, auch wenn das die Annullierung bestehender auswärtiger Verträge und den plötzlichen Bruch einer Vereinbarung über Verkauf und Vertrieb solcher Stoffe an andere Länder bedeuten würde. Die Tatsache, daß andere Länder weitgehend abhängig geworden sein konnten von derartigen Vereinbarungen läßt sich nicht . . . als eigentlich formale Grundlage betrachten für ein Beharren auf Respektierung ihrer Interessen. Gegen so etwas wie Launenhaftigkeit und Verantwortungslosigkeit seitens einer Regierung der rohstoffexportierenden Länder oder gegen plötzliche Verweige-

rung von Rohstoffen als Mittel politischer Erpressung, ist man theoretisch offenbar machtlos. . .

Mit dem Hinweis darauf, daß zahlreiche Rohstoffquellen, die für die Stabilität unserer Volkswirtschaft wichtig und in einigen Fällen lebenswichtig waren, auf den Gebieten neuer Staaten lagen, von deren Regierungen wir keine große Reife und kein echtes Verantwortungsbewußtsein bei der Handhabung ihrer auswärtigen Angelegenheiten erwarten konnten, fuhr ich fort, daß deshalb

> in vielen Fällen unser Rohstoffnachschub an dünnen Fäden hängt — und zwar solchen, über die wir keine Kontrollgewalt haben, die nicht einmal Entschädigungsansprüche ermöglichen. Und ich befürchte, daß eines Tages drastische Unterbrechungen dieses Nachschubs zu bösen Krisen und Spannungen führen könnten . . . Ich frage mich, ob es nicht von echtem Wohlwollen und Verständnis zeugen würde, sich diesem Problem heute zu stellen, indem anderen Regierungen klargemacht wird, daß sie nicht zulassen dürfen, daß unsere große und . . . empfindliche Wirtschaft in dieser Weise von ihnen abhängig wird, soweit sie nicht schon klare Verpflichtungen eingegangen sind, für Dauerhaftigkeit und Zuverlässigkeit entsprechender Abmachungen zu sorgen.*

Bei der Hervorhebung dieser Warnung hatte ich nicht nur Öl, sondern auch andere strategisch oder ökonomisch lebenswichtige Mineralien im Sinn. Im Fall der Mineralien sollten sich meine Befürchtungen als übertrieben erweisen. Mit der teilweisen Ausnahme von Bauxit, Kobalt und Mangan, wo ein plötzlicher ausländischer Lieferstopp kurzfristige Schwierigkeiten verursachen und uns möglicherweise zwingen könnte, auf teurere Ersatzstoffe zurückzugreifen, spricht wenig dafür, daß wir durch das Verhalten der Liefernationen unter ernsthaften Druck gesetzt werden könnten. Im Fall des Öls jedoch erwiesen sich diese Befürchtungen als absolut gerechtfertigt. 1973 sah sich unser Land tatsächlich konfrontiert mit eben solch einer „drastischen Unterbrechung . . . des Nachschubs“, wie ich sie vorausgesehen hatte: in Form des arabischen Ölembargos am Ende desselben Jahres. Und die Schärfe dieser Herausforderung wurde vervielfacht durch den geradezu phantastischen 400%igen Preisanstieg für Ölprodukte, der damit einherging.

---

* Realities of American Foreign Policy (Princeton: Princeton University Press, 1954).

Aktionen dieser Art waren somit also vorhersehbar. Was nicht vorhergesehen werden konnte, war der unglaubliche Fehler in der amerikanischen Antwort. Anstatt die Lektion in Betracht zu ziehen, die im Embargo lag, und sofort dazu überzugehen, die Abhängigkeit von arabischem Öl zu reduzieren, erlaubte es die US-Regierung den amerikanischen Ölgesellschaften, bei den früher boykottierenden Ländern wieder in großem Maß einzukaufen und damit unsere Abhängigkeit von ausländischem Öl anwachsen zu lassen – und zwar in den folgenden Jahren von 24 auf 42% unseres Verbrauchs –, speziell was die Abhängigkeit von arabischen Produzenten anlangt, von 11 auf 18%.

Man ist verblüfft ob der Leichtfertigkeit und Verantwortungslosigkeit, die in dieser Antwort – bzw. dem Fehlen der Antwort – auf eine Herausforderung äußerster Schwere liegt, einer Herausforderung nicht nur für die Wirtschaftsinteressen, sondern auch für die politische Unabhängigkeit dieses Landes. Das Ausmaß, in dem die amerikanische Gesellschaft heute auf die Lieferung von Öl als einem Träger des Wirtschaftslebens angewiesen ist, bedarf keiner Unterstreichung. Eine plötzliche Herabsetzung selbst schon in der Größenordnung von 18 bis 20% der normalen Lieferquote (und eben dazu sind die Araber jetzt fähig) könnte verheerende Auswirkungen haben nicht nur für das bestehende Transportsystem des Landes, sondern für tausend andere Seiten unseres Wirtschaftslebens einschließlich der Landwirtschaft. Niemals seit den Tagen, als Kohle der Lebensnerv aller Industriegesellschaften war – und möglicherweise nicht einmal da –, hatte eine große Nation eine für ihre Vitalität empfindsamere Wirtschaftsader, eine, durch deren Schädigung sie leichter gelähmt werden konnte, als die Vereinigten Staaten 1977 mit dem Ölzufluß als einer Energiequelle für einen Großteil ihrer Wirtschaft. Es war an sich schon ein entscheidendes und unerklärliches Versagen der Staatskunst, unsere Gesellschaft auf so hilflose und erniedrigende Weise abhängig werden zu lassen von ausländischen Herrschern allgemein, nur damit ein Hauptteil dieses Zuflusses bestehen blieb. Aber solch eine Abhängigkeit andauern und sogar noch größer werden zu lassen in bezug auf eine Gruppe von Herrschern, mit der wir politische Differenzen ernstester Art haben – solche, die direkt einen der empfindlichsten Punkte unseres innenpolitischen Lebens berühren, nämlich unser Verhältnis zur politischen Zukunft des Staates Israel: das entzieht sich schlicht jeglichem Verständnis. Man kann den künftigen Historiker nicht beneiden, der sich eines Tages gezwungen sieht, nach einer plausiblen Erklärung für solche Gleichgültigkeit zu suchen.

Wir hören die Behauptung, daß es für uns richtig gewesen sei, nicht mit Härte auf den arabischen Boykott von 1973/74 zu reagieren, und ebenfalls richtig, in der darauffolgenden Periode keine Maßnahmen zur Reduzierung unserer Abhängigkeit vom arabischen Öl zu ergreifen, weil solches Verhalten die gemäßigteren Produzenten bzw. Regierungen womöglich beleidigt und uns der Vorteile einer begrenzten politischen Zusammenarbeit beraubt hätte, die sie sonst vielleicht ausgedehnt hätten. Solch eine Haltung, die bedeutet, daß wir – wie bereits geschehen – unseren Status der Unterlegenheit akzeptiert haben, daß wir jetzt gezwungen sind, uns den Lieferländern nur noch als Bittsteller zu nähern und uns dankbar zu zeigen gleichsam für Brotkrumen, die von Zeit zu Zeit von ihrem Tische fallen, ist beschämend für eine Großmacht. Sie mag ihre kurzfristigen Vorteile haben; aber ihr Langzeiteffekt kann nur in der Fortdauer des bereits erlittenen Verlusts jeglicher Achtung für unsere nationalen Werte und unsere vitalen Interessen liegen.

Die so beschriebene Situation wäre schon schlimm genug, wenn ihre negativen Auswirkungen sich bloß auf den direkten Schlag gegen unsere Energiezufuhr beschränkten. Leider gehen sie, wie jedermann weiß, viel weiter und werden von der Welt insgesamt empfunden. Die Verschlimmerung weltweiter inflationärer Tendenzen; der erhöhte Druck auf Finanzen und Wirtschaft der Entwicklungsländer; die daraus resultierende Gefährdung all dessen, was noch gesund ist an der massiven Verschuldung dieser Entwicklungsländer an die entwickelteren; die Ansammlung riesiger Geldmengen in den Händen der Herrscher der ölproduzierenden Länder, die weit übersteigen, was sie zu irgendeinem guten Zweck je ausgeben können; der Anreiz zu Waffenkäufen auf einem höchst bedenklichen Niveau durch einige dieser Regierungen; in westlichen Bankkreisen die Anhäufung kurzfristiger, viel zu hoher Einlagen, die Teile dieses Überschußkapitals darstellen; auch all diesen Phänomenen gegenüber waren die Vereinigten Staaten unfähig, mit mehr als nur gequältem und hilflosem Händeringen zu reagieren.

Es könnte immer noch möglich sein – wenn auch weit schwieriger als vor 3 Jahren –, ein Programm zu entwerfen und durchzuführen, das dazu bestimmt ist, die Vereinigten Staaten wenigstens so weit von dieser Abhängigkeit zu befreien, daß sie den produzierenden Ländern wieder in gleich starker Verhandlungsposition gegenübertreten können. Keine einzelne Maßnahme würde zu diesem Zweck ausreichen, aber vielleicht ein Bündel von Maßnahmen. Diese müßten eine ernsthafte Anstrengung zur Energieeinsparung, angemessene Vorratshaltung von Öl und eine entschlossene Bemühung zur Erforschung und Entwicklung alternativer Energiequellen umfassen.

Aber selbst wenn wir politisch darauf vorbereitet wären, uns auf solch ein Programm einzulassen – es würde Zeit kosten, mehr Zeit, als wenn man es vor 3 Jahren in Angriff genommen hätte, wo dies eigentlich hätte geschehen sollen. Bis dahin wird die Fähigkeit dieses Landes, eine wirksame Rolle auf der Weltbühne zu spielen – insbesondere im kritischen Raum des Nahen Ostens –, durch die fortdauernde Energieabhängigkeit weiterhin teilweise gelähmt sein. Auch das ist immer zu bedenken, wenn man mit den Problemen zu tun hat, die normalerweise als „auswärtige Angelegenheiten“ betrachtet werden.

### 4. Der Vorrang innenpolitischer Probleme

Die von mir soeben skizzierten Phänomene – die dem System innewohnenden Schwächen, der militärisch-industrielle Komplex und die Abhängigkeit vom ausländischen Öl – berühren ihrem Wesen nach direkt die Fähigkeit unseres Landes zur Führung einer zweckmäßigen und wirksamen Außenpolitik. Es gibt noch einen weiteren Faktor, der in diese Liste aufzunehmen ist, obwohl seine Auswirkung weniger direkt ist. Das ist die zunehmende Hinwendung auf innere Probleme, die zum Schaden äußerer Belange in den kommenden Jahren zu erwarten sein dürfte.

Ich möchte auf diesen Punkt nicht ausführlich eingehen, aber ich muß erklären, was ich damit meine. Es gibt eine ganze Reihe negativer Phänomene im amerikanischen Leben, die bei entsprechender Fortsetzung und Verschlechterung unter Umständen unerträglich werden und dann drastische, schmerzhafte und teure Lösungen verlangen.

Wir haben ein großes und ernstes Problem in dem Zerfall einiger unserer großen Städte und allen voran der größten unter ihnen, New York – ein Problem, das nicht nur physisch und sozial von Bedeutung ist, sondern auch schwerwiegendste Folgen für die Gesundheit unseres kulturellen Lebens haben kann. Das Land als ganzes ist interessiert an der Lebensfähigkeit seines größten kulturellen Zentrums und kann nicht zulassen, daß diese Lebensfähigkeit zerstört wird – die Konsequenzen hätte es selbst auf hunderterlei Art mitzutragen. So weit es das Heute angeht, meistern wir dieses Problem nicht. Wir haben noch nicht einmal die Ursachen richtig erfaßt.

Wir haben in großen Teilen des Landes ein erschreckendes Problem der Gewaltkriminalität. Auch damit werden wir nicht fertig. Wir haben uns als unfähig erwiesen, nur einen ersten Schritt zu tun, um ein Verbot des offenen Verkaufs und legalen Besitzes von Schußwaffen zustandezubringen. Nachdem es schon daran scheitert, werden wir wohl auch nicht so bald zu schärferen Maßnahmen übergehen, die dieses Problem eigentlich verlangt.

Wir haben ein Inflationsproblem, vor dem wir im wesentlichen kapitulierten, weil es uns einen lästigen Grad an Disziplin sowohl im Geschäfts- wie auch im Arbeitsleben abverlangt hätte.

Wir haben ein Arbeitslosenproblem, mit dem wir in ähnlicher Weise nicht fertig wurden – weitgehend deshalb, weil ein Versuch in dieser Richtung bedeuten würde, die Berechtigung der bestehenden Mindestlöhne in Frage zu stellen, in Konflikt mit den Gewerkschaften zu geraten, den Menschen Berufe schmackhaft zu machen, die sie nicht wollen – und Arbeitsplätze, die sie lieber nicht hätten, und die Bürde zu übernehmen, verschiedene Möglichkeiten für Teilzeit- und Heimarbeit zu entwickeln und die Menschen zu zwingen, sich selbst zu helfen, bevor sie sich registrieren und Arbeitslosenunterstützung geben lassen.

Wir haben ein chaotisches und beschämend unangemessenes System der öffentlichen Verkehrsmittel, ganz zu schweigen von den Einrichtungen für Post- und Paketbeförderung. Wir sind das einzige große Land – unter den entwickelten Ländern jedenfalls – ohne ein ordentliches Telegrafensystem. Unsere Bemühungen, diese Bedingungen zu verbessern, wurden beeinträchtigt durch unsere unverbesserliche Überzeugung, daß solche Funktionen eigentlich kommerziell zu behandeln seien, und sind infolgedessen schwach, verwirrend und wenig überzeugend gewesen.

Anstatt das öffentliche Transportsystem zu entwickeln und wirksame Anreize zu seiner Benutzung zu schaffen, belassen wir unsere Gesellschaft in der erdrückenden Abhängigkeit vom privaten Automobil, dem sicherlich verschwenderischsten, asozialsten und umweltschädlichsten Fortbewegungsmittel für Menschen, das je erdacht wurde. Wir haben unsere Abhängigkeit von diesem „komischen Apparat" zu einer Art nationaler Sucht anwachsen lassen – ähnlich wie die Rolle der Rüstungsindustrie, aber in noch bedenklicherer Weise –, zu einer Gewohnheit und mehr noch als das: zu einem Lebensstil, von dem wir uns nicht plötzlich befreien können, ohne Entziehungserscheinungen schrecklichster Art zu erleben. Eines Tages werden wir von dieser Sucht ablassen müssen – und sei es nur wegen der größeren Knappheit und Verteuerung der Energie; und man kann gar nicht zu bald damit beginnen, wie uns das arabische Ölembargo gelehrt haben sollte. Doch ist noch keine ernsthafte Anstrengung in dieser Richtung gemacht worden; und wir freuen uns weiterhin jedesmal, wenn wir in der Zeitung lesen, daß sich die Marktlage für Autos – namentlich große Autos – verbessert hat, weil dies nach unserer Meinung höhere Beschäftigung für Arbeiter in der Autobranche bedeutet. Wen kümmert es schon, wenn massenweise Maschinen ausgespuckt werden, um unsere ohnehin schon verstopften Straßen und Autobahnen noch mehr zu erdrücken?

Wir haben ein Problem des zurückgehenden Bildungsniveaus, zumindest in einem sehr großen Bereich unseres Erziehungssystems. Die Ursachen dafür sind natürlich vielfältiger Natur; doch, wie sie nun einmal sind, werden wir nicht beikommen, weil dies der gerade gängigen Vorliebe für „Demokratisierung“ im Erziehungsprozeß ins Gesicht schlüge ebenso wie der weitverbreiteten Überzeugung, daß die Schulen primär sozialen Zwecken dienen sollten und nur sekundär erzieherischen.

Es gibt noch andere Probleme, hauptsächlich kultureller Art, die ich gerne in diese Liste aufnehmen möchte – wenn auch mit einigem Zögern, da ich weiß, daß sie nur wenigen andern so wichtig erscheinen wie mir. Dazu gehört beispielsweise die Zweckentfremdung der Massenkommunikationsmittel durch das, was die Werbeleute nach ihrem Belieben damit machen – ein Übel, mit dem ein Fernsehsystem verdorben und seines erzieherischen Wertes beraubt wird, das wahrscheinlich ebenso wichtig ist wie das ganze formale Erziehungssystem als Kraft zur Gestaltung von Weltanschauungen, Werten und Geisteshaltungen unserer Menschen. Ich würde auch gerne den Streik einbeziehen als ein für mein Empfinden absurdes Mittel zur Beilegung von Arbeitsstreitigkeiten in den Bereichen, wo Sicherheit und Wohlergehen der gesamten Öffentlichkeit auf dem Spiele stehen. Eines Tages werden wir abkommen von dieser primitiven Erfindung, die zur sozialen Gerechtigkeit im selben Verhältnis steht wie früher das mittelalterliche Faustrecht zur individuellen Gerechtigkeit. Einstweilen hemmt er den Fortschritt auf vielfältigste Weise.

Insbesondere möchte ich hier das peinliche Phänomen der weit um sich greifenden Pornographie erwähnen, das sich nicht nur auf den Straßen unserer Städte zeigt, sondern auch in Bild und Text unserer Massenkommunikationsmittel. Wir haben es dabei mit einer Form von Dekadenz zu tun, der gegenüber wir – leider sogar unter Einschluß unserer Gerichtshöfe – wieder einmal unsicher und hilflos waren. Nur ein überzeugter und angeborener Sinn für guten Geschmack könnte die richtige Grenze gewiesen haben, jenseits derer die Freiheit des Ausdrucks endet und die kommerzielle Ausbeutung geiler Neugier beginnt. Fehlt dieser Sinn für guten Geschmack (wie es offenbar der Fall ist), tappen wir ergebnislos herum in einem Wald von Legalismen.

Schließlich muß ich noch die bedenkliche Unzulänglichkeit von Amerikas Presse und elektronischen Medien erwähnen, insoweit es um Information und Unterrichtung der amerikanischen Öffentlichkeit über außenpolitische Ereignisse geht. Eine ganze Reihe von Merkmalen: nicht nur das schon erwähnte Übergewicht der Werbung, das zum Wichtigsten für ihre Besitzer gehört, sondern auch die hastige, zusammenhanglose Stakkato-Natur der meisten ihrer Beiträge; das niedrige Ausbildungsniveau der großen Mehrheit von Reportern und Ansagern; die permanente Tendenz zur Überdramatisierung; die Faszination des Trivialen auf Kosten des Wesentlichen; die zu umfassende Berichterstattung über Reisen und Äußerungen führender Persönlichkeiten und die zu geringe Berichterstattung über die tiefergehenden Trends des internationalen Lebens – dies alles schmälert die Fähigkeit dieser Medien, als wirksame Kraft zur Bildung einer öffentlichen Meinung auf dem betreffenden Gebiet zu dienen. Es gibt keine Tageszeitung in diesem Land, die sich hinsichtlich ihrer Berichterstattung über Außenpolitik vergleichen läßt mit den großen westeuropäischen Blättern wie *Le Monde* und *Neue Zürcher Zeitung,* und höchstens 3 oder 4 kommen nahe an sie heran. Dieser allgemeine Mangel kann solche Phänomene wie z. B. die ausgesprochen sonderbaren Fehleinschätzungen über Rußland und „Kommunismus“ erklären, die in großen Teilen der westlichen Regionen Amerikas vorherrschen.

Ein weiteres Phänomen unseres innenpolitischen Lebens soll noch erwähnt sein, das auf Kosten der Außenpolitik wahrscheinlich mehr als all die anderen unsere Aufmerksamkeit und Geschicklichkeit in künftiger Zeit beanspruchen wird und über dessen Bedeutung es viel weniger Streit und Uneinigkeit geben kann: es ist das fortdauernde Problem der Umweltverschmutzung. Ganz ohne Zweifel zeigt sich auf diesem Sektor schon eine tatkräftige Reaktion. Das Bewußtsein dafür ist gestiegen. Maßnahmen sind ergriffen worden und werden ergriffen. Es wäre jedoch viel zu optimistisch, wollte man behaupten, daß wir schon den Punkt erreicht haben, an dem wir dieses Problem im Griff haben. In zahlreichen Gebieten nimmt die Verschmutzung rasch zu. Die Bodenerosion schreitet voran. Guter Ackerboden gerät zunehmend in die Hände von Stadtplanern und geht so der Landwirtschaft verloren – und das zu einer Zeit ansteigernder Hungersnot in großen Teilen der Welt. Sumpfland, das so wichtig ist für das Gleichgewicht der Natur und für die Gesundheit der Umwelt allgemein, darf immer noch regulär den Bulldozern der Planer zum Opfer fallen. Für die Zwecke des Bergbaus und der Grasgewinnung werden auch weiterhin Eingriffe in unsere Nationalparks und Wildgebiete vorgenommen. Der Bedarf an Holzzellstoff seitens der Reklameindustrie ist so gewaltig, daß Wälder nach wie vor dafür geopfert werden. Grundwasserspiegel fallen weiter in vielen Teilen des Landes, ohne daß sich die Leute aufregen. Wir haben noch nicht das Problem der Schädlingsbekämpfungsmittel berührt; diese und andere giftigen chemischen Abfälle finden immer noch ihren Weg – wie menschliche Abwässer – in unsere Ströme und Seen und durch sie in die Weltozeane. Wir haben in der Tat noch keine voll zufriedenstellende Methode entdeckt, wie menschliche Abfälle beseitigt werden können – gar nicht zu reden von dem viel ernsteren Problem der nuklearen Abfälle. Die Errichtung von Kernanlagen schreitet rasch voran, auch wenn noch keine zufriedenstellenden Antworten für die damit einhergehenden Probleme der Abfallbeseitigung und Luftverschmutzung gefunden sind.

Am schwerwiegendsten im Hinblick auf dieses Umweltproblem ist jedoch die wachsende Einsicht, daß die Gesamtkosten dafür gesellschaftlich und finanziell weit höher sein werden als ursprünglich angenommen wurde. Je mehr wir nach den Warnungen der Umweltschützer jetzt von aktuellen Bemühungen der öffentlichen Hand zur Eindämmung der Verschmutzung erfahren, desto klarer wird, daß vom Umweltstandpunkt aus die Schuld nicht nur im *Mißbrauch* der Industrialisierungs- und Urbanisierungsprozesse liegt, sondern eigentlich bei diesen Phänomenen selbst: daß das Problem, anders ausgedrückt, sich nicht meistern läßt, ohne beide Prozesse in gewissem Maß umzukehren. Wenn das normale Verhältnis zwischen Mensch und Natur in diesem Land wiederhergestellt werden soll, werden Umweltüberlegungen wohl nicht daran vorbeikommen, eine teilweise Umkehr von Entwicklungstendenzen zu verlangen, die seit Jahrzehnten den Kern der amerikanischen Fortschrittsidee ausgemacht haben. Die Beziehung zwischen Stadt und Land – zwischen städtischem und ländlichem Leben – wird sich in gewissem Ausmaß zugunsten des letzteren ändern müssen. Hochkomplizierte und verfeinerte Prozesse der Industrieproduktion wird man in einigen Fällen aufgeben müssen zugunsten von einfacheren, die weniger, nicht mehr Arbeitsteilung bedeuten. Prozesse, die teuer sind hinsichtlich der Materialzufuhr, wird man aufgeben müssen zugunsten solcher, die mehr an Arbeitsaufwand kosten. Einige Dinge, die jetzt maschinell gemacht werden, werden wieder in Handarbeit zu erledigen sein. Es wird mehr Teilzeitjobs geben müssen: weniger Stunden, die in der Fabrik zugebracht werden müssen, mehr dafür im Gemüse- und Obstgarten hinter dem Haus. Die freien Angebote der Natur werden intensiver zu nützen sein – durch kleine Windmühlen, Talsperren und Sonnenreflektoren, um die große Inanspruchnahme der Starkstromleitungen zu entlasten. Es muß keineswegs etwas geben, das auf den totalen Verzicht dieses hochkomplexen modernen Lebens- und Produktionssystems, das wir nun einmal haben, hinausläuft; aber es scheint immer zweifelhafter, daß das, was im Hinblick auf die Umweltbereinigung geschehen muß, nur mit Flickschusterei zu schaffen ist. Ein gewisses Opfer substantieller Art – in Form einer Rückkehr zu einfacheren und arbeitsintensiveren Lebens- und Produktionsweisen – wird offenkundig nötig sein.

Wenn diese Analyse stimmt, dann werden die Anstrengungen, die unserer Gesellschaft durch dieses Problem in den kommenden Jahren auferlegt werden, gravierender sein als alles, was wir bisher erlebt haben. Wenn es nicht eine unvorhergesehene Entwicklung im Bereich des Autotransportsystems gibt, werden die Menschen lernen müssen, ihr Leben mehr auf die Möglichkeiten abzustimmen, die ihnen von Natur gegeben sind – enger beisammen zu leben, innerhalb von Entfernungen, die zu Fuß oder per Rad überwunden werden können; sie werden dann nicht mehr aufs Auto zurückgreifen können, das sie in einem Umkreis von 30 bis 40 Meilen von ihrem Haus jederzeit überall hinbringt. Dies ist jedoch daran gebunden, daß die öffentliche Hand – auch wenn es den wenigsten gefällt – ein höheres Maß an Planungs- und Leitungsbefugnis erhält. Die Amerikaner kennen so etwas weder aus Erfahrung noch aus Tradition; die Zustimmung wird daher nur unter großen Spannungen und Qualen erfolgen. Aber eben dies steht uns im letzten Teil dieses Jahrhunderts noch bevor; denn wenn die Umweltverschmutzung so weitergeht, wird sie schließlich Formen annehmen, die so unerträglich sind, daß Korrekturen der oben erwähnten Art – so weitreichend und unerfreulich sie uns auch erscheinen mögen – mehr und mehr akzeptiert werden verglichen mit den Alternativen.

Ich habe diese Phänomene deshalb in diesem Zusammenhang erwähnt, weil die bevorstehende Auseinandersetzung mit ihnen es notwendig machen wird, Aufmerksamkeit und Einfallsreichtum von der Außenpolitik weg auf häusliche Angelegenheiten hin zu lenken. Anders ausgedrückt – wir werden nicht in der Lage sein, wie wir es seit dem letzten Krieg versucht haben, für alles da zu sein, was andere brauchen, und gleichzeitig für alles, was die hier entstehende Situation von uns verlangt.

Vom Erfolg oder Mißerfolg unserer Anstrengungen bei der Auseinandersetzung mit diesen verschiedenen Problemen wird es abhängen, wie stark und überzeugend wir in der Weltpolitik sind. Wenn wir für andere Menschen mehr sein wollen als nur eine einschüchternde Militärmacht, dann werden wir uns damit zu befassen haben, welches Erscheinungsbild wir der übrigen Welt liefern. Dieses Bild wird durchweg beeinflußt von oben genannten Phänomenen, manchmal sogar in entscheidender Weise. Zum wirklichen Begreifen unserer weltpolitischen Rolle gehört mit zuerst die Erkenntnis, daß wir den anderen nicht mehr sein können als uns selbst – daß wir den anderen nicht eine Quelle der Hoffnung und Inspiration sein können vor dem Hintergrund mutlosen Versagens und einer Verschlechterung des Lebens hierzulande.

## 5. Schlußbemerkung

Von den 4 Faktoren, die ich erwähnt habe als gegenwärtige oder künftige Begrenzungen unserer Handlungsfreiheit im auswärtigen Bereich, ist der erste – die Art, in der unsere Regierung angelegt ist zur Ausübung von Außenpolitik – noch so weit entfernt von einer Korrektur, ja noch nicht einmal anerkannt als ernstes Problem, daß jeder Gedanke an eine Änderung in absehbarer Zukunft genauso gut fallengelassen werden kann. Ich hatte gehofft, daß das Bicentennial* genutzt würde als eine Gelegenheit zur Überprüfung der im Laufe von Jahren entsprechend ausgeformten politischen Institutionen unseres Landes – speziell darauf hin, ob sie sich angesichts kommender Herausforderungen nicht verbessern ließen. Doch nichts davon geschah. Die Neuinszenierung solcher Ereignisse wie der Schlachten von Lexington oder Princeton schien amtlichen Stellen eine bessere Methode zu sein, das Jubiläum zu feiern. Wenn solch eine Überprüfung nicht zu diesem Zeitpunkt vorgenommen wurde, dürfte mit ihr auch in den nächsten Jahren kaum zu rechnen sein.

In den 3 anderen Fällen aber gehen die erforderlichen Schritte zumindest theoretisch nicht über das hinaus, was den Behörden schon aufgrund ihrer jetzigen Verfassung möglich ist; und man möchte hoffen, daß auf einigen Gebieten, wenn schon nicht auf allen, weiterer Fortschritt gemacht wird.

Ich möchte jedoch darauf hinweisen, daß man normalerweise in allen 3 Fällen – im Gewinn der Kontrolle über die Rüstungsindustrie, in der Überwindung unserer Abhängigkeit vom Öl der Araber und anderer OPEC-Länder und in der Bewältigung der zuletzt genannten Einzelprobleme, die bei Ausbleiben baldiger Erfolge eine tiefe nationale Krise verursachen können – die erforderlichen Schritte als rein innenpolitische Maßnahmen betrachten könnte. Worum es mir ging, war jedoch zu zeigen, daß sie ihrem Wesen nach aufs engste unsere Stellung und unsere Fähigkeiten als Weltmacht berühren. Und eben darin liegt eine Lehre, die viele Menschen in diesem Land nur langsam begreifen: daß nämlich Außenpolitik wie ein Großteil anderer Dinge zu Hause beginnt – daß die erste Forderung erfolgreicher Außenpolitik darin besteht, eine günstige Ausgangsposition für eigenes Verhalten zu gewinnen. Das bedeutet natürlich bewußte Abstimmung und Gestaltung der eigenen Gesellschaft auf diesen Zweck hin. Und dies wiederum bedeutet, in der Auseinandersetzung mit innenpolitischen Problemen stets zu bedenken, welche Wirkung die jeweiligen Entscheidungen auf die Außenpolitik haben.

---

* 200-Jahrfeier der Vereinigten Staaten, begangen 1976, A.d.Ü.

# Die globale Szene

Nach der Beschreibung des Zustands dieses Landes und seiner Grenzen für eine Teilnahme am Weltgeschehen, wollen wir jetzt einen Blick auf die uns umgebende Welt werfen und sehen, welche Herausforderungen, welche Gefahren und welche Chancen zu nutzbringendem Handeln sie bietet. Und dabei wollen wir zunächst diejenigen Kennzeichen der internationalen Umwelt festhalten – und sei es nur, um bestimmte Fragen zu erledigen, die manchmal über die globalen Aspekte unserer Außenpolitik gestellt werden –, die global von entscheidender Bedeutung sind – oder zumindest so erscheinen.

Es gibt nur sehr wenige davon. Ich kann mir tatsächlich nur 4 vorstellen, die hier erwähnenswert sind. Ein erstes Merkmal ist die Form der internationalen Gesellschaft, die bis heute entstanden und akzeptiert ist. Ein zweites, über das man viel hört, ist die zunehmende Nahrungsverknappung in großen Teilen der Welt. Das dritte ist die Frage der vom Menschen verursachten fortschreitenden Zerstörung seiner eigenen natürlichen Umwelt, insoweit sich dieses Problem in globalen Dimensionen stellt. Das letzte ist die Frage des Einflusses, den unsere Politik bei entsprechender Anlage auf eine Regierungsform woanders in der Welt möglicherweise haben kann.

## 1. Die Organisation der internationalen Gesellschaft

Am Ende des vergangenen Jahrhunderts war die Gesellschaft der Nationen größtenteils nach sogenannten hierarchischen Prinzipien organisiert – in dem Sinn, daß es eine Differenzierung zumindest in hierarchischer Hinsicht gab, die anzeigte, wie verschiedene politische Gebilde formal miteinander zu verkehren hatten. Zunächst einmal gab es die kleine Gruppe der „Großmächte" (5 oder 6 war die allgemein anerkannte Zahl im 19. Jahrhundert). Diese waren umgeben von einer Gruppe kleinerer, doch fest gefügter unabhängiger Staaten. Der Unterschied zwischen den beiden Kategorien war erkennbar in der formalen diplomatischen Praxis, wonach die Großmächte in den Hauptstädten der jeweils anderen durch Botschafter vertreten waren, während mit und unter den anderen nur „Minister" ausgetauscht wurden.

Jenseits dieser Gruppe von eindeutig unabhängigen und souveränen Staaten und meistens, doch nicht immer einem von ihnen unterstellt, gab es ein weites Spektrum kleinerer politischer Einheiten: Vize-Königtümer, Protektorate, Kolonien, Residenzen, Fürstentümer, Scheichtümer, Kalifate und andere autonome oder weitgehend autonome Gebilde der einen oder anderen Art. Einige von ihnen waren am internationalen Leben nur über die Großmacht beteiligt, der sie untergeordnet waren. Andere nahmen teils auf diese Weise, teils unabhängig daran teil. Und wieder andere beteiligten sich – wenn überhaupt – zwar unabhängig, doch nur in begrenztem Maße bloß an den internationalen Fragen, die für sie von unmittelbarem Interesse waren.

Diese Ordnung der internationalen Gesellschaft mit ihren verschwommenen Bestimmungen, von denen viele heute nur Ärgernis erregen würden, besaß keine Einheitlichkeit und verdeckte oftmals Beziehungen, die lästig und veraltet waren. Sie hatte jedoch den Vorteil, daß in ihr die große Verschiedenartigkeit und Instabilität politischer Abmachungen berücksichtigt werden konnte, die den verschiedenen Völkern dieser Erde ihr Zusammenleben ermöglichte. Sie erlaubte flexible Anpassung an die wechselnden Grade des Fortschritts und der Fähigkeit, zum internationalen Leben beizutragen, worin das Kennzeichen der Gesellschaften bestand. Sie gestattete auch Rücksicht auf geographische Begrenzungen: auf winzige politische Gebilde, die zu traditionellen Formen politischen Zusammenhalts auf entfernten Inseln oder in entlegenen Bergtälern geworden waren. Die eigentliche Vielfalt und, wenn man so will, Verschwommenheit der verschiedenen Statusformen, die diese Ordnung des internationalen Lebens hervorbrachte, machte eine Anpassung an die tatsächlichen kulturellen und physischen Unterschiede möglich, die eine strengere Ordnung der internationalen Gesellschaft nur schwer hätte bewirken können.

Heute hat sich das alles geändert. Bereits zum Teil vor dem II. Weltkrieg, aber dann überwältigend in der Nachkriegsperiode zeigte man sich damit einverstanden, einer jeden Gruppe von Menschen auf Wunsch den Status souveräner Unabhängigkeit zu übertragen, gleichgültig, wie klein, wie rückständig, wie arm sie sein mochte, um noch einen nützlichen Beitrag zum internationalen Leben zu leisten (ausgenommen war bloß die Gruppe, die das Pech hatte, zu einem der großen kommunistischen Staaten oder einem der neueren afrikanischen Staaten zu gehören, und damit generell von der Herrschaft ferngehalten wurde). Das Ergebnis bestand, wie jedermann weiß, darin, daß die Zahl der Gebilde, denen durch allgemeine Zustimmung der Mitglieder der internationalen Gemeinschaft das Recht zugebilligt wurde, ihre Souveränität und Unabhängigkeit auszurufen, von den ursprünglich 50 Gründerstaaten der Vereinten Nationen auf ca. 160 angewachsen ist, von denen jetzt 147 (es fällt schwer, diesbezüglich auf dem laufenden zu bleiben) Mitglieder dieser Organisation sind.

Auf diese Weise ist ein einziges Statusmerkmal – das nomineller Unabhängigkeit und unbegrenzter Souveränität – zum Gewand geworden, in dem die überwältigende Mehrzahl der politischen Gebilde dieser Welt auf der internationalen Bühne erscheint – allerdings auch das einzige Gewand, in dem sie erscheinen *konnte,* da kaum ein anderes anerkannt wird. Unter diesem einzigen Vorzeichen findet man Gebilde, die aus Hunderten von Millionen Menschen bestehen und sich über riesige Teile der fruchtbaren und ertragreichen Gebiete der Erdoberfläche erstrecken; man findet aber auch – unter derselben Bezeichnung – winzige Gemeinschaften, in einigen Fällen kaum größer als ein Dorf und seine Umgebung, deren Interesse an Weltproblemen ebenso unbedeutend ist wie ihre Fähigkeit, einen wertvollen Beitrag zu deren Lösung zu leisten. Sie alle – die Superstaaten und die Ministaaten – erfreuen sich theoretisch desselben Status, mit denselben Rechten, Privilegien und Pflichten einschließlich den Wahlrechten in der UN-Generalversammlung. Absurd? Ja, möchte man meinen, aber eigentlich doch harmlos. Ich bin mir nicht sicher, ob es wirklich harmlos ist.

Abgesehen von der Aufblähung der verschiedenen diplomatischen Korps auf der ganzen Welt hat dieses leichtfertige Verschenken des Souveränitäts- und Unabhängigkeitsstatus die Bedeutung der eigentlichen Ideen dahinter verwässert. Es hat die fundamentalen Prinzipien der internationalen Organisation zum Gespött gemacht und hat weitgehend die Nützlichkeit internationaler Behörden – namentlich der UN und der ihr angeschlossenen Institutionen – geschmälert, die doch dafür eingesetzt wurden, wichtige und möglichst konstruktive Zwecke zu erfüllen. Dieses verschwenderische Verteilen des Status souveräner Unabhängigkeit hat innerhalb zahlreicher UN-Körperschaften (beispielsweise der UNESCO, ILO und Weltgesundheitsorganisation, aber vor allem natürlich der UN-Vollversammlung) zur Bildung von Mehrheiten geführt, deren Verantwortungslosigkeit und emotionale Unbeständigkeit so groß ist, daß der mögliche Wert der in Frage stehenden Organisationen ernsthaft beeinträchtigt wurde. Anders ausgedrückt: Die Praxis hat viel von dem zerstört, was die internationale Organisation sonst zur Behebung der Weltprobleme hätte leisten können. Sie hat zum zerstörerischen Mißbrauch dessen geführt, was den Wert der universalen internationalen Organisation an sich hätte ausmachen sollen.

Der Schaden ist nun einmal da. Es gibt keine Möglichkeit, ihn ungeschehen zu machen. Ein Quentchen Nützlichkeit verbleibt der UNO noch – besonders in funktionalen Bereichen, wo die Aktivitäten direkt unter der Oberaufsicht des Sekretariats stattfinden; und das muß erhalten bleiben, so weit es geht. Die Vereinigten Staaten aber kommen nicht umhin, anzuerkennen, daß als Ergebnis dieser Torheit (an der sie maßgeblich Anteil hatten und ein hohes Maß an Schuld tragen) die Möglichkeiten der internationalen Weltorganisation, zur Verbesserung weltweiter Zustände beizutragen, beträchtlich verringert wurden. Viel von dem, was unter anderen Umständen auf diesem Wege hätte gemacht werden können, wird jetzt durch einseitige oder zweiseitige Maßnahmen zu unternehmen sein bzw. durch Übereinkunft zwischen kleineren Gruppen von Regierungen, die ernster zu nehmen sind und mehr Verantwortung zeigen.

Inzwischen täten die Amerikaner gut daran, sich klarzuwerden über die konzeptionellen Irrtümer, durch die sie dem Verfall der Bedeutung von Souveränität und möglichen Werten der internationalen Organisation so großzügig Vorschub leisteten. Es gab da zwei eng zusammenhängende Irrtümer. Der eine lag in der Vorstellung, daß „Demokratie", ein Begriff, der in Wirklichkeit nur auf die Beziehungen von Individuen zur Regierungsmacht als einer politischen Körperschaft anwendbar ist, sich auch auf die Beziehungen zwischen Regierungen in einer internationalen Gesellschaft anwenden ließe – d. h. in dem Glauben, daß in einer internationalen Körperschaft entsprechend auch die Regierungen das Wahlrecht übertragen bekommen können, so wie es auf ähnliche Weise die Individuen in einer freien Gesellschaft erhalten getreu dem Prinzip „eine Regierung – eine Stimme". Das ist ein völliges Mißverständnis – besonders insoweit nicht erkannt wird, wie künstlich einerseits der Maßstab ist, nach dem eine Behörde als Regierung eingestuft wird, und wie völlig verschieden andererseits die Eigenschaften sind, die das beinhalten, was sich Regierung nennt.

Der zweite konzeptionelle Irrtum, der dem amerikanischen Beitrag zur gegenwärtigen unrealistischen und unwirksamen Ordnung der internationalen Gesellschaft zugrundelag, war die merkwürdige liberal-amerikanische Annahme, daß Größe bei einem politischen Gebilde schlecht, das Gegenteil aber gut sei: daß Großmächte von Natur aus böse, kleine Mächte dagegen unschuldig und tugendhaft seien. Auf dieser Annahme beruhte die für amerikanische Empfindungen so angenehme Vision, daß die Vereinigten Staaten sich der Widerspenstigkeit der etablierten Mächte und Fürstentümer dieser Welt zu widersetzen hätten und an der Spitze einer Gefolgschaft von dankbaren und bewundernden kleineren Staaten weltweit die Führerschaft übernehmen müßten. Dieser kindische Tagtraum, dessen Wurzeln weit ins vergangene Jahrhundert zurückreichen, hat die amerikanische Staatskunst bei mehr als einer Gelegenheit beeinträchtigt; und er hat ohne Frage zu der Begeisterung beigetragen, mit der wir die Verleihung des Status souveräner Unabhängigkeit an eine Schar völlig unbekannter und unerfahrener kleiner Staaten beobachtet und begünstigt haben – Gebilde, in deren verantwortliches Handeln als reife Mitglieder der Völkerfamilie wir nicht den geringsten Zweifel setzten.

Der Schaden ist, ich wiederhole es, inzwischen geschehen. Er ist nicht so schnell wiedergutzumachen. Er wird schließlich in der einen oder anderen Weise gegenüber den Realitäten des internationalen Lebens zurücktreten müssen. Aber wir täten gut daran, die wahren Ursachen dieses Versagens unserer Staatskunst in Rechnung zu stellen, damit sie uns nicht in künftigen Fällen wieder zu schaffen machen – und dann in womöglich noch schlimmerer Form.

## 2. Die drohende Überbevölkerung und Ernährungskrise

Ein anderes oft diskutiertes und in globalen Zusammenhängen betrachtetes Problem ist die ausgedehnte Hungersnot, die wir mit ziemlicher Sicherheit in den noch verbleibenden Jahren dieses Jahrhunderts in verschiedenen Teilen der Welt haben werden. Die Tatsache, daß dieses Problem so oft als globales betrachtet wird, spiegelt an sich ein ernst zu nehmendes Mißverständnis wider; das Problem ist nämlich gar nicht global – es ist vor allem regional. Der Versuch, es global darzustellen, beruht auf der Annahme, daß es sich um eine Situation handelt, die eigentlich das Gewissen der ganzen Menschheit aufrütteln sollte – und besonders das der reichen Vereinigten Staaten. Oft wird der Eindruck vermittelt, daß dies ein Zustand ist, den wir dank unseres Überflusses kurieren könnten, wenn wir nur wollten – d. h. wenn wir weniger selbstsüchtig und mehr zu Opfern bereit wären.

Ich möchte hier lediglich klarmachen, daß nichts davon stimmt. Wir in den Vereinigten Staaten schufen dieses Problem nicht (es ist grundsätzlich ein unvermeidliches Ergebnis der Überbevölkerung), und es ginge weit über unsere Kräfte, es zu lösen. Solche Produktionsüberschüsse, wie wir sie in der Landwirtschaft bei entsprechender Anstrengung erreichen, wären kaum mehr als ein Tropfen auf den heißen Stein, selbst wenn wir alles in unserer

Macht Stehende täten, den Überschuß noch zunehmen und unseren Konsumanteil abnehmen zu lassen. Dies ist nicht eine Frage des guten Willens. Es ist eine Frage statistischer Fakten.

Ich meine, mich daran zu erinnern, daß vor vielen Jahren, als ich im Außenministerium arbeitete, ein amerikanischer Vizekonsul in einer der indischen Provinzen einen höchst sachlichen Report verfaßte – unterlegt mit anscheinend unbestreitbaren Statistiken –, aus dem hervorging, daß der gesamte jährliche amerikanische Getreideüberschuß von damals zur Nahrungsversorgung dieser einen indischen Provinz hinzugefügt werden könnte, und dennoch – verteilt unter einige 80 Millionen Menschen – die Kalorienzufuhr unter dem Niveau bleiben würde, das einem normalen Standard angemessener Ernährung entspräche. Das State Department nahm den Report, so weit ich weiß, mit Schreck und Verlegenheit entgegen und bemühte sich, weder viel Aufmerksamkeit darauf zu richten noch über die Lektion nachzudenken, denn das hätte gegen die vorherrschende Philosophie der damaligen Zeit verstoßen. Aber die Lektion, die darin enthalten war, ist immer noch gültig – und heute sogar in weit größerem Maße.

Aus obigen Darlegungen darf jedoch nicht geschlossen werden, daß nun überhaupt nichts getan werden sollte als Antwort auf diesen Zustand. Wir können ruhig darin fortfahren, das wenig zu tun, was sich über die multilateralen Organisationen machen läßt, die selbst mit dem Problem befaßt sind. Wichtiger noch, wir könnten Mittel finden, um unsere bequemen und verschwenderischen Gewohnheiten im Nahrungsmittelverbrauch zu mäßigen: Engere Grenzen setzen im Hinblick auf die Getreidemenge, die an Tiere verfüttert und dann in Form von Tierprodukten konsumiert wird, und dafür den Umfang der Getreidenahrung ansteigen lassen, was viel wirtschaftlicher wäre. Das wird allerdings denjenigen Nationen nicht entscheidend weiterhelfen, die sich in den kommenden Jahren einer Hungersnot-durch-Überbevölkerung gegenübergestellt sehen; aber es wird uns in eine bessere Lage im Hinblick auf das Problem als ganzes bringen. Es ist dies nicht die letzte Gelegenheit, wo sich zeigen wird, daß auch kleinere Schönheitsmerkmale unseres Verhaltens Beachtung finden. Wenn man selbst schon nichts zur Beseitigung unglückseliger Zustände auf der Welt tun kann, kann man sich wenigstens darum besorgt zeigen.

Aber man beachte, daß auch dies wieder in erster Linie eine Angelegenheit der Innen- und nicht der Außenpolitik ist – wie so viele Dinge, die zwecks Verbesserung unserer Weltposition getan werden müssen. Bis wir lernen, daß heimisches Wohlergehen nicht immer an der Spitze stehen muß – daß gelegentlich die Erfordernisse einer angemessenen Rolle und Haltung dieses Landes auf der Weltbühne Vorrang haben, wird eine große Zahl unserer außenpolitischen Probleme weiterhin unbeantwortet bleiben.

### 3. Das Umweltproblem

Das Umweltproblem ist bereits erwähnt worden so, wie es sich für den Politiker hier bei uns stellt. Es ist jedoch ein Problem, das auch seine internationalen Aspekte hat, die in ihrer Bedeutung für die Amerikaner und ihre Lebensqualität voll dem entsprechen, was zu Hause im Hinblick auf die Umwelt geschieht.

Vor einigen Jahren – am Vorabend der ersten großen internationalen Versammlung, die weltweiten Umweltproblemen gewidmet war – der Stockholm-Konferenz von 1972 –, veröffentlichte der Verfasser dieser Zeilen in der Zeitschrift *Foreign Affairs* einen Beitrag, der einen gedanklichen Beitrag zu den Problemen liefern sollte, die sich auf der bevorstehenden Konferenz stellten. Er entwickelte darin bestimmte Richtlinien, die nach seinem Dafürhalten jedem wirksamen internationalen Handeln auf diesem Sektor zugrundeliegen sollten. Er wandte sich zuallererst gegen eine Kopplung oder Verwechslung von Problemen der Umwelt mit solchen der wirtschaftlichen Entwicklung. Er wandte sich aus verschiedenen Gründen dagegen, daß die verantwortliche Führerrolle bei der Entwicklung internationalen Handelns gegen Umweltzerstörung den Vereinten Nationen übertragen werden. Er hielt es für besser, daß diese Aufgabe von einer Gruppe führender Industrie- und Seenationen angepackt werde – solcher Nationen, die die ernstesten Formen der Verschmutzung verursachten, die über die Quellen verfügten, das Problem zu studieren, und in deren Macht es lag, die meisten der fraglichen Übel zu beseitigen. Er versprach sich nichts davon, daß Länder der Dritten Welt einbezogen würden, von denen die meisten wenig Interesse an Umweltproblemen hatten und noch weniger in der Lage waren, auf diesem Aktionsfeld etwas Nützliches beizutragen. Er dachte weiter, daß die Notwendigkeit gerade nicht in einer Agentur bestand, die machtlos wäre zu handeln, sofern nicht über jeder Frage erneut ein internationales Einvernehmen erzielt wäre, und die dann nur über die betreffenden Regierungen selbst in Aktion treten könnte, sondern daß man eine internationale Umweltbehörde bräuchte, die auf bestimmten Gebieten (und ganz besonders in den großen internationalen Bereichen der Hohen See, der Arktis und Antarktis, der Stratosphäre usw.) ihre eigene Vollmacht zur Entscheidung und Durchführung hätte. Und er dachte schließlich, daß die mit der Schirmherrschaft betrauten und Aufsicht führenden Organe dieser Behörde – wie auch die Quelle ihres Personals – nicht die verschiedenen Regierungen sein sollten, die direkt handelten, sondern die großen wissenschaftlichen Einrichtungen, die jedes der betreffenden Länder dafür zu bestimmen hätte, so daß im wesentlichen die Gemeinschaft der Wissenschaftler mit der Führung der ganzen Unternehmung beauftragt wäre und die Regierungen ihre Rolle darauf beschränkten, die teilnehmenden wissenschaftlichen Organisationen auszuwählen, für Finanzierung zu sorgen und andere Formen der Unterstützung zu leisten.

Die Stockholm-Konferenz kam und ging; und nicht in einer einzigen Hinsicht fanden diese Ansichten Zustimmung, wenn sie überhaupt beachtet wurden. Das Ergebnis ihrer Beratungen war, daß Umweltüberlegungen tatsächlich umfassend mit solchen der Entwicklung gekoppelt werden sollten, wie überhaupt die eigentlichen Beratungen und Entscheidungen der Konferenz von den Ländern der Dritten Welt beherrscht zu sein schienen. Mit der Führungsrolle für nachfolgende Maßnahmen wurden dann tatsächlich die Vereinten Nationen betraut. Statt daß die führenden Industrie- und Seenationen damit beauftragt wurden, die Aktion in Gang zu bringen, wurde von den Vereinten Nationen eine Körperschaft eingesetzt (der Exekutivrat für Umweltprogramme), bestehend aus Vertretern von 58 Regierungen unter einem leitenden, von der UNO-Generalversammlung zu wählenden Direktor und mit einem Hauptquartier, das in Nairobi errichtet werden sollte. Die bedeutenden wissenschaftlichen Einrichtungen der Großmächte sollten bei diesem Vorhaben keine direkte Rolle spielen. Es zeigte sich, keineswegs unerwartet, daß unter den teilnehmenden 58 Regierungen diejenigen aus der Dritten Welt eine klare Mehrheit hatten.

Ich beabsichtige nicht, die Leistungen des Exekutivrats zu schmälern. Ich bezweifle nicht, daß er unter der Führung eines so fähigen und engagierten Mannes wie Maurice F. Stone sein Bestes getan hat – im Rahmen der begrenzten Möglichkeiten, die ihm durch die einmal geschaffene Form gegeben sind. Aber es ist offenkundig, daß die Behandlung der Umweltfragen in Stockholm kleiner geschrieben wurde als die der Entwicklungsfragen, und die nachfolgenden Abmachungen und Aktivitäten spiegelten einmal mehr diese Unterordnung wider.

Im Licht solcher Tatsachen kann es nicht überraschen, daß der in den letzten Jahren erzielte Fortschritt nicht gerade spektakulär war. Das gilt besonders für das Problem der Verschmutzung und des sonstigen Mißbrauchs der Hohen See. Es gibt noch immer keine eigentliche Vollzugsbehörde für solche internationalen Übereinkünfte, wie sie hinsichtlich der Verschmutzung der Meere durch Öl schon bestehen. Die Konstruktion und Inbetriebnahme von Riesentankern schreitet rasch voran, obwohl sich doch jeder der Gefahren bewußt ist, die sie vom Standpunkt möglicher maritimer Verunreinigung darstellen. Nichts ist geschehen im Hinblick auf die billigen Flaggen; und Hunderte von Schiffen verkehren weiterhin auf Hoher See ohne angemessene Sicherheitsvorschriften – wobei Sicherheit zu beziehen ist sowohl auf sie selbst als auch auf die Küsten, vor denen sie kreuzen. Während dies geschrieben wird, erleben wir das achte schwere Unglück in amerikanischen Küstengewässern (zwei davon waren große Katastrophen), das durch Billig-Flagg-Schiffe im Zeitraum von ungefähr zwei Wochen verursacht ist. Sicher ist damit die Zeit gekommen, Maßnahmen zu ergreifen (wobei es sowohl heimischer wie internationaler bedarf), die diesem schockierenden Mißbrauch des Privilegs, Schiffe auf Hoher See kreuzen zu lassen, ein Ende setzen.

Die Errichtung von Ölbohranlagen in internationalen Gewässern ist gänzlich außer Kontrolle geraten. Es gibt niemanden, der für den Ozean und seine „Bewohner“ sprechen könnte angesichts der massiven Verunreinigung durch Flüsse und Küstenbevölkerung. Es gibt niemanden, der mit einem gewissen Maß an Autorität den Menschen – einschließlich Küstengemeinden an der amerikanischen Ostküste – widerspricht, die schädliche oder giftige Abfälle in internationale Gewässer werfen wollen. Es gibt niemanden, der entscheidet, ob es sicher oder nicht sicher ist, wenn atomgetriebene Schiffe auf den Meeren verkehren. Es gibt, kurz gesagt, keinen, der auf Hoher See die Art von Kontrolle ausüben kann, die einzelne Regierungen jetzt innerhalb der sich ständig erweiternden Zonen anwenden, die sie als ihre Küstengewässer beanspruchen. Es gibt Menschen, die für Regierungen sprechen, es gibt jedoch keine, die für den Ozean und seine Bewohner sprechen.

Die Rolle, die die US-Regierung und ihre Vertreter in diesem Abschnitt des internationalen Lebens während der letzten Jahre gespielt haben, umfaßt natürlich zahlreiche Aspekte; und nur eine ausführliche Forschungsarbeit könnte zu einer vernünftig kritischen Einschätzung insgesamt gelangen. Besonders erwähnt sei hier nur, daß es meines Wissens kein Anzeichen dafür gab, daß Washington zu irgendeinem Zeitpunkt wirklich ernsthaft darum bemüht war, der oben beschriebenen Entwicklung von Vorfällen Einhalt zu gebieten. Hier wiederum wäre ein völlig neues Maß von Einfallsreichtum und Entschlußkraft vonnöten, wollten die Vereinigten Staaten auf diesem Gebiet die Führerschaft übernehmen und ausüben, die ihr Status als größte Industrienation der Welt und größter Einzelverschmutzer der Welt eigentlich verlangen würde. Ein guter Beginn wäre eine nochmalige Überprüfung der Prinzipien, nach denen sich internationales Handeln seit der Stockholm-Konferenz entwickelt hat – oder auch nicht –, damit man sieht, ob sich nicht immer noch eine hoffnungsvollere und wirksamere Annäherung an dieses Weltproblem finden läßt, dessen Ernst sich täglich vergrößert.

## 4. Die „Dritte Welt“ und der Nord-Süd-Dialog

Die „Dritte Welt“ ist ein vager und äußerst schillernder Begriff. Was bedeutet, daß derjenige, der Amerikas Verhältnis zu ihr in allgemeiner Form diskutieren möchte, sich auf trügerisches Eis begibt. Freilich wird es für alles, was er anführt, auch zahlreiche Ausnahmen geben. Ungeachtet dessen liegt mir daran, einige Beobachtungen festzuhalten.

Liest man das meiste, was über das „Nord-Süd“-Verhältnis geschrieben wird, und merkt, was in internationalen Organisationen zu diesem Thema gesagt wird, ist man betroffen darüber, daß in ständiger Wiederholung darauf angespielt und abgehoben wird, daß die fortgeschrittenen Industrieländer und allen voran die Vereinigten Staaten in gewisser Weise schuld seien an der Ungleichheit zwischen ihrem Entwicklungsstand und dem der Länder der Dritten Welt; daß dies das Ergebnis einer Ungerechtigkeit sei, die sie den Ländern der Dritten Welt zufügten; und daß es schließlich ihre Pflicht und Schuldigkeit sei, diese Ungerechtigkeit aus der Welt zu schaffen, indem sie alles in ihrer Macht Stehende tun bis hin zur Teilung ihres Reichtums und Verminderung ihres eigenen Wohlstands, um die Ungleichheit zu beseitigen und den Menschen der Dritten Welt einen Stand der Entwicklung und des Wohlstands zu bescheren, der ihrem eigenen ähnlich ist. Andernfalls – so dürften wir annehmen – sei mit dem Schlimmsten zu rechnen: die Menschen der Dritten Welt – müde ob solcher Ungerechtigkeit und nicht mehr willens, länger auf die Beseitigung zu warten – werden sich in ihrem Zorn erheben, und was bliebe dann von den fortgeschrittenen Ländern? Die Verantwortung für die Beseitigung dieser Ungleichheit schließlich wird danach in überwältigendem Maß auf Seiten der Regierungen und Völker der fortgeschrittenen Länder gesehen. Es ist an ihnen, zu entscheiden, ob – wie ein amerikanischer Journalist, der aus Südafrika berichtet, es kürzlich ausdrückte – „die weiß-beherrschte technologische Welt sich einigen wird mit den als ‚Dritte Welt‘ bekannten entkolonisierten Regionen“.

Historisch gesehen war der gewaltige Entwicklungsprozeß der Beziehungen zwischen den weiter fortgeschrittenen Ländern

Europas und Nordamerikas und den weniger entwickelten Völkern der südlichen Kontinente in vielerlei Hinsicht eindeutig tragisch; und mir liegt nicht daran, die Tatsache zu übersehen oder zu bestreiten, daß viele – manchmal sogar sehr große –Fehler von europäisch-nordamerikanischer Seite gemacht wurden. Und dennoch sehe ich in diesen Fehlern keine allgemeine Ursache für das gegenwärtig relativ niedrige Entwicklungsniveau der Länder der Dritten Welt; und ich kann mich eines Gefühls der Bestürzung nicht erwehren, wenn ich sehe, wie man diese Ungleichheit als Ausdruck allgemeiner Schlechtigkeit oder moralischen Versagens auf seiten der „weiß-beherrschten technologischen Welt" interpretiert.

Während ich dies schreibe, liegt vor mir ein verblaßter Schnappschuß, den ich kürzlich von einem Verwandten erhielt, und zwar von dem Blockhaus, in dem meine Urgroßeltern wohnten, als sie erstmals 1851 in die Green Bay-Region des Staates Wisconsin kamen: Ein roher, fast fensterloser Bau, der auf einem öden, baumlosen Feld stand. Und ich möchte daran erinnern, daß Wisconsin zu jener Zeit weitgehend das war, was wir heute ein unterentwickeltes Land nennen würden.

Nun – diese Menschen arbeiteten hart, wie auch die meisten, die nach ihnen kamen. Sie verkörperten ein heutzutage verschmähtes und verspottetes „Arbeitsethos" (das nicht nur protestantisch war). Sie verkörperten größtenteils auch eine lange Tradition lokaler Selbstverwaltung; und sie brachten es ähnlich den Menschen in anderen Frontstaaten fertig, Regierungseinrichtungen zu schaffen und zu gebrauchen, die auf Einstellungen der Toleranz und Rücksichtnahme gegenüber der Mehrheitsmeinung basierten, wodurch ihnen blutige Gewalttätigkeit mit entsprechenden Verlusten erspart blieb. Wisconsin gedieh deshalb unter ihrem Wirken und ist heute ein Ort großen Wohlstands – zu großen, wie ich manchmal denke, im Hinblick auf das Wohl seiner eigenen Bewohner. Man beachte, daß all dies geschaffen wurde ohne jede Form äußerer Hilfe, nur mittels der normalen Anlage fremdstaatlichen Kapitals aus teils amerikanischen, teils ausländischen Quellen, das die Bewohner Wisconsins in üblicher Weise mit Zins und Profitrate zurückzuzahlen hatten, um weitere derartige Hilfe nicht zu gefährden.

Ist daran nun, so frage ich mich, irgendetwas moralisch falsch – in bezug auf die Menschen anderswo und insbesondere die ähnlich unterentwickelten anderer Kontinente? Sind wir aus Wisconsin ein faules, gewalttätiges, leichtsinniges Volk gewesen, das mehr an Krieg als an Industrie dachte? Haben wir das Wenige, das uns substantiell gegeben war, verschwendet über zivilem Hader der einen oder anderen Art, oder sind wir aus anderen Gründen erfolglos gewesen? Und sind wir deshalb unterentwickelt geblieben, anstatt unsere Quellen zu nutzen? Würden wir heute als die Besitzer einer besonderen Tugend gegenüber den entwickelteren Ländern betrachtet, die uns dazu berechtigt, Ansprüche an ihre Wohltätigkeit zu stellen und ihren Einsatz zu fordern, wo es um unsere Entwicklung geht? Wären sie uns gegenüber dann schuldig gewesen wegen ihres größeren Erfolgs? Und sollten in dieser modernen Welt altmodische amerikanische Tugenden wie Sparsamkeit, Ehrlichkeit, Toleranz, bürgerliche Disziplin und harte Arbeit nicht überhaupt hoch angerechnet werden? Dies waren im Grunde die Eigenschaften, die Wisconsin in die Lage versetzten, im Lauf eines Jahrhunderts „entwickelt" zu werden. Das Klima war dafür, wie jeder in Wisconsin weiß, nicht unbedingt förderlich.

Solange ich auf diese Fragen keine anderen Antworten erhalte, als ich sie gegeben habe, muß ich dabei bleiben, daß das erste, was wir bei unserer Annäherung an die Dritte Welt zu tun haben, darin besteht, uns allgemein in bezug auf sie von unserem Schuldkomplex und unserer Befangenheit frei zu machen, und im Umgang mit ihr zu lernen, den Vertretern der Länder dieser großen Region fest ins Auge zu schauen.

Als zweites ist stets zu bedenken, daß alles, was wir der Dritten Welt an Hilfe geben können oder konnten, sehr wenig ist im Vergleich mit dem, was sie zu ihrer Entwicklung braucht. Entwicklung muß hauptsächlich von innen, nicht von außen kommen. Selbst wenn dies nicht stimmen sollte, überstiege die Skala der Bedürfnisse bei weitem unsere Möglichkeiten.

Ein zweifaches *könnten* wir tun. Erstens könnten wir uns – theoretisch – teilweise aus der Schußlinie herausziehen, indem wir diejenigen protektionistischen Positionen aufgeben, die die

Entwicklungsländer in ihren Bemühungen hemmen, in die Vereinigten Staaten zu exportieren. Zweitens könnten wir ihnen mehr Geld zukommen lassen durch die internationalen Organisationen, die ihrerseits mit Hilfsprogrammen für rückständige Länder befaßt sind.

Für die erste dieser Möglichkeiten werden wir uns wahrscheinlich nicht entscheiden können, weil amerikanische Außenpolitik sich normalerweise, wie wir gesehen haben, nur in dem Rahmen abspielt, in dem ihr kein ernsthafter Widerstand von mächtigen amerikanischen Lobbies oder Interessengruppen entgegengesetzt wird; in diesem Fall wäre solcher Widerstand reichlichst zu erwarten.

Die zweite Möglichkeit würde gegenwärtig nicht viel bringen, da außenstehende Parteien nur begrenzt die Entwicklung derjenigen Länder vorantreiben können, die unter schweren inneren Hemmnissen leiden; sie würde uns aber in eine bessere Lage versetzen und im Hinblick auf unser Ansehen in der Öffentlichkeit von gewissem Nutzen sein.

Unter Berücksichtigung all dessen ist nur schwer zu erkennen, wo das Problem liegt und warum insbesondere so viel über den Nord-Süd-„Dialog" oder, wo dieser mißlingt, von „Konfrontation" geredet werden sollte. Über das hinaus, was gerade erwähnt wurde, gibt es wirklich wenig, was speziell die Vereinigten Staaten für die Dritte Welt tun können. Und es gibt gleichfalls wenig, was die Dritte Welt mit Ausnahme der OPEC-Länder (die keine Hilfe brauchen) tun kann, um ihre Frustration an den Vereinigten Staaten oder anderen hochindustrialisierten Ländern abzureagieren. Für die lange Strecke, die vor ihnen liegt, müssen sich die Länder dieser Kontinente ihren Weg schon selbst bahnen, wie es auch unsere Vorväter taten, andernfalls würden sie nicht ans Ziel gelangen. In der Zwischenzeit sollten beide Seiten – die fortgeschrittenen Industrieländer und die unterentwickelten – das leere Gerede von großen Abmachungen zwischen Nord und Süd beenden und sich getrennt ihren eigenen Aufgaben zuwenden.

Daß die Vereinigten Staaten unter derartigen Umständen vorerst weiterhin die Zielscheibe verbaler Beschimpfungen bleiben werden, kann nicht bezweifelt werden. Doch kann man von diesem Beschuß annehmen, daß er in dem Maße abnehmen wird, wie die Vereinigten Staaten ihn an sich abgleiten lassen. Viel davon wurde nämlich geradezu herausgefordert durch die regelrechte Selbstbeschimpfung seitens ernstzunehmender Amerikaner, die sich prompt das Echo einhandelten. Ein Amerika, das sich weniger selbst anklagen würde, hätte auch mit weniger Anklagen von außen zu rechnen – zumindest aus dieser Richtung.

## 5. „Demokratie" als weltweites Thema

Wir hören immer wieder aufs neue, wie auf tausenderlei Art und aus tausenderlei Richtung behauptet oder geraten wird, daß es ein Hauptanliegen amerikanischer Diplomatie weltweit sein sollte, die Selbstverwaltung bei anderen Völkern zu fördern. Unsere Regierung wird dafür kritisiert, daß sie angeblich lateinamerikanische „Diktatoren" unterstützt. Sie wird kritisiert für ihr Versäumnis (und so erscheint es den Kritikern), „Mehrheitsherrschaft" in Südafrika zu unterstützen. Sie wird bedrängt, die repressiven Maßnahmen der sowjetischen Regierung auf andersdenkende Intellektuelle zu einer Streitfrage in den sowjetisch-amerikanischen Beziehungen zu machen. Auf unzählige Art und Weise findet der Gedanke in amerikanischen Medien seinen Ausdruck, daß Amerika eine Pflicht habe, das Anwachsen demokratischer Institutionen oder zumindest die Gewährung von Menschenrechten in der Welt zu ermuntern und zu fördern, und daß dies eine entscheidende, wenn nicht ausschlaggebende Zielsetzung amerikanischer Politik im Weltmaßstab sein sollte.

Es gibt eine Reihe von Überlegungen, die mich für meine Person an dieser Behauptung zweifeln lassen.

Zuallererst ist meines Wissens nirgends bewiesen, daß „Demokratie" – oder was immer wir uns unter diesem Wort vorstellen – der natürliche Zustand des größten Teils der Menschheit sei. Sie dürfte eher eine Form der Regierung sein (und eine schwierige dazu mit zahlreichen Schattenseiten), die sich im 18.

und 19. Jahrhundert in Nordeuropa entwickelt hat – primär in Ländern, die an den Kanal und die Nordsee angrenzen (allerdings mit gewisser Ausdehnung nach Mitteleuropa hinein), und die dann auf andere Teile der Welt einschließlich Nordamerika übertragen wurde, wo die Menschen aus jenem nordwesteuropäischen Gebiet als erste Siedler oder Kolonisten auftraten und die charakteristischen Züge bürgerlicher Regierung festlegten. Demokratie hat – anders ausgedrückt – eine relativ schmale Basis, sowohl zeitlich als auch räumlich; und der Beweis wäre erst noch zu erbringen, daß sie die natürliche Herrschaftsform auch für Menschen außerhalb dieses engen Umkreises ist.

Alle Unterscheidungen, die zwischen Formen politischer Autorität einschließlich derjenigen zwischen „Demokratie" und „Diktatur" gemacht werden, sind natürlich nur relativ, nicht absolut. Keine Demokratie ist frei von Machenschaften und autoritären Elementen; und jede Diktatur hat irgendwo auch etwas von Demokratie. Außerdem unterliegen die Menschen wechselseitig der Beeinflussung. Politische Moden und Idealbilder breiten sich immer mehr aus. Der Drang, sich „demokratisch" zu geben in dem Sinn, daß Institutionen entwickelt werden, deren Namen den Anschein von Selbstverwaltung erwecken sollen, hat den größten Teil der Welt erfaßt. Nur wenige Regierungen versäumen, irgendetwas in dieser Art vorzutäuschen. Sogar die Namen, die sie sich selbst oft geben („Volks . . .", „Demokratische . . .", „Republik" usw.), dienen diesem Zweck. Für die Zukunft kann das unter Umständen von Bedeutung sein. Für die Gegenwart aber scheint es nur wenig auszusagen. Einige der scheußlichsten und brutalsten Gewaltherrschaften maskieren sich heute mit solchen Titeln. Selbst wenn „Demokratie" die Zauberformel der Zukunft sein sollte und überall Anwendung fände (wobei der längere Zeitraum der Geschichte allerdings nicht zu solcher Annahme berechtigt), würde die fragliche Zukunft nicht die unmittelbare sein; und wer es zu seinem Ziel machte, den Traum von einer demokratisch regierten Welt schon binnen kurzem zu verwirklichen unter Verzicht auf das, was die internationale Gemeinschaft dringender braucht, der würde sich weltfremd wie Don Quijote verhalten.

Zweitens sehe ich keinen Grund zu der Annahme, daß viele dieser Menschen mit der Entwicklung und Benutzung demokratischer Einrichtungen notwendig am besten fahren würden. Die Erinnerung zeigt, daß Versuche dieser Art nicht durchweg positiv ausfielen. Immer wieder vermochten autoritäre Regime Reformen durchzuführen und das Los der Volksmassen zu verbessern, wo weniger eindeutige Formen politischer Autorität versagt hatten. Man denke nur beispielsweise an Portugal unter Salazar, an China unter Mao, ja selbst an Kuba unter Castro, denn so ärgerlich das Castro-Regime für viele (mich eingeschlossen) auch sein mag, es hat zahlreiche nützliche Reformen eingeführt und viel für das gemeine Volk getan, woran nach entsprechenden unparteiischen Zeugenaussagen kein Zweifel bestehen kann. Wenn die Frage gestellt würde, ob die großen Volksmassen dieser Welt – abgesehen von den unruhigen Intellektuellen – demokratische Einrichtungen Wohlstand und wirtschaftlicher Sicherheit vorziehen, würde schon viel dazugehören, im Licht der historischen Erinnerung darauf mit Ja zu antworten. Diejenigen Amerikaner, die mit Sicherheit zu wissen vorgeben, was andere Völker wünschen und an politischen Institutionen brauchen, täten gut daran, sich selbst zu fragen, ob sie in Wirklichkeit nicht nur ihre eigenen Wertvorstellungen, Traditionen und Denkweisen Menschen aufzwingen wollen, für die diese Dinge keinen Wert und keinen Nutzen haben.

Schließlich sollte man nach meiner Auffassung noch besonders erwähnen, daß Amerika schlecht beraten wäre, wenn es versuchen sollte, wie John Quincy Adams einmal mißbilligend schrieb, zum „Garanten" statt zum „Freund" der Freiheiten auf der halben Welt zu werden. Man bemerkt, daß selbst bei den Amerikanern, die sich am leidenschaftlichsten dieser Sache verschrieben haben, die aktuelle Umsetzung ihrer Begeisterung nur höchst wahlweise geschieht. Diese Anwälte der Freiheiten anderer Völker scheinen tatsächlich in zwei Kategorien zu fallen: diejenigen (Griechen, Juden, Kubaner, Schwarze, usw.), deren Interessen sich im wesentlichen auf das politische Schicksal ihres eigenen Volkes beschränkt; und die anderen, die berufsmäßigen Liberalen, deren Sorge für die Sache der Demokratie anderswo zwar auf allgemeinen Prinzipien beruht, in Wirklichkeit aber doch beschränkt bleibt auf aktuelle Fälle von Brutalität seitens rechtsgerichteter autoritärer Regime – wie in Chile oder Griechenland – oder seitens weiß-europäischer autoritärer Regime, wo immer

Menschen anderer rassischer Zugehörigkeit darunter leiden. Diese vorzugsweisen Einstellungen führen zu schwerem Druck auf die US-Regierung, sich zu verwenden für jüdische Dissidenten in Rußland, für Castros Gegner in Kuba, für Oppositionelle in Chile und für verschiedene afrikanische Widerstandsführer, denen es um die Beseitigung der weißen Herrschaft in Südafrika zugunsten der Errichtung ihrer eigenen geht. Sie zeigen keine vergleichbare Anteilnahme für die namenlosen und zahllosen Chinesen, die der harten intellektuellen und physischen Disziplin des chinesischen kommunistischen Regimes zum Opfer gefallen sein mögen; für die vielen Zehntausende von Afrikanern, die allein im Lauf der letzten Jahre von anderen Schwarzafrikanern niedergemetzelt wurden, die dazu gerade die Macht hatten; für die Inder, die abrupt und brutal aus Kenia und Uganda vertrieben wurden; für die Tausende angolanischer Schwarzer, die gezwungen wurden, über die Grenze nach Südwestafrika zu fliehen und Schutz unter südafrikanischer Obhut zu suchen; und im Fall der Sowjetunion tatsächlich auch kein Interesse für die Hunderttausende nicht-jüdischer Menschen (die Krimtartaren, Wolgadeutschen usw.), die immer noch leiden unter den gegen sie in der Stalin-Ära ergriffenen Maßnahmen. Diese und andere entsprechende Völker passen einfach nicht in den speziellen Rahmen, auf den sich die Begeisterung verschiedener Amerikaner für die Freiheiten anderer Völker normalerweise beschränkt.

Deshalb besteht aller Grund zu der Annahme, daß selbst wenn die Vereinigten Staaten eine feierliche Verpflichtung übernehmen sollten, die Förderung der Demokratie in anderen Teilen der Welt zu ihrer Sache zu machen, die nachfolgenden politischen Maßnahmen nicht dazu angetan wären, faire und prinzipienbewußte Bemühungen in dieser Richtung widerzuspiegeln. Wahrscheinlicher wäre, daß diese Verpflichtung augenblicklich von Parteien innerhalb der amerikanischen Gesellschaft aufgegriffen würde, die daran interessiert sind, bestimmte Ziele zu erreichen in bezug auf herrschende Gruppen, die ihnen besonders zuwider sind, oder in bezug auf solche, die von der Macht ferngehalten und ihnen besonders sympathisch sind. Die anderen Opfer oder Urheber der Gewaltherrschaft – die, die unter den Mitgliedern dieser amerikanischen Interessengruppen keine Fürsprecher hatten – würden weiterhin keine Beachtung finden, so wie es schon heute der Fall ist.

Man kann auch kaum davon ausgehen, daß die Ergebnisse derartiger amerikanischer Anstrengungen, in die inneren Angelegenheiten anderer Länder einzugreifen, zwangsläufig zu irgendeiner entscheidenden Verbesserung der jeweiligen Herrschaftsbedingungen führen würden, selbst wenn die fraglichen Anstrengungen scheinbar erfolgreich sein und den Sturz der Regime, gegen die sie gerichtet waren, herbeiführen sollten. Die Amerikaner neigen dazu anzunehmen, daß irgendjemand, der sich als Verfolgter oder Gegner einer bestimmten Diktatur oder eines autoritären Regimes sieht, allein dadurch schon ein Kämpfer für die Freiheit ist – überzeugt von den Prinzipien liberaler Demokratie und entschlossen, diese Prinzipien aufzugreifen und in die Tat umzusetzen, wenn das zum politischen Erfolg verhelfen würde. Die amerikanische Diplomatiegeschichte liefert ein Beispiel nach dem anderen für diese naive Annahme. Die Dinge sind aber leider nur selten so einfach. Zu oft besteht die sehnlichste Hoffnung politischer Dissidenten innerhalb einer autoritären Gesellschaft in dem Traum, ihre Peiniger eines Tages so zu behandeln, wie sie von diesen behandelt wurden – ein Ziel, das wahrscheinlich nichts mit den Prinzipien der Demokratie zu tun hat. Im großen und ganzen sind aufeinanderfolgende Regierungen in einer bestimmten Gesellschaft einander doch recht ähnlich, was ihre Methode, wenn nicht gar ihre erklärte Ideologie angeht. Besonders in einer Gesellschaft, die an brutale oder autoritäre Herrschaft gewöhnt ist, kann man ungeachtet erhabener ursprünglicher Absichten nur schwer mit Methoden regieren, die entscheidend abweichen von denen, an die das Volk durch lange Erfahrung und Tradition gewöhnt ist.

Aus all diesen Gründen wird man in der amerikanischen Politik nur schwerlich ein Versprechen sehen, das darauf abzielt, die politischen Gewohnheiten großer Teile der Weltbevölkerung zu korrigieren und zu verbessern. Falsche Regierung in dem Sinn, daß die entschlossensten, energischsten und oft brutalsten Naturen an die Macht kamen, war ein gemeinsames Merkmal für den größten Teil der Menschheit seit Jahrhunderten und Jahrtausenden. Und es wird sie bis weit in die Zukunft hinein geben – gleichgültig, wie tapfer die Amerikaner es darauf anlegen, gegen Windmühlen zu kämpfen. Amerikanische Politiker täten besser daran, sich auf diejenigen Gebiete der internationalen Beziehungen zu konzentrieren, wo die Gefahren und Herausforderungen am größten sind und wo Amerika die besten Möglichkeiten für nützliches und wirksames Handeln hat. Dies sind erwiesenermaßen diejenigen, die mit der Sache der Demokratie nur wenig zu tun haben. Und von ihnen gibt es genug, um die Energien und Hilfsmittel aufzuzehren, die wir ihnen widmen können.

## 6. Gipfeldiplomatie

Ich habe eben über einige *Probleme* gesprochen, die gemeinhin als global gelten. Es gibt dazu noch eine von der amerikanischen Regierung geübte Praxis, die in so weitem Maße Anwendung findet, daß man sie als global betrachten kann; auch sie verdient ein Wort der Erläuterung.

Begegnungen von Staatsoberhäuptern und führenden Regierungsvertretern bei multilateralen Zusammenkünften gab es in dem Jahrhundert vor dem I. Weltkrieg zwar gelegentlich, doch waren sie nicht häufig und wurden im Regelfall nur benutzt, um große Anlässe zu unterstreichen. Die unmittelbaren Folgen des Ersten Weltkriegs brachten eine gewisse Zunahme in der Häufigkeit solcher Zusammenkünfte, die oft unter der Ägide des Völkerbunds standen; doch erst in den auf den Zweiten Weltkrieg folgenden Jahren nahm diese Praxis um ein vielfaches zu und begann die normalen bilateralen diplomatischen Kontakte, auf denen sich der Austausch des internationalen Geschäfts vollzog, zu überschatten. Sie wurde mit besonderer Begeisterung von einer Reihe amerikanischer Politiker aufgegriffen. So reichlich wurde von ihr Gebrauch gemacht, daß es ermüdend wäre, wollte man die Auslandsreisen amerikanischer Staatsmänner allein in den vergangenen 10 Jahren aufzählen. Diese Entwicklung ist mittlerweile so weit fortgeschritten, daß das Nichterscheinen eines führenden amerikanischen Politikers – des Präsidenten oder des Außenministers – bei bestimmten recht häufigen und regelmäßigen multilateralen Treffen dieser Art schon fast einer negativen politischen Geste gleichkommt. Gerade weil diese Praxis schon so weit akzeptiert ist, könnte man jetzt nicht einfach versuchen, sie total und abrupt wieder aufzugeben. Nichtsdestoweniger sollte jede Anstrengung unternommen werden, die Zahl und Häufigkeit der Reisen und Besuche zu reduzieren, die Präsidenten, Außenminister und andere Regierungsvertreter im Kabinettsrang unternehmen.

Die Gründe sind verschiedener Art.

Zunächst einmal sind solche Anlässe – insbesondere, wenn sie weit entfernt von Washington stattfinden – aufreibend, zeitraubend und ablenkend für die betroffenen Politiker. Das gilt trotz der Schnelligkeit einer Flugreise; und wenn sich der Flug noch über verschiedene Zeitzonen erstreckt, bringt er die zusätzliche Strapaze der zeitlichen Verschiebung. Und die aktuellen Verhandlungen bei solchen Treffen – insbesondere, wenn sie formelle Ansprachen und viel Übersetzung einschließen – erfordern im allgemeinen eine Menge vergeudeter oder fast vergeudeter Zeit, ganz zu schweigen von den zahlreichen zeremoniellen und protokollarischen Unterbrechungen. Insofern stellen die Begegnungen eine zusätzliche und zumeist unnötige Belastung dar für die Kräfte eines Mannes, der normalerweise schon durch die regulären Aufgaben seines Amtes bis an den Rand seiner Kräfte belastet ist.

Zweitens ist der betreffende Staatsmann während seiner Teilnahme bei solchen Gipfeltreffen oder während seines Hin- und Rückflugs nicht auf seinem Posten, kann daher die normale tägliche Aufmerksamkeit nicht den hunderterlei anderen Gebieten der US-Außenpolitik widmen, die solche Beachtung ebenfalls verdienten. Seine Abwesenheit wird in seinem Büro zuhause stets gespürt; und während man auf seine Rückkehr wartet, gehen die Dinge langsamer, verzögern sich Handlung und Entscheidung.

Wenn sich drittens ein Präsident oder Außenminister persönlich mit einem Einzelproblem der Außenpolitik befaßt oder mit einem kleinen Kreis von Problemen, wie es normalerweise die Tagesordnung eines Gipfeltreffens vorsieht, leidet darunter noch lange Zeit nach seiner Rückkehr die Aufmerksamkeit für das Problem, wie es sich auf niedrigerer Ebene im State Department stellt.

Man neigt dann dazu zu sagen: „Oh, das ist etwas, worum sich der Präsident (oder Außenminister) persönlich kümmert", und schreckt davor zurück, sich selbst dafür einzusetzen oder verantwortlich zu fühlen. Anders ausgedrückt: Die persönliche Einschaltung des Spitzenpolitikers in den Meinungsaustausch mit einer von Washington weit entfernten ausländischen Regierung unterbricht den normalen Rhythmus der Arbeit des State Department.

Wenn viertens einer der ranghöchsten amerikanischen Politiker ins Ausland geht und dort direkt mit seinem Amtskollegen verhandelt, beeinflußt dies in ungünstiger Weise die Position des regulären diplomatischen Vertreters vor Ort. In den Zeiten zwischen Gipfeltreffen ist dieser verpflichtet, als persönlicher Vertreter des Präsidenten zu handeln. Dafür benötigt er alles Prestige, das man ihm geben kann. Die plötzliche Einschaltung des Präsidenten selbst oder des Außenministers in Angelegenheiten, die normalerweise er zu erledigen hat, bringt es leicht mit sich, daß er zurückgesetzt wird und sein Wert in den Augen der fremden Regierung sinkt. Früher galt es als Verpflichtung, daß der Botschafter bei jedem Treffen dabei zu sein hatte, das zwischen seinem Präsidenten bzw. Außenminister und den jeweiligen Kollegen des Gastlandes stattfand. Heute läßt sich nicht einmal dies immer beobachten. Oft finden die Verhandlungen auf Gipfelebene in Washington statt, während der Botschafter auf seinem Posten gelassen wird. All das bedeutet, daß er über das Geschehen oft gar nicht richtig informiert ist und statt dessen versuchen muß, darüber von der örtlichen Regierung Auskunft zu erhalten. Dies wiederum vermindert sein Prestige und damit seine Nützlichkeit für die eigene Regierung in den Zeiten zwischen Gipfeltreffen.

Weiterhin ist der Staatschef oder der vielbeschäftigte Außenminister oftmals aus verschiedenen Gründen nicht die geeignetste Person zur Führung detaillierter Verhandlungen mit einer ausländischen Regierung. Er hat nicht die Sachkenntnis des regulären Vertreters. Er ist normalerweise mit zu viel Arbeit überlastet, um all die Einzelheiten des strittigen Gegenstands zu beherrschen, und selten bringt er es fertig, das umfangreiche Instruktionsmaterial zu lesen, das zu seiner Orientierung vorbereitet wurde. Das bloße Gewicht seiner Position führt zu der Erwartung, er werde sogleich Entscheidungen treffen und Verpflichtungen übernehmen, wogegen die Notwendigkeit einer Rücksprache mit Washington, wie sie sich für den Vertreter auf niedrigerer Ebene in jedem Stadium der Verhandlung stellt, ausgiebig Zeit zum Nachdenken und Überprüfen läßt. Ferner kann man der ranghöheren Figur, wenn sie persönlich über etwas verhandelt, nicht ohne weiteres widersprechen, falls ihr ein Fehler unterläuft. Es gibt dann keinen Dämpfer mehr von seiten einer höheren Autorität, die die von ihm während der Verhandlungen gemachten Fehler oder verursachten Schärfen auszugleichen vermag.

Doch dies ist noch nicht alles. Wenn Persönlichkeiten von höchster oder sehr hoher Autorität direkt miteinander verhandeln, neigen ihre Vereinbarungen dazu, einen persönlichen Charakter anzunehmen und in ihrer Gültigkeit bis zu einem gewissen Grad von dem persönlichen Verhältnis abzuhängen, das sich zwischen ihnen ergeben hat. Das kann gut sein, solange es hält; aber die Vereinbarung wird weitgehend hinfällig, wenn einer von ihnen von der Bühne abtritt. Vereinbarungen, die auf den regulären diplomatischen Kanälen zustandegekommen sind – so zeitraubend und umständlich dieses Verfahren auch sein mag – und die folglich mehr als Abkommen zwischen Regierungen denn als solche zwischen Individuen betrachtet werden, sind in der Regel sorgfältiger ausgearbeitet, weniger persönlichkeitsbezogen und dauerhafter.

Schließlich bedeuten Anwesenheit und sensationslüsternes Verhalten der zahlreichen Presseleute bei Gipfeltreffen ein echtes Risiko für die wirksame Erledigung des zwischenstaatlichen Geschäfts. Die Reporter und Fotografen machen die Geheimhaltung der Entscheidung weit schwieriger als sie sonst wäre. Ihre Gegenwart und ihre Bemühungen begünstigen ein Durchsickern. Sie überdramatisieren für das Publikum, was immer sie aufschnappen können, erwecken unberechtigte Erwartungen und verhindern, daß in der Öffentlichkeit wirklich verstanden wird, was geschehen ist.

Am glücklichsten sind sie dann, wenn sie es zuwege bringen, irgendwelche zurückbleibenden Meinungsverschiedenheiten zu entdecken und aufzubauschen bzw. kleinere Konflikte und Steine des Anstoßes, zu denen es im Verhandlungsprozeß gekommen sein mochte. Der reguläre diplomatische Vertreter entgeht mit seiner unauffälligen täglichen Arbeit diesen hinterhältigen Aufmerksamkeiten; denn Presse und Medien sind nur am Episodischen interessiert: sie haben wenig Geduld für das stetige Einerlei diplomatischer Vertretung und Verbindung, in der sich so viel vom internationalen Geschäft – und oft der nützlichste Teil – abspielt.

Nachdem die führenden Vertreter der letzten Administration schon zu viel Zeit aufs Schauspiel der Gipfeldiplomatie verwandt hatten, kann man deshalb nur hoffen, daß die neuen amerikanischen Staatsmänner jetzt darauf achten werden, sich diese verlokkende, doch verderbliche Form der Führung von Außenpolitik abzugewöhnen, und wenigstens den Versuch unternehmen werden, auf ihren Posten zu bleiben und sich – wie viele von uns es müssen – den täglichen Aufgaben zu widmen, für die sie gewählt oder ernannt wurden. Sie könnten überrascht sein über die Ergebnisse.

## 7. Weltwirtschaftsprobleme

Ich will in dieser Diskussion nicht versuchen, Weltwirtschaftsprobleme zu behandeln mit den Verpflichtungen und Möglichkeiten, die für die Vereinigten Staaten daraus erwachsen mögen. Probleme dieser Art sind etwas für Eingeweihte, sehr kompliziert und höchst unbeständig. Ihre Umrisse verändern sich mit verwirrender Schnelligkeit. Sie haben entscheidender noch mit Privatinteressen als mit Aktionen der Regierung zu tun. Und ich bin keineswegs sicher, daß man sie überhaupt sinnvoll auf einer globalen Basis behandeln kann, insoweit Regierungen damit befaßt sind; ich fürchte, man muß sich ihnen spezifischer, pragmatischer, mehr national oder am besten regional nähern.

In diesen Tagen wird sehr viel von gegenseitiger Abhängigkeit geredet. Bis zu welchem Ausmaß diese gegenseitige Abhängigkeit wirklich besteht und eine beherrschende Realität unserer Zeit darstellt, vermag ich nicht zu sagen. Ich kann nur sagen, daß mein Wunsch dahin ginge, die Vereinigten Staaten wären weniger von ihr betroffen. Insoweit sie einen Teil unserer Beziehung zu den großen Handelsnationen wie Japan und den Ländern Westeuropas bildet, ist nichts dagegen einzuwenden. Darüber hinaus allerdings wird übermäßige wirtschaftliche Verflechtung mit anderen Staaten leicht zur Gefahr – einmal deshalb, weil sie uns so umfassend im Stich lassen können, und zum anderen, weil auch wir – falls bedrängt von bestimmten inneren Nöten und Notwendigkeiten – ganz gut in der Lage sind, *sie* hängenzulassen. Wenn wir eine nützliche Rolle spielen sollen bei der Steuerung von Anpassungsvorgängen, die innerhalb unseres eigenen Landes und international nötig sind, um größere Sicherheit für uns und andere zu erreichen, dann werden wir eine angemessene Kontrolle über Verfügbarkeit und Gebrauch unserer eigenen Rohstoffquellen benötigen. Diese werden wir nicht haben, wenn wir zu weit mit anderen verflochten sind. Die Abhängigkeit von ausländischem Öl ist ein Beispiel dafür.

Hüten wir uns deshalb vor zu großer Begeisterung für Außenhandel und für äußere wirtschaftliche und finanzielle Verflechtung. Innerhalb gewisser Grenzen haben diese Dinge durchaus ihre wirtschaftlichen Vorteile. Zu weit getrieben, werden sie jedoch zu Begrenzungen für die eigene Handlungsfreiheit und manchmal, was noch schlimmer ist, zu Möglichkeiten der Verwundbarkeit, die unabhängiges Handeln hemmen, wenn nicht gar lähmen.

## 8. Schlußbemerkung

Das allgemeine Ergebnis dieser Überlegungen – sofern sie überhaupt eines haben – ist, daß Amerikas Möglichkeiten, als aktiver Partner in der Weltpolitik nützlich zu werden, nicht auf globaler Ebene liegen. Weder ist die internationale Gemeinschaft so angelegt, daß man über internationale Organisationen zu wirksamem Handeln in globalem Maßstab gelangen könnte, noch sind es die speziellen Gebiete der Weltpolitik, von denen viele Amerikaner meinen, sie eigneten sich für eine globale Behandlung. Man würde auf entsprechender Basis gegenwärtig nicht viel erreichen. Die Welt ist zu weit, zu kompliziert, geographisch und historisch zu unterschiedlich, als daß man sie so summarisch und großzügig in den Griff bekäme. Wir werden auf der Suche nach konstruktiven und hoffnungsvollen Möglichkeiten amerikanischer Staatskunst weiter kommen, wenn wir uns einzelnen Regionen, Ländern und Problemen zuwenden, was jetzt geschehen soll.

# Lateinamerika

Es dürfte den meisten Lesern dieses Buches bekannt sein, daß ich kein Spezialist für Lateinamerika bin. Vor über einem Vierteljahrhundert habe ich mich das letzte Mal dort aufgehalten. Nichtsdestoweniger muß ich nebst all den anderen auch diesen Teil der Welt mit berücksichtigen, wenn ich mir Gedanken über amerikanische Außenpolitik mache. In all dem gleiche ich einem Großteil meiner amerikanischen Mitbürger, die in letzter Zeit auch nicht dort waren!

Als ich diesen Teil der Welt 1950 besuchte, hatte ich den Eindruck, in seiner Bevölkerung ein gewisses tragisches Element entdecken zu können: das Ergebnis einer Kombination von Faktoren, zu denen die weniger glücklichen Zufälle der Geographie ebenso gehörten wie das fortbestehende Trauma des Kulturschocks, den die indianischen Völkerschaften durch die spanische Eroberung erlitten, die Härten der von Spanien ausgehenden kulturellen und politischen Tradition usw. Darüber hinaus aber war und bin ich mir wohl bewußt, wie gefährlich es ist, verallgemeinernde Betrachtungen anzustellen über eine so weiträumige und verschiedenartige Region und die Probleme, die sie amerikanischen Politikern aufgibt. Ich weiß, daß sich dort keine zwei Länder und keine zwei Staatsmänner völlig gleichen. Wie auch bei anderen großen Weltgegenden ist es besser, man behandelt ihre Besonderheiten als bloß im Allgemeinen zu verharren.

Ich möchte deshalb vermeiden, über Probleme zu spekulieren, die sich aufgrund unserer Beziehungen zu Mittel- und Südamerika insgesamt ergeben (einige von ihnen werden in anderen Zusammenhängen auftauchen) und mich fürs erste auf die zwei Fragen beschränken, die derzeit am schwierigsten sind und am dringendsten einer Beantwortung durch amerikanische Politiker bedürfen.

## 1. Der Panamakanal

Seit nunmehr 3 Jahren hat die Frage des künftigen amerikanischen Verhältnisses zum Panamakanal eine Hauptrolle auf lateinamerikanischen Treffen gespielt und für entsprechend viel Schlagzeilen in der US-Presse gesorgt. Der Grund ist natürlich, daß Panama mit einmütiger Unterstützung des Rests der lateinamerikanischen Staatenwelt folgende nachdrückliche Forderung an die für Unterhaltung und Verteidigung zuständige Regierung richtete: Aufhebung des Vertrages von 1903, auf dem die amerikanische Position in der Kanalzone seit so vielen Jahren beruhte und Ersetzung durch einen Vertrag, der amerikanische Hoheitsrechte auf panamaischem Territorium beenden und weitgehende Veränderungen zu Panamas Vorteil herbeiführen würde. Henry Kissinger erzielte bereits 1974 mit der panamaischen Führung Einvernehmen über die Prinzipien, die einem neuen Vertrag zugrundeliegen sollten. Seither hat sich Ellsworth Bunker mit bewundernswerter Geduld und trotz großer Unschlüssigkeit und Befürchtungen zu Hause in Verhandlungen mit den Panamaern um eine neue Regelung bemüht.

Die Art der Opposition in unserem Land gegen ein neues, auf den gerade erwähnten Prinzipien beruhendes Abkommen erwächst natürlich aus dem Gefühl, daß wir es waren, die den Kanal gebaut, ihn finanziert und seit nahezu einem dreiviertel Jahrhundert wirksam bedient und geschützt haben; daß dieses Abkommen zum Nutzen aller Betroffenen beigetragen hat, und nicht am wenigsten für die Panamaer selbst; und daß kein Grund besteht, über Veränderungen nachzudenken, die die Fundamente schwächen würden, auf denen diese achtbare Leistung möglich war. Demgegenüber wird die Ansicht vertreten, daß das betreffende Abkommen im wesentlichen ein koloniales Relikt und daher gleich anderen Verträgen dieser Art inzwischen nicht mehr von Nutzen sei; daß es ganz Lateinamerika so vor den Kopf stoße, daß die ursprünglich bilaterale Frage mittlerweile schädigenden Einfluß auf unsere gesamte Lateinamerikapolitik habe; daß es die Panamaer so aufrege, daß – falls Übereinkommen auf dem Verhandlungsweg ausbleiben sollten – sie bald auf Gewalttätigkeit der einen oder anderen Art zurückgreifen würden – mit all den damit verbundenen Komplikationen, und daß es schließlich nach Auffassung von Mr. Bunker selbst „schwierig, wenn nicht unmöglich" für unser Land werden könnte, in den kommenden Jahren gegen panamaische Opposition den Kanal in Betrieb zu halten. Zur Unterstützung dieser letzteren Ansicht, die bisher anscheinend in Washington vorgeherrscht hat, wird angeführt, daß die Vereinigten Staaten gut mit einer Regelung leben könnten, nach der jegliche amerikanische Zuständigkeit für panamaisches Territorium aufgegeben würde ebenso wie die unbegrenzte Gültigkeit der Abkommen, die eine amerikanische Militärpräsenz am Kanal vorsehen – wohlgemerkt in dem Sinn, daß über die neuen Abkommen innerhalb eines festgesetzten Zeitraums wieder verhandelt werde und die Regierung Panamas in der Zwischenzeit an den Vorteilen wie auch an Verwaltung und Verteidigung der Wasserstraße beteiligt wäre. Solch einem Abkommen, das den von Kissinger einst befürworteten Prinzipien entspräche, würde die panamaische Regierung nach dem, was man hört, wahrscheinlich zustimmen.

Jede dieser widerstreitenden Positionen ist in sich so logisch und überzeugend, daß sie – als unvereinbare Alternativen verstanden – sofort ein echtes Dilemma ergeben würden. Es fragt sich, ob sie wirklich als gänzlich unvereinbare Alternativen zu sehen sind. Ich selbst bin der Überzeugung, daß dies nicht der Fall ist – daß die aussichtsreichste Lösung einige Elemente beider Ansichten zu umfassen hätte.

Wieviel Unannehmlichkeit der Versuch mit sich bringt, den Kanal auch weiterhin unter den bestehenden Abkommen in Betrieb zu halten – trotz leidenschaftlicher Opposition der Panamaer selbst und des Rests der lateinamerikanischen Staaten, ganz zu schweigen von der Mehrheit der UNO-Versammlung, das liegt auf der Hand. Es könnte kaum ausbleiben, daß Konflikte heftigster Art damit heraufbeschworen würden, die uns vor den Augen der Welt in die Rolle von „Imperialisten" versetzen und damit primitivsten Verleumdungen gegen uns Vorschub leisten würden, von denen wir weltweit gerade genug haben. Das müssen wir den Befürwortern eines Wechsels zugestehen.

Andererseits kann man verzagen, wenn man sich den Versuch vorstellt, wir müßten den Kanal im Stil einer „Partnerschaft“ mit den Panamaern unterhalten und schützen. Ein Abkommen dieser Art würde die amerikanische Position schwächen, ohne die Panamaer dauerhaft und vollauf zu befriedigen. Es könnte in reichem Maß zur Quelle von Uneinigkeit und Konflikt werden. Die US-Behörden würden sich an vielen Punkten festgenagelt sehen zwischen ihrer Verpflichtung zu wirksamer Unterhaltung der Wasserstraße einerseits und den zuwiderlaufenden panamaischen Wünschen andererseits (die vorzubringen die Panamaer dann ein Recht hätten). Das amerikanische Personal des Unternehmens, das sich jetzt – ohne Angehörige – auf etwa 3500 Personen beläuft, würde viel verlieren von seinem Gefühl der persönlichen Sicherheit – die schädlichen Folgen für Moral und Verantwortung wären absehbar.

Könnte das Dilemma nicht besser gelöst werden, so fragt man sich, durch vollständige Übertragung des Kanals an die Panamaer? Der Vorschlag mag sehr vernünftig erscheinen. Doch wollen wir ihn im Detail betrachten.

Der Kanal ist jetzt in vielerlei Hinsicht ein zurückgehender Aktivposten. 1940 wurden auf ihm 50% des US-Handels zwischen beiden Küsten abgewickelt. Nun sind es nur noch 3%. Von den 13 875 Schiffen, die ihn 1975 passierten, waren weniger als 10% amerikanischen Ursprungs (die Zahl dürfte bei 1097 liegen). Mit dem allgemeinen Anwachsen des Umfangs der Ozeanschiffe sind jetzt um die 3000 Schiffe auf hoher See (oder werden dies sein), die aus Gründen eben ihres Umfangs den Kanal entweder überhaupt nicht benutzen können (das gilt für mehr als tausend) oder nur mit zeitlichen Einschränkungen. Es kann jedoch keinen Zweifel darüber geben, daß der Anteil jener Schiffe künftig noch zunehmen wird, die die Wasserstraße nicht benutzen können oder nicht benutzen wollen.

Wenn Zeitungsberichte stimmen, benutzten im Jahre 1975 nur 2 große US-Kriegsschiffe den Kanal. Im gesamten Zeitraum von 1971 bis 1975 wurde er tatsächlich nur von 12 kleinen amerikanischen Marineschiffen durchfahren. Er ist aus jeweils verschiedenen Gründen unbrauchbar für Flugzeugträger und für atomgetriebene Unterseeboote.

Während die Zahl von Jahr zu Jahr etwas schwankt, gehen im allgemeinen nicht mehr als 10–15% der amerikanischen Import-Export-Tonnage durch ihn hindurch – und viel davon auf nichtamerikanischen Schiffen.

Insoweit es um den Wert der Kanalgelder geht, würden die Vereinigten Staaten nichts zu verlieren haben, wenn sie den Kanal völlig aufgäben. Die Unterhaltskosten für die Wasserstraße haben in letzter Zeit die Einnahmen überstiegen. Der Verlust von 1975 dürfte in der Größenordnung von etwa 9 Millionen Dollar liegen; und die für 1976 erwartete Zahl sich auf ca. 12,5 Millionen Dollar belaufen. Wobei damit zu rechnen ist, daß der Verlust noch weiter anwächst. Dazu müssen die 2,3 Millionen Dollar addiert werden, die wir den Panamaern jährlich als Pachtzins zu zahlen haben.

Es ist richtig, daß sich die USA im Falle einer Übergabe des Kanals an Panama nicht mehr mit Sicherheit darauf verlassen könnten, daß er für ihre Kriegs- und Handelsschiffe passierbar bliebe. Behauptet wird von einigen Befürwortern eines neuen Vertrages über gemeinsame Benutzung, daß die Panamaer – wenn sie müßten – diesen ganz getreu und zuverlässig handhaben würden. Das mag glauben, wer will. Amerikanischen Politikern muß verziehen werden, wenn sie es vorziehen, den Beweis dafür in praxi zu sehen. Die Erfahrung mit dem Suez-Kanal, der in den 20 Jahren, da er sich in ägyptischen Händen befand, 8 Jahre lang für allen Verkehr geschlossen war und aus politischen Gründen bestimmtem Verkehr fast die ganze Zeit verweigert wurde, ist diesbezüglich nicht gerade ermutigend. Selbst wenn die ersten Jahre des Betriebs unter panamaischem Management zufriedenstellend verlaufen sollten, könnte die US-Regierung nie mehr dasselbe Vertrauen in die Verläßlichkeit dieser Wasserstraße setzen oder private amerikanische Unternehmen davon zu überzeugen suchen, wie sie es vorher tat.

Im Gegenteil – unsere Regierung wäre gut beraten, wenn sie im Fall der Kanalübertragung an Panama die amerikanische Schiffahrt vor zu großem Vertrauen in diese Wasserstraße warnen würde – bis hin zur Vergabe von Prämien für die Benutzung der längeren Route um Südamerika und zur Ermunterung der Entwicklung alternativer Einrichtungen, für die es zahlreiche Möglichkeiten gibt. Die durchschnittlichen Extrakosten für ein Schiff, das die Passage um Südamerika statt durch den Kanal wählt, werden auf ungefähr 50 000 Dollar geschätzt. Ich selbst würde meinen, daß allein schon aus den Ersparnissen, die sich mit Aufgabe des Unterhalts des Kanals erwirtschaften ließen – ganz zu schweigen von den Verteidigungskosten, die entfielen –, die USA es sich leisten könnten, die Hälfte der Extrakosten für die Umschiffung Südamerikas zu ersetzen – und zwar für etwa 600 Schiffe pro Jahr.

Was die Alternativen angeht: Es ließen sich zur schnellen Abwicklung des Containerverkehrs Bahnverbindungen von texanischen Häfen nach Südkalifornien einrichten, die einen Teil der Ladung übernehmen könnten, wie man sich ähnlicher Einrichtungen auch im südlichen Mexiko bedienen könnte. Massengüter werden ohnehin gern in größeren Dampfern verschifft, für die der Kanal nicht in Frage käme.

Würden irgendwelche finanziellen Einbußen entstehen, so wären davon eigentlich die Panamaer betroffen. Sie fuhren aufs ganze gesehen nicht schlecht mit den bestehenden Abkommen. Man schätzt allgemein, daß 30 bis 40% ihrer Deviseneinnahmen, ungefähr 33% ihrer Haushaltseinkünfte, ca. 25% ihres Bruttosozialprodukts und 20% ihrer Beschäftigtenquote auf die eine oder andere Weise zurückgeführt werden können auf die Unterhaltung und Verteidigung des Kanals durch die Vereinigten Staaten. Wenn sie dieses Abkommen lästig und anstößig finden und meinen, es ginge besser ohne, ist das ihre Sache. Meine einzige Hoffnung wäre dann, daß die US-Regierung sich nicht verpflichtet fühlte, entstehende Fehlbeträge wieder auszugleichen. Panama würde die Möglichkeit geschenkt, selbst für Kosten in Milliardenhöhe aufzukommen. Viele Panamaer – namentlich unter der jüngeren Generation – haben mit Vehemenz ihre Forderungen vertreten, wonach die USA den Kanal an Panama abtreten und die

Szene verlassen sollten. Man darf dabei annehmen, daß sie die finanziellen Konsequenzen in Betracht gezogen haben.

Die heftigste Opposition gegen eine Übertragung des Kanals an Panama würde zweifellos von dem für unsere Verteidigung zuständigen Establishment und seinen Sprechern in der Öffentlichkeit ausgehen. Die Armee wäre bestimmt nicht sehr angetan von der Vorstellung, ihre 13 Basen dort aufgeben zu müssen; sie gibt nirgends gern Basen auf. Auch die Marine würde nicht umhin können, kräftig zu schreien bei dem Gedanken, das ihr zugesicherte Vorrecht der Benutzung des Wasserwegs zu verlieren, von dem sie allerdings nur selten Gebrauch macht. Ähnliche Klagen würden von all denen kommen, die vom Ende der amerikanischen Militärpräsenz in der Kanalzone mitbetroffen wären.

Dazu muß erstens gesagt werden, daß unter den neuen Vertragsbestimmungen, an die man jetzt denkt, in jedem Fall die Forderung nach einer gewissen Verminderung der US-Militärpräsenz enthalten sein wird; und der verbleibende Rest dürfte, wie zu erwarten steht, zu einem endlosen Zankapfel werden. Aber noch wichtiger ist die Erkenntnis, daß die Vereinigten Staaten nach Aufgabe von Kanal und Zone dort nicht mehr präsent sein müßten, um die Verteidigung der Wasserstraße sicherzustellen. Falls irgendwann von einer anderen Großmacht versucht werden sollte, sie sich anzueignen und für eigene Zwecke auszunützen, würde es die Vereinigten Staaten nur eine kleine Anstrengung kosten, den Kanal so lange wie nötig außer Betrieb zu setzen.

Man kann behaupten, daß all dies für die Panamaer nicht viel angenehmer sein würde als das Abkommen, mit dem sie jetzt leben, und daß auch andere lateinamerikanische Staaten damit nicht einverstanden wären. Das kann schon sein. Doch muß man den Menschen irgendwann einmal klarmachen, daß sie auf dieser Welt die Konsequenzen ihrer eigenen Forderungen zu tragen haben. Sie können nicht unbegrenzt beides haben. Sie können nicht erst fordern, daß der Yankee nach Hause geht, und ihm dann vorwerfen, daß er es tut. Der Rückzug der Vereinigten Staaten vom Kanal und alles, was damit zusammenhängt, geht zurück auf die empörte Forderung der ganzen lateinamerikanischen Staatenwelt, wie sie ununterbrochen seit Jahren aufrechterhalten wurde. Wenn die Vereinigten Staaten es zu diesem Zeitpunkt vorteilhaft finden sollten (und meines Erachtens wäre es von Vorteil), dieser Forderung nachzugeben, hieße dies, aus einer nüchternen und realistischen Einschätzung der eigenen Interessen heraus zu handeln. Es darf vermutet werden, daß der Forderung ein ähnliches Urteil auf seiten derjenigen zugrundeliegt, die sie erhoben. Die Konsequenzen für Panama würden unter diesen Umständen nicht in die Verantwortlichkeit der Vereinigten Staaten fallen.

## 2. Kuba

Anfang 1975 waren die Vereinigten Staaten und mit ihnen die lateinamerikanischen Staaten, die sich mit Kuba noch nicht versöhnt hatten, auf dem Weg zu einer raschen Normalisierung der Beziehungen zu jenem Land. Im Hochsommer stand man kurz vor dem Abschluß dieses Prozesses. Die Organisation amerikanischer Staaten hob bei ihrem Treffen Ende Juli das Embargo auf und beseitigte die Sanktionen, die seit einigen Jahren gegen Kuba in Kraft waren – und all das mit Billigung der Vereinigten Staaten.

Diese Aktion schien auf Castros Seite nur wenig Interesse zu finden. Seine Antwort bestand jedenfalls darin, schon wenige Wochen nach der OAS-Entscheidung die Entsendung kubanischer Truppen von einigen tausend Mann nach Angola vorzubereiten und durchzuführen, um dort den Führern der einzigen marxistischen Partei Hilfe zu leisten bei der Niederwerfung der rivalisierenden Widerstandsbewegungen sowie bei der Festigung der eigenen diktatorischen Kontrolle über die hilflose Bevölkerung dieses weiten Landes.

Der Hintergrund dieses außergewöhnlichen Vorgehens bleibt dunkel. Es spricht viel dafür, daß dieser Schritt auf kubanische, nicht auf sowjetische Initiative hin geschah, was nicht bedeutet, daß Moskau von Anfang an dagegen war. Zu sehen, daß die Kubaner diese unerfreuliche Aufgabe übernahmen, mag für Moskau weit angenehmer gewesen sein als die möglichen Alternativen zu akzeptieren: nämlich einmal eine Niederlage der von Kuba unterstützten Partei, die sich lange sowjetischer Hilfe erfreut hatte; zum anderen den Einsatz sowjetischer Streitkräfte mit all den internationalen Rückwirkungen, die damit einhergegangen wären. Castros eigene Motive sind jedoch nie enthüllt worden. Hervorstechend unter ihnen dürfte mit Sicherheit der Wunsch gewesen sein, seinen Expeditionskorps praktisches Kampftraining zu geben im Hinblick auf ihren möglichen späteren Einsatz in der westlichen Hemisphäre.

Dieses Vorgehen jedenfalls trug nicht dazu bei, die Haltung des Castro-Regimes gegenüber seinen internationalen Verpflichtungen und insbesondere gegenüber seinen lateinamerikanischen Nachbarn mit neuem Vertrauen zu erfüllen. Als die Vereinigten Staaten die Monroe-Doktrin aufgaben, taten sie dies unter der Voraussetzung, daß jegliche Anstrengung einer nicht zur westlichen Hemisphäre gehörenden Macht, mit Waffengewalt in die inneren Angelegenheiten eines lateinamerikanischen Staates einzugreifen, nunmehr Sache der Organisation amerikanischer Staaten in ihrer Gesamtheit sei. Daraus dürfte sich nach meinem Dafürhalten ergeben, daß jede ähnlich gelagerte Intervention eines lateinamerikanischen Landes in die Belange eines außerhalb der westlichen Hemisphäre liegenden Staates auch von Interesse für ganz Lateinamerika sein würde – besonders deshalb, weil Intervention manchmal zu Gegenintervention einlädt. Doch diese Entsendung kubanischer Truppen ins südliche Afrika wurde, soweit ich weiß, vorbereitet und durchgeführt unter größter Geheimhaltung und ohne Konsultation mit irgendeinem anderen lateinamerikanischen Staat. Im Klartext: Anderes schien in jenem Sommer 1975 Fidel Castro wichtiger als die Normalisierung der Beziehungen Kubas zu seinen amerikanischen Nachbarn.

Diese Ereignisse versetzten den Aussichten für ein besseres kubanisch-amerikanisches Verhältnis einen schweren Schlag; und klar ist, daß weiterer Fortschritt nicht erzielt werden kann, solange kubanische Truppen am Bürgerkrieg oder an internen Polizeiaktionen in Angola teilnehmen. Situationen dieser Art dauern jedoch selten ewig – und sei es nur deshalb, weil die Gegenwart ausländischer Truppen in jedem Land – namentlich zu aktiven Zwecken wie den oben erwähnten – normalerweise nicht für lange Zeit erwünscht wird, weder von den Einwohnern noch von den einheimischen Herrschern. Eines Tages werden die Kubaner also vermutlich wieder heimkommen (wobei sie hoffentlich einiges aus Erfahrung gelernt haben); und dann wird die Frage der US-Beziehungen zum Castro-Regime wieder akut werden.

Es wäre verfrüht, jetzt schon zu raten, was unser Kurs zu jener Zeit sein sollte. Aber es gibt zwei Gesichtspunkte – einer davon bedeutsam bereits für den Augenblick –, die wohl bedacht sein sollten im Zusammenhang mit dem Problem, dem wir dann gegenüberstehen.

Erstens: Wenn die Vereinigten Staaten über eine lange Zeitdauer hin ihre Beziehungen zu einem pseudokommunistischen Kuba wirksam in den Griff bekommen wollen, muß ihr primäres Interesse darauf gerichtet sein, sich in eine dafür vorteilhafte Lage zu bringen. Diese läßt sich jedoch solange nicht erreichen, wie die ärgerliche und verwirrende Verbindung zu den gegen Castro eingestellten Exilkubanern besteht. Das gilt nicht nur für das Außenministerium, sondern auch für das Verteidigungsministerium und das Nachrichtenwesen ganz allgemein.

Es ist nicht nötig, den Schaden zu unterstreichen, der amerikanischen Interessen durch die Schweinebucht-Episode zugefügt wurde, oder die Verdachtsmomente nochmals wachzurufen, die nach wie vor die Ermordung Präsident Kennedys umgeben, um festzustellen, daß vertrauter Umgang mit den Exilkubanern sich in einer ganzen Reihe von Fällen als ungünstig für dieses Land erwiesen hat.

Wenn man versuchen sollte, die Gründe für die bemerkenswerten Fehlschläge amerikanischer Politik in der Nachkriegsperiode aufzulisten, würde einen hervorstechenden Platz auf der Liste tatsächlich unsere häufige Unfähigkeit einnehmen, eine gesunde Einstellung zu Menschen zu finden, die wir oft auf oberflächlichen Eindruck hin für unsere politischen und ideologischen Freunde halten. Insbesondere galt dies seit dem Kalten Krieg, der uns in eine scheinbare Verbindung brachte zu zahlreichen Menschen, mit denen wir sonst nur wenig gemeinsam haben. Die verschiedensten Völker – Nationalchinesen, Vietnamesen, Perser, Kroaten, Ukrainer, Spanier und wer sonst noch – haben sich auf vertrauten Umgang mit uns berufen, und zwar auf der Grundlage eines gemeinsamen Antikommunismus; und sie waren oft erfolgreich darin, uns für ihre Ziele einzuspannen – manchmal mit maßgeblicher Unterstützung durch inneramerikanische Lobbies, indem sie unsere geradlinige, einfache Denkweise zu ihrem Vorteil ausnutzten, unsere Neigung, uns in der Vorliebe für eine einzige Streitfrage zu verlieren, die offenkundige Schwierigkeit, gegensätzliche Werte in einer bestimmten Situation zu erkennen und dann zwischen ihnen mit Bedacht unseren Weg zu finden.

Gerade so ist es im Falle der Exilkubaner. Man sagt ihnen nichts Schlechtes nach, wenn man darauf hinweist, daß ihre Interessen nicht die unsrigen sind. Ihre Absichten sind nicht unsere Absichten. Gelegentlich mögen sich beide überschneiden; aber völlig deckungsgleich sind sie nie. Doch diesen Menschen ist es gelungen, sich wiederholt an die amerikanischen Nachrichtendienste zu verkaufen – oft auf der Grundlage einer angeblichen, ebenso trügerischen wie unglaubwürdigen Sachkenntnis; und auf diese Weise haben sie uns bei mehr als einer Gelegenheit nach ihrem Geschmack zu bestechen vermocht.

Ist also der Moment zur Erkundung möglicher besserer Beziehungen zu Castros Kuba gekommen, erfordert eine angemessene Einstellung zur Behandlung dieses Problems erstens, daß wir uns freimachen von der Verbindung zu den Exilkubanern und dadurch Handlungsfreiheit und Integrität unserer eigenen Politik wiedergewinnen.

Wenn jener erfreuliche Tag kommt, würden wir zweitens gut daran tun, unser Verständnis von Bedeutung und Konsequenz der diplomatischen Anerkennung als eines Aktes der Politik zu schärfen und zu festigen. Wir ließen den Eindruck aufkommen – namentlich während der langen Jahre der Nichtanerkennung Sowjetrußlands und dann Rotchinas –, daß die Benennung eines amerikanischen Botschafters für ein anderes Land eine Art patentierter amerikanischer Billigung des dort an der Macht befindlichen Regimes darstellt. Ein Quentchen Rechtfertigung für solch eine Ansicht ließe sich vielleicht in der Tatsache finden, daß lange vorher – zu der Zeit, als Diplomatie primär dynastisch bestimmt war – diplomatische Anerkennung üblicherweise Bestätigung der Legitimität der königlichen Dynastie bedeutete, auf die sie ausgedehnt wurde. Doch im großen und ganzen erfordern die Bedingungen des modernen Zeitalters, diplomatische Repräsentanz nicht als einen Akt moralischen Urteils zu betrachten, sondern als normale Annehmlichkeit des internationalen Lebens – als nützlichen Kommunikationskanal zwischen Regierungen ungeachtet ihres jeweiligen Geschmacks füreinander, ihrer Billigung oder Mißbilligung des politischen Systems des anderen oder des Grads ihrer Übereinstimmung in speziellen politischen Fragen. Kommunikationskanäle braucht man schließlich auch für die Übermittlung unerfreulicher wie erfreulicher Mitteilungen. Es gibt Zeiten, wo es sich als nützlich erweist, auf ordentlichen und dafür eingerichteten Kanälen miteinander verkehren zu können, selbst mit einem Regime, für das man nur Abscheu empfindet.

Man kann sich natürlich Situationen vorstellen, wo die Entsendung eines vollwertigen Botschafters in Verbindung mit dem obligatorischen Empfang durch das ausländische Staatsoberhaupt und dem dabei üblichen Austausch einiger höflicher Platitüden nach mehr Ehrerbietung aussehen mag, als man sie dem betreffenden Regime eigentlich erweisen möchte. In diesem Fall gibt es immer die Einrichtung der de facto-Anerkennung, auf die man zurückgreifen kann. Man muß nicht, bloß um einen angemessenen Kommunikationskanal bereitzustellen, volle diplomatische Vertretung auf Botschafterebene haben. Man kann einen Geschäftsträger akkreditieren, der eine Person von niedrigerem Rang sein kann – und normalerweise auch ist.

Man wünscht bisweilen, daß die US-Regierung sich der Vorteile dieser nützlichen Einrichtung besser bewußt sei. Bei zahlreichen Gelegenheiten ist diese Regierung direkt von einem Zustand absoluter Nichtanerkennung zu einem solchen voller diplomatischer Vertretung übergegangen – oder umgekehrt –, als de facto-Beziehungen die bessere Lösung dargestellt hätten. Eine Veränderung in den Beziehungen zu Kuba könnte sehr wohl einen Punkt bedeuten, wo es nützlich wäre, diese Unterscheidung zu bedenken.

Und in diesem Zusammenhang gibt es noch eine schlimmere Gefahr. Es schien in den vergangenen Jahren nicht nur beständige Praxis der USA zu sein, einen vollwertigen Botschafter praktisch in jedem Lande zu akkreditieren, das Mitglied bei den Vereinten Nationen wird, sondern es scheint auch als unerläßlich akzeptiert zu sein – besonders im Fall kleinerer Staaten –, daß diesem Schritt, ist er erst einmal getan, sofort eine Vielzahl von Hilfsprogrammen folgen muß. Dieses Prinzip ist schon so weit zur Anwendung gekommen, daß offenbar selbst die amerikanische Presse davon beherrscht ist und oft beide Dinge miteinander verwechselt, wenn sie die Aufnahme diplomatischer Beziehungen so behandelt, als wäre sie etwas, woraus sich automatisch Wirtschafts- oder Militärhilfe oder gar beides ergeben würde.

Was auch immer bei anderen Gelegenheiten die Rechtfertigung für diese Annahme gewesen sein mag – im Fall von Castros Kuba gibt es keine. Das Castro-Regime ist seit vielen Jahren auch ohne uns leidlich gut zurechtgekommen. Und wir sind ohne dieses ebenso gut gefahren. Es hat uns sogar eine nützliche Lektion erteilt in dem Nachweis, daß Abhängigkeit eines kleineren Landes von der Sowjetunion im Hinblick auf Wirtschafts- und Entwicklungshilfe nicht notwendig die schlimmste Katastrophe für uns bedeutet.

Welche Motive auch immer Señor Castro zu einem künftigen Zeitpunkt dazu führen mögen, ein besseres Verhältnis zu uns zu suchen – sofern solch ein Termin und eine Situation überhaupt je kommen –, wir können sicher sein, daß diese Motive kein freundliches oder respektvolles Gefühl unserem Land gegenüber einschließen werden. Seit Jahren hat er sich ununterbrochen in Schmähungen über uns ausgelassen, sein Möglichstes getan, um seinem eigenen Volk und anderen jegliches Vertrauen auszureden, das sonst in Werte wie unsere Gesellschaft oder unsere internationale Glaubwürdigkeit gesetzt werden könnte, und hat sich vor unseren schlimmsten Feinden gebrüstet mit Haß und Verachtung für unser Land. Solche Dinge sollte man nicht zu schnell vergessen. Es kommt eine Zeit, da ein Land ebenso wie ein Individuum ein gewisses Gespür für seine eigene Würde zeigen muß, was auch immer seine Fehler sein mögen. Selbst wenn alles, was Castro über uns sagte, wahr sein sollte, würde es uns nicht gut anstehen, zu bald schon zu erklären, wir hätten es vergessen.

Kurzum – wenn der Tag für eine aktivere Politik gegenüber Kuba kommt, täten wir gut daran, kein großes Theater zu machen und Überreaktionen zu vermeiden. Es gibt Mittel und Wege, kühl und auf Abstand mit einem Regime dieser Art zu verkehren, wobei man weder die bitteren Lektionen der Vergangenheit vergessen noch die Möglichkeit künftiger Veränderungen zum Besseren hin ausschließen muß. Im internationalen Leben wie auch gelegentlich im persönlichen Bereich lassen sich durch ein distanziertes, aber höfliches Verhältnis Unannehmlichkeiten vermeiden, die sich bei demonstrativer Feindseligkeit oder bei übertriebenen Versuchen zu vertrautem Umgang ergeben würden.

Es gibt noch eine weitere mögliche Ursache für die Verwirrung, die die kubanisch-amerikanischen Beziehungen umgibt: Auch dazu noch ein Wort der Warnung. Eine Reihe von Amerikanern ist in jüngster Zeit aus Kuba zurückgekehrt mit manch positiven Eindrücken von dem, was sie dort sahen: von den offenkundigen Verbesserungen im Leben der Menschen insgesamt, vom Grad der Unterstützung, die das Regime anscheinend erfährt, vom Fehlen von Sicherheitsvorschriften sowjetischen Musters, von der entspannten und freundlichen Art, mit der sie selbst empfangen wurden. Es ist schwer, die Richtigkeit solcher Berichte zu beurteilen, doch waren sie so oft zu hören, daß man schon annehmen muß, daß das von ihnen vermittelte Gesamtbild zutreffend ist.

Einige amerikanische Presseorgane vermochten bei der Weitergabe und Kommentierung dieser Berichte den Eindruck zu erwecken, daß es tatsächlich wahr sei, wenn sich das Castro-Regime wichtige positive Errungenschaften zugute halte, und daß dies bedeute, daß wir in gewisser Weise die ganze Zeit falsch lagen; daß unsere Position im Verhältnis zu Kuba falsch angelegt war; daß Castros gerechte Sache damit erwiesen sei ebenso wie unsere eigene Verbohrtheit und der große Irrtum in der Gestaltung amerikanischer Politik.

Ich finde nicht, daß solch eine Schlußfolgerung gerechtfertigt ist. Unser Konflikt mit Castros Kuba drehte sich nicht um die Verdienste einer bestimmten Regierungsform; es ging um das Verhalten eines Nachbarstaats in seinen Beziehungen zu uns und anderen.

Aber darüber hinaus spiegelt die Beweisführung, von der ich gerade gesprochen habe, ein Mißverständnis wider, das uns, sollten wir ihm weiter erliegen, nicht nur im Falle Kubas zu schaffen machen wird. Selbst wenn die rosigste dieser Ansichten über das kommunistische Kuba korrekt wäre, liegt darin nicht der Kern des Problems. Es wäre nicht das erste und sicherlich auch nicht das letzte Mal, daß ein Regime, welches auf Prinzipien gegründet ist, die unvereinbar mit unseren eigenen sind, und welches uns in der Weltpolitik erbittert gegenübersteht, beachtliche Ergebnisse vorweisen kann, wo es um die Regierung der von ihm abhängigen Gesellschaft geht. Zwar haben nicht alle Diktatoren großen Erfolg im sozialen Bereich, doch gibt es kein Argument, daß sie ihn nicht haben könnten. Die maoistische Ordnung der chinesischen Gesellschaft verleitete viele amerikanische Besucher zu fast überschwenglichen Lobeshymnen. Das ändert jedoch nichts an der Tatsache, daß es sich um ein Regime handelte, das auf Prinzipien basierte, die in nichts mit unseren eigenen übereinstimmten, und daß es über viele Jahre hin – ähnlich dem Castro-Regime in Kuba – Verleumdungskampagnen übelster Art gegen unser Land führte.

Die Tatsache, daß andere Regime, die uns höchst zuwider sind, Erfolge in der Entwicklung der von ihnen regierten Gesellschaften haben, heißt nicht, daß sie richtig und wir falsch in unseren gegenseitigen Beziehungen liegen. Es muß, wie oben vermerkt, ein Preis gezahlt werden für demokratische Freiheiten. Dazu mag die Notwendigkeit gehören, beiseite zu stehen und mit anzusehen, wie bestimmte Dinge anderswo besser erledigt werden als hierzulande. Das kann ein guter Grund dafür sein, einige unserer Verhaltensweisen eingehend und kritisch auf ihre Richtigkeit hin zu überprüfen. Es ist jedoch kein Grund, uns schuldig zu fühlen für Differenzen, wie wir sie auf diplomatischer Ebene mit dem betreffenden Regime haben mögen. Wenn wir als entscheidendes Kriterium für unsere Beziehungen zu anderen Regierungen nicht das Wesen ihrer innenpolitischen Prinzipien und Praktiken nehmen, sondern mehr die Art ihres Verhaltens uns und der Staatengemeinschaft gegenüber als den Verantwortlichen am Weltgeschehen, werden wir nicht länger der Verwirrung zum Opfer fallen, die ich eben beschrieben habe. Wir werden es dann weder ablehnen, mit irgendeinem Regime zu verkehren, nur weil seine internen Gepflogenheiten uns abstoßen, noch werden wir uns verpflichtet fühlen, freundlichen Umgang nur deshalb mit ihm zu pflegen, weil es beachtliche Leistungen im Inneren aufweist, wenn sein Verhalten uns gegenüber nicht den mindesten Regeln freundlichen internationalen Verkehrs entspricht.

## 3. Schlußbemerkung

Unsere Beziehungen zum restlichen Lateinamerika bergen natürlich eine Unzahl von Problemen, von denen die meisten zwar kleiner, einige aber auch etwas größer als jenes sind. Zu den schwierigsten gehören zweifellos diejenigen, die die Preise für lateinamerikanische Nahrungsmittel und Rohstoffe auf dem US-Markt betreffen. Dies ist ein Punkt, an dem wir unsere Beziehungen zu einer Reihe dieser Länder wahrscheinlich entkrampfen könnten, und sei es nur, wie so oft, um den Preis der Überwindung gewisser innenpolitischer Widerstände. Was anscheinend benötigt wird, ist nicht ein System insgeheimer Subventionen, das entsteht durch Festsetzung von Preisen, die regulär höher liegen als die normal zustandegekommenen Marktpreise, sondern mehr die Garantie langfristig stabiler Preise, die angelehnt sind an das, was der Markt normalerweise erbringen müßte. Ob sie in jedem Fall festgelegt werden sollten durch Abkommen mit den betroffenen Ländern, ist fraglich. Grundsätzlich wäre vorzuziehen, daß sie einseitig festgelegt werden durch einen Akt unserer Regierung – allerdings jeweils auf einem Niveau, das eindeutig fair und annehmbar für die produzierenden Länder ist. Das jedenfalls dürfte ein Gebiet sein, wo die Vereinigten Staaten wirksam handeln könnten, um eine der erntesten psychologischen Bürden zu beseitigen, die auf ihren Beziehungen zu den Ländern dieser Hemisphäre ruhen.

Darüber hinaus jedoch – d. h. jenseits der Regelung unserer Beziehungen zu Kuba und Panama und jenseits dessen, was in dieser Frage der Preise für lateinamerikanische Nahrungsmittel und Rohstoffe getan werden kann – ist nicht einzusehen, warum wir uns in der Entwicklung unserer Beziehungen zu den Ländern jener Region, namentlich denen von Südamerika, besonders engagieren sollten. Die kulturellen Unterschiede sind groß. In vielerlei Hinsicht sind die betreffenden Völker mit Westeuropa enger verbunden als mit uns – traditionell, kulturell und manchmal sogar kommerziell. Amerikaner sind im großen und ganzen nicht sehr populär dort; und ich kann keinen wirklich guten Grund sehen, warum sie es sein müßten. Je weniger Aufhebens wir von diesen Ländern machen, je weniger wir sie mit unserer Gegenwart behelligen, je weniger wir uns für ihre Belange interessieren, desto besser werden wir angesehen sein und desto entspannter wird das Verhältnis allgemein sein.

Vor vielen Jahren bei meiner Rückkehr von einer Reise durch einige südamerikanische Länder plädierte ich mit dem State Department dafür, unseren Vertretern dort einzuschärfen „entspannt euch – laßt sie allein". Es gibt für mich keine Veranlassung, vom damals bezogenen Standpunkt abzurücken. Über die Fragen Kubas und Panamas sowie allgemein der Sicherheit Mittelamerikas hinaus haben wir keine wirklich lebenswichtigen Interessen in jenem Teil der Welt. Seien wir großzügig in kleinen Dingen, höflich unter allen Umständen und hilfsbereit, wo immer wir können, aber darüber hinaus nicht sehr besorgt über ihre Meinung von uns und glücklich, daß wir keine aktive Rolle in ihren Angelegenheiten spielen. Das Übrige wird sich bestimmt von selbst erledigen.

# Afrika IV

## 1. Allgemeines

Im Hinblick auf einen Kontinent, auf dem es Regierungen verschiedenster Art sowohl dem Wesen als auch dem Verhalten nach gibt, sind alle Verallgemeinerungen gefährlich; auch meine eigenen Gedanken – verstanden als solche Verallgemeinerungen – können nur begrenzt gültig sein. Bei meiner Reise durch Afrika vor einigen Jahren war es jedoch mein Eindruck, daß sich das offizielle Washington in der Behandlung dieser schwarzafrikanischen Staaten, die größtenteils neu auf der politischen Landkarte sind, von einem wie immer gearteten massiven Schuldkomplex beeinflussen ließ oder moralisch unterlegen fühlte – eine Bewußtseinshaltung, die vielen Menschen das Gefühl vermittelte, daß *wir* es in erster Linie seien, die unser Wohlwollen gegenüber den fraglichen Völkern zu beweisen hätten, wir, die ihre Gunst gewinnen müßten – mehr, als es andersherum der Fall sei. Es war, als ob wir die alleinigen Verlierer seien, wo es in den Beziehungen nicht zufriedenstellend für jedermann klappte. Und das Ergebnis war nach meinem Dafürhalten eine ständige Übertreibung von vielerlei Dingen: von Hilfsprogrammen, von diplomatischer Vertretung, von Umfang und Aktivität offizieller amerikanischer Beamtenstäbe, von Unterhaltung, vom Entsenden hochrangiger Delegationen und Persönlichkeiten des öffentlichen Lebens usw. Wir fühlten uns anscheinend verpflichtet, Hilfsprogramme vorzuschlagen, wo keines wirklich ernsthaft gefordert oder geschätzt wurde. Wir entsandten Botschafter, wo für ihre Anwesenheit kein echter Grund vorlag. Wir hielten die andere Backe hin für Kränkungen und andere Arten beleidigenden Verhaltens – eine Praxis, die einer Großmacht bis zu einem gewissen Punkt sicherlich anstehen mag, die aber unerwünscht wird, wo sie zu weit getrieben wird – und sei es nur deshalb, weil sie Vermutungen und Bewußtseinshaltungen auf der anderen Seite nährt, die auf Dauer unerträglich sind. Wir ließen, anders ausgedrückt, eine Atmosphäre in den Beziehungen aufkommen, die uns in die Lage des ängstlichen Bittstellers brachte, der stets darauf vorbereitet ist, die Zurückweisung von heute hinzunehmen in der Hoffnung auf die Gunst von morgen.

Übertreibe ich mit alledem? Möglich – besonders im Fall einiger westafrikanischer Länder, wo Selbstvertrauen und Gefühl der Sicherheit größer sind, wo normalerweise weniger Spannung im gegenseitigen Verhältnis auftritt und wo weder sie noch wir den Drang zu einer Überreaktion verspüren. Vielleicht haben sich die Dinge seit meinem Besuch auch geändert. Vielleicht haben Zeit und Erfahrung diese Tendenzen bis zu einem gewissen Grade gemildert. Aber daß Beweise dafür noch immer in den Reaktionen der amerikanischen Bürokratie zu finden sind – daheim wie im Ausland –, kann keiner bestreiten.

Es ist nicht leicht, die Ursachen dieser sonderbaren Bewußtseinshaltung aufzudecken. Sie bezieht sich natürlich nicht nur auf die neuen Staaten Afrikas; sie durchzieht die amerikanische Einstellung zur Dritten Welt allgemein. Ihre Ursachen sind offensichtlich vielfältiger Art. Sie spiegelt bis zu einem gewissen Grad wahrscheinlich die Kraft wider, die in der oben erwähnten krankhaften amerikanischen Einstellung steckt, wonach die kleinen Staaten gut und die großen böse sind. Daneben gibt es begreiflicherweise den Einfluß der Missionare, deren Ziel es normalerweise ist, an diesen Plätzen um jeden Preis zu verharren, und die in der Lage sind, schweren Druck auf Washington auszuüben. Sodann den ähnlichen Einfluß der sogenannten Expatriierten, der Ausgebürgerten, denen es um den Schutz ihres Lebens und ihres Wohnsitzes im Ausland geht, selbst wo dies von den betroffenen Regierungen viel Nachsicht verlangt. Zweifellos von Einfluß ist auch das Stimmrecht der Schwarzen in den Vereinigten Staaten – ein Faktor, der die Gesetzgeber zu Rücksichtnahme zwingt, auch wenn er nicht aktiv ausgespielt wird. Da ist außerdem noch – vielleicht in geringerem Umfang als vor einigen Jahren – die Furcht, daß falls die Amerikaner nicht um die afrikanische Gunst kämpfen würden, die Russen einziehen und die Positionen besetzen könnten, die wir gerne behalten würden. Da sind ferner die Berufsinteressen eines großen Apparats von Beamten der Hilfs- und Informationsdienste, deren Posten – manchmal mitsamt der Bedeutung und dem Gewicht ihrer Behörden – von der Fortsetzung der Programme abhängen, mit denen sie befaßt sind. Da ist schließlich der Einfluß der liberalen Presse daheim mit ihrer ständigen Bereitschaft, die USA eines Mangels an Liberalität in ihrer Behandlung kleinerer Mächte zu verdächtigen.

Alle diese Faktoren spielen wahrscheinlich eine Rolle. Darüber hinaus aber scheint es noch etwas zu geben, das tiefer sitzt und schwieriger zu definieren ist: eine gewisse innere Unsicherheit, die die Amerikaner befällt, wenn sie mit kleineren und weniger entwickelten Gesellschaften in Berührung kommen – etwas, das sie veranlaßt, Respekt mit Popularität zu verwechseln und zu meinen, sie seien im Unrecht, wenn Popularität sich nicht einstellt.

Doch wie auch immer, es ist eine Tendenz, die oft unglückselige Resultate gezeitigt hat. Sie hat nicht nur andere irregeführt in bezug auf die Grundlagen unserer Position, sie hat uns anfällig gemacht für eine breite Vielfalt von Erpressungsformen, die teils sehr heikler, teils weniger heikler Art sind, manchmal kleiner, dann aber auch wieder sehr ernst in Umfang und Widerwärtigkeit. Das Schlimmste jedoch, sie zerstört sich selbst, denn sie ermuntert andere, unser Wohlwollen als Selbstverständlichkeit hinzunehmen und vorauszusetzen, daß sie keine Zugeständnisse machen müssen, um es zu erhalten. Die erste Forderung, mit den meisten Ausländern gut zurechtzukommen, besteht darin, zu zeigen, daß man auch ohne sie ganz gut fertigwerden kann. Ein Übereifer, anderen zu gefallen, bewirkt nur das Gegenteil.

## 2. Südliches Afrika

Die wichtigsten unmittelbaren Probleme amerikanischer Politik in Afrika sind natürlich diejenigen, die sich auf die sogenannten weiß beherrschten Länder des Südteils dieses Kontinents beziehen.

Die Geschichte unserer gegenwärtigen Verwicklung in die dortigen Verhältnisse begann mit Angola. Es läßt sich viel über die Ereignisse sagen, die zu dieser Verwicklung geführt haben; und die Versuchung liegt nahe, bei ihnen zu verweilen. Gewiß wurde kein Mutterland in jüngster Zeit von der öffentlichen Meinung im Westen so ungerecht behandelt wie die Portugiesen in ihrer früheren Beziehung zu dieser Region. Diejenigen Teile der westlichen Presse und Bürokratie, die sich so nachhaltig einsetzten für deren Verzicht auf Angola und Moçambique, mögen sich im Licht der heutigen Umstände dort einmal fragen, ob sie mit ihrem Wunsch, das Faszinierende ihres liberalen Idealismus unter Beweis zu stellen, nicht Schindluder trieben mit den Interessen der betreffenden einheimischen Bevölkerungen.

Doch all das liegt hinter uns. Diese Menschen erleben jetzt den drastischen Verfall in Wirtschaft und anderen Bereichen, wie er unter solchen Umständen zu erwarten war. Da gibt es nichts, was wir noch tun könnten – außer vielleicht über die Lektionen nachzudenken, die uns damit gegeben sind.

Kissingers Grund für seine Besorgnis über die Lage in Angola war jedenfalls nicht von dieser Art. Was ihn beunruhigte, war sein Eindruck, daß das Ergebnis des Machtkampfs der verschiedenen Befreiungsbewegungen, wie er sich parallel zum portugiesischen Abzug aus Angola abspielte, ein wichtiger Sieg für die Russen war, daß sie nun dort die Oberhand hatten, wo unsere eigenen Bemühungen, Einfluß zu gewinnen, gescheitert waren, und daß nach Lage der Dinge eine Gefahr dahingehend bestand, daß dieselbe unglückselige Ereignisfolge jetzt in Rhodesien stattfinden würde.

Ich bin mir nicht sicher, ob diese Ansicht über die Lage in Angola korrekt ist. Die Russen hatten die MPLA* schon seit einigen Jahren unterstützt, nicht erst am Ende, so wie wir den rivalisierenden Kräften geholfen hatten. *Ihre* Partei war dann plötzlich in Reichweite des Sieges – gewiß zu ihrer Überraschung, möglicherweise gar zu ihrer Bestürzung. Aber man kann eine Partei nicht allein dafür tadeln, daß sie plötzlich Erfolg hat. Die Konsolidierung der Macht der MPLA über den größten Teil des Territoriums

---

* Movimento Popular para a Libertação de Angola.

mit kubanischer Hilfe mag, wie oben erwähnt, aus russischer Sicht angenehmer gewesen sein als jede der sichtbaren Alternativen. So unterstützten sie diese Partei mit massiven – zu massiven – Waffenlieferungen. Ob sie vollauf zufrieden waren mit dem Ergebnis, ist eine andere Frage. Erfolg aber hatten sie darin, den MPLA-Führern einige unangenehme Eigenschaften einzuimpfen, wozu unerschütterliche ideologische Selbstgerechtigkeit ebenso gehörte wie ein extremer Haß auf uns und ein hohes Maß an Grausamkeit gegenüber jedem, der nicht ihrer Meinung war oder ihr Streben nach diktatorischer Macht in Angola in Frage stellte. Weniger sicher ist, daß es den Russen gelang, denselben Menschen eine große Zuneigung oder Loyalität zur Sowjetunion einzuflößen oder einen hohen Grad von Verläßlichkeit als Gefolgsleuten für russischen Einfluß und russische Macht in jenem Teil der Welt.

Ich frage mich manchmal, ob Kissinger die Schwierigkeiten und Beschränkungen voll erfaßt hat, die selbst sowjetischer Macht in Gegenden weitab vom Einflußbereich ihrer Streitkräfte gesetzt sind. Dankbarkeit ist keine hervorstechende Eigenschaft – weder bei afrikanischen Guerilla-Führern noch bei kubanischen Söldnern. Derartige Menschen dazu zu veranlassen, andere Interessen als ihre eigenen zu verfolgen, würde mehr an militärischer Präsenz verlangen, als die Russen willens sind, auf diesem schlüpfrigen Terrain einzusetzen.

Es gibt weiterhin keinen Grund anzunehmen, daß die Russen erfreut sind über die Wirkung, die die angolanischen Ereignisse insofern hatten, als sie die Vereinigten Staaten zu einer aktiven Rolle in jenem Teil der Welt führten. Es ist höchst unwahrscheinlich, daß sie dies voraussahen oder wünschten.

Wie dem auch sei, Kissingers Eindrücke von dem, was in Angola geschah, veranlaßten ihn dazu, in die rhodesische Situation einzugreifen mit Pressionen auf das weiße Regime, Konzessionen zu machen an die gemäßigteren der schwarzafrikanischen Gegner im Hinblick auf die eventuelle Erreichung der „Mehrheitsherrschaft“.

Es ist nicht leicht, ein Urteil abzugeben über die Nützlichkeit dieser Intervention. Die Rassenpolitik des rhodesischen Regimes unterscheidet sich sehr von der ihrer südafrikanischen Nachbarn. Insbesondere basiert sie in keiner Weise auf den Prinzipien der *Apartheid.* In mancherlei Hinsicht ist sie wesentlich liberaler als der westliche Zeitungsleser annehmen würde. In anderer Hinsicht erschien sie westlichen Besuchern seit langem als ungerecht, ungerechtfertigt und unklug – und wird weiterhin so erscheinen. Die Lage hat sich inzwischen beträchtlich verschlechtert; und es ist fraglich, ob sich die Weißen in Rhodesien selbst noch retten können dadurch, daß sie sich über hastige Zugeständnisse in letzter Minute eine sichere und erträgliche Zukunft in ihrem Lande erkaufen. Ihre größte Hoffnung liegt im Augenblick weiterhin in ihrer Einheit und militärischen Stärke, die im Widerspruch steht zur chronischen Uneinigkeit ihrer Gegner, allerdings auch von der Bereitschaft zur Schaffung eines durchdachteren und hoffnungsvolleren politischen Systems abhängt, wo immer dies möglich ist, ohne sie den Gefahren totaler Vernichtung oder Vertreibung auszusetzen.

Druck von außen kann unter solchen Umständen nützlich sein; und der von Kissinger war vielleicht gut, so weit er ging. Aber im Moment der Abfassung dieser Zeilen* haben die Führer der sogenannten Frontstaaten – d. h. der Rhodesien umgebenden afrikanischen Staaten – den gemäßigteren Führern der Schwarzen innerhalb Rhodesiens, die wenigstens in Berührung standen mit dem an der Macht befindlichen Smith-Regime, ihre Unterstützung entzogen und diese übertragen auf die radikaleren Widerstandsführer außerhalb des Landes, die auf eine militärische Kraftprobe drängen. Es sind bereits Forderungen erhoben worden – und solche wird es weiterhin geben –, daß die US-Regierung um ihrer Begeisterung für „Mehrheitsherrschaft“ willen dasselbe tun sollte.

Hier ist große Vorsicht geboten. Es gibt keinen Beweis, daß diese Führer außerhalb des Landes über das Vertrauen einer Mehrheit der schwarzen Bevölkerung innerhalb des Landes verfügen. Was an Beweisen vorliegt, deutet darauf hin, daß ihre gemäßigteren Rivalen – wenn überhaupt – schon eher darüber verfügen. Die Forderung geht tatsächlich dahin, daß sofort ein

* Original vom Winter 1976/77, A.d.Ü.

Machtmonopol auf die Führer draußen übertragen werde – mit keiner geringeren Rechtfertigung als ihrer eigenen Behauptung, daß sie es sind, die dies besitzen sollten. Was daraus folgen würde, wäre zweifellos die Herrschaft *im Namen* einer Mehrheit. Das ist aber nicht dasselbe wie Mehrheitsherrschaft.

Man darf wohl auch annehmen, daß unter einer radikalen schwarzen Diktatur kein Platz mehr für die weiße Bevölkerung bliebe und daß Länder überall sonst darum gebeten würden, mit der massiven Auswanderung dieser Menschen fertigzuwerden. Sind die Vereinigten Staaten vorbereitet, sie aufzunehmen, für sie zu sorgen und ihnen zu einem neuen Leben zu verhelfen? Falls nicht, würden sie dann nicht auf Kosten anderer eine schwere Verantwortung auf sich laden, wenn sie zu einer Lösung rieten, die sehr wohl zu deren Vertreibung führen könnte?

Der beste Kurs für die Vereinigten Staaten ist sicherlich eine zurückhaltende Neutralität in bezug auf die internationalen Konflikte dieses unglücklichen Landes – verbunden mit der Bereitschaft zu praktischer Hilfe, wo immer dies Chancen eröffnen würde für eine Mäßigung der Leidenschaften und eine Verhinderung von Blutvergießen. Darüber hinaus gerät man nur in Fallen, wo man versucht, edle Haltungen einzunehmen in bezug auf eine Situation, die man nicht geschaffen hat, die man nicht beseitigen kann und die man sehr wenig versteht.

Die Lage in dem großen, trockenen Territorium von Südwestafrika ist wiederum etwas anders. Die Vereinten Nationen haben seit vielen Jahren mehrheitlich Druck auf die Südafrikaner ausgeübt, ihr Festhalten an diesem Territorium aufzugeben und seinen Bewohnern Unabhängigkeit zu gewähren. Guerillakräfte, die organisiert sind unter dem Schutz der SWAPO*, sich beträchtlicher kommunistischer und westlich-liberaler Unterstützung erfreuen und durch die Ereignisse im benachbarten Angola ermuntert wurden, sind inzwischen in Aktion getreten mit Angriffen von außen gegen die Grenzen des Landes. Die südafrikanische Regierung hat aus Gründen, die für sich stehen, in jüngster Zeit eine Bereitschaft gezeigt, dem Gebiet seine Unabhängigkeit zu geben. Sie ist wil-

---

* South West African People's Organization.

lens, die souveräne Macht einer Körperschaft gewählter Führer aus den verschiedenen Stämmen der Region zu übertragen. Sie ist nicht willens, diese den selbsternannten Führern der außerhalb stehenden Guerillatruppen zu übertragen. Was letzteren natürlich überhaupt nicht paßt. Ihr Anspruch, sie seien die legitimen Herrscher dieses Gebiets, auf die die absolute Macht sofort übertragen werden sollte, beruht wiederum allein auf ihrer Behauptung; er verbietet ihnen jedoch, Kompromisse zu suchen durch irgendwelche Übereinkommen mit den Stammesführern, die unter südafrikanischer Oberhoheit gewählt wurden.

Man muß sich fragen, was „Unabhängigkeit" selbst unter den besten Umständen für dieses sonderbar konstruierte Gebiet bedeuten könnte. Daß sie wirtschaftliches Unheil für die afrikanischen Eingeborenen in viel größerem Umfang nach sich ziehen würde als in den früheren portugiesischen Territorien, scheint gewiß; denn die Südafrikaner haben – was immer ihre anderen Schwächen sein mögen – Südwestafrika weit mehr Entwicklungshilfe gegeben, als die meisten schwarzafrikanischen Länder nördlich davon aus allen Quellen zusammen je erhalten haben; und darauf werden die Einwohner wohl verzichten müssen, sobald ihre Unabhängigkeit vollendete Tatsache ist.

Darüber hinaus aber fällt es schwer, sich dieses Territorium als einzelne politische Einheit mit Selbstverwaltung vorzustellen. So etwas wie ein südwestafrikanisches Volk gibt es nicht. Und am allerwenigsten gibt es ein „namibisches" Volk. (Der Name „Namibia" ist eine Erfindung der Guerilla-Führer außerhalb des Landes, zusammen mit ihren Freunden in den Vereinten Nationen. Die meisten Menschen innerhalb des Landes haben nie davon gehört.) Was es tatsächlich gibt, das ist eine Reihe von Stämmen, die – manchmal in großem Abstand voneinander – gruppiert sind um eine weite Halbwüste im mittleren Westen. Sie verkehrten kaum miteinander; und haben nur wenig gemeinsam. Erschiene eine Person anderer Stammeszugehörigkeit unter ihnen in Gestalt eines Beamten eines unabhängigen „Namibia", wäre dies etwas, woran sie sich wohl nur schwer gewöhnen könnten.

Es ist nach meinem Dafürhalten nicht unmöglich, daß eines Tages in irgendeiner Form eine einheimische Regierung unter diesen

Stämmen geschaffen werden könnte; ähnliches ist meines Wissens auch in anderen Teilen Afrikas geschehen, wo die aus früheren kolonialen Skizzen hervorgegangenen Grenzen nicht weniger künstlich waren. Daß dies jedoch auf der Grundlage eines einigermaßen friedlichen Konsenses geschehen könnte, scheint zweifelhaft. Wahrscheinlicher würde es eine Art Diktatur sein, die mit Waffengewalt errichtet wird. Am unwahrscheinlichsten bei alledem ist jedoch, daß irgendetwas davon zu einer spürbaren Verbesserung der Situation der einheimischen Bevölkerung beitragen würde – wirtschaftlich oder politisch.

Zweifellos wird von der UN-Mehrheit und möglicherweise von einigen missionarischen Kreisen Druck auf uns ausgeübt werden, dafür zu sorgen, daß die Macht über das Gebiet den außenstehenden Guerillaführern übertragen werde. Es ist schwer einzusehen, warum wir uns einem derartigen Druck beugen sollten oder warum wir überhaupt eine Position hinsichtlich der Zukunft dieses Landes beziehen sollten. Fehlen uns doch auch hier wieder die Antworten.

Damit kommen wir zum zentralen Problem der Region, nämlich zu Südafrika selbst.

Ich hoffe, daß nichts von dem, was ich vortragen werde, als Verteidigung der Rassenpolitik der südafrikanischen Regierung verstanden wird. Viele Aspekte dieser Politik erscheinen auch mir nicht besser als den vielen anderen Besuchern in diesem Land. Wie sie habe auch ich bei meinen Besuchen dort versucht, wo immer ich konnte, vor deren möglichen Konsequenzen zu warnen. Ich persönlich bin der Meinung, so wie die südafrikanische Regierung entsprechend der rhodesischen sich gebettet hat, muß sie auch liegen.

Die westliche Presse schafft es in ihrer Behandlung des Themas Südafrika, verschiedene Eindrücke zu vermitteln, die bestenfalls gefährliche Vereinfachungen der Situation dort sind und kaum dazu angetan, die für amerikanische Politik damit verbundenen Probleme besser faßbar zu machen.

Wenn man viel von diesem Material liest, möchte man meinen, daß die Mehrheit der schwarzafrikanischen Bevölkerung von Südafrika eindeutig hinter den Extremisten steht mit ihren Forderungen nach rascher und gewaltsamer Aktion im Falle einer Fortsetzung der bisherigen Regierungspolitik. Das aber ist nirgends erwiesen. Elend gibt es dort überreichlich. Auch noch den Wunsch nach all den Leiden eines Bürgerkriegs? Höchst zweifelhaft.

Man möchte bei der Lektüre dieser westlichen Berichte annehmen, daß sich in letzter Zeit in Politik und Praxis der südafrikanischen Behörden keinerlei Wechsel zum Besseren hin vollzogen hat. Wiederum falsch. Es gab bedeutsame Verbesserungen, die, wenn man so will, durch Druck von außen erzwungen waren, aber nichtsdestoweniger Verbesserungen blieben.

Man könnte glauben, wenn man die Reportagen durchgeht, daß die Weißen mit Sicherheit von der schwarzen oder nichtweißen Mehrheit, hinter der das übrige Schwarzafrika steht, vernichtet würden, wenn sie sich nicht sofort auslieferten. Auch dies eine fragwürdige Annahme. Die Position dieser südafrikanischen Weißen ist weit mächtiger als die ihrer rhodesischen Nachbarn. Sie sind etwa fünfzehnmal so zahlreich, hervorragend bewaffnet, gut organisiert und von Natur extrem hartnäckig. Ein Bürgerkrieg könnte dort stattfinden, aber er wäre so blutig, daß es danach keine Sieger gäbe – nur Verlierer.

Man könnte auch vermuten, daß alles, was die Weißen für eine sichere und glückliche Zukunft zu tun hätten, darin bestehen würde, den Forderungen nach Aufgabe der *Apartheid* und Einführung der „Mehrheitsherrschaft" sofort zu entsprechen. Gegenwärtig käme dies einem gewaltigen Umsturz gleich, der das Land bis in seine Grundfesten erschüttern würde. Wer weiß, was die Konsequenzen wären? Vielleicht ist es für die Weißen auch schon zu spät, auf diese Weise noch viel von ihrer Position zu retten. Wir können es in keinem Fall wissen.

Schließlich verstehen es diejenigen im Westen, die sich am meisten aufregen über diese ganze Situation, oftmals ein Bild zu suggerieren, wonach die totale Besiegung der Weißen – ihre Vernichtung oder Vertreibung – zwar eine drastische Notlösung sei, der

Bevölkerungsmehrheit aber wenigstens hoffnungsvolle Aussichten für eine erfreuliche demokratische Zukunft eröffnen würde. Auch das ist falsch. Die Tragik Südafrikas liegt genau in der Tatsache, daß, so wie die Dinge heute stehen, keiner dieser zwei großen Bevölkerungsteile – also weder Weiße noch Schwarze – eine erträgliche Existenz ohne den jeweils anderen haben könnte. Das ist anders als in anderen afrikanischen Staaten. Südafrika hat eine sehr hochentwickelte, komplizierte Wirtschaft, deren Ertragsfähigkeit allein es der großen Zahl von Menschen gestattet, auf dieser relativ dürren Hochebene zu leben, die sie jetzt bewohnen. Die Weißen sind abhängig von der Arbeit der Schwarzen. Die Nicht-Weißen sind angewiesen auf weiße Sachkenntnis in Technologie und Management. Ohne beider Zusammenwirken ließe sich die Wirtschaft nicht aufrechterhalten.

Aus all diesen Gründen sind plötzliche und gewaltsame Veränderungen, so reizvoll sie sich in den erhitzten Gemütern westlicher Liberaler ausnehmen mögen, nicht die richtigen Antworten. Ebenso wenig wie leere Gesten.

Die US-Regierung wird weiterhin bedrängt werden, amerikanische Firmen zu zwingen, ihre Geschäftsverbindungen zu Südafrika abzubrechen. Das ist ein törichter Rat. Auch die Schwarzen im Land wünschen dies nicht. Die ausländischen Firmen, die Niederlassungen betreiben in jenem Land, sind in vorderster Reihe gestanden bei dem Bemühen, eine bessere Behandlung der schwarzen Arbeiter zu erreichen – sowohl, was den Lohn, als auch, was die Verantwortung ihrer Funktion angeht; und sie haben einen gewissen Erfolg gehabt. Nichts würde durch ihren Rückzug gewonnen.

Noch törichter sind die Forderungen, man sollte als Vergeltungsmaßnahme gegen *Apartheid* südafrikanische Sportler nicht mehr am internationalen Wettstreit teilnehmen lassen. Abgesehen von der Tatsache, daß man damit die Falschen bestrafen würde, neigen solche Forderungen schlicht und einfach dazu, Südafrika noch weiter von dem abzuschneiden, was die Weltmeinung im wesentlichen ausmacht; und das ist genau das, was jeder versuchen sollte zu vermeiden, der an einer Verbesserung der Bedingungen dort interessiert ist. Die Auswüchse der *Apartheid* konnten nur in einem Lande entstehen und sich entfalten, das schon zu sehr isoliert war.

Forderungen wie die, die an die US-Regierung gerichtet werden, zielen nicht wirklich ab auf nützliches und hoffnungsvolles Handeln im Hinblick auf die Lage in Südafrika. Es sind Forderungen, mit denen man hochherzige und heroische Posen einnehmen will – wie die von den Leuten, die zuerst ihre Ansprüche erheben. Die US-Regierung hat es nicht nötig, solche Posen einzunehmen. Die fraglichen Probleme sind nicht ihre Probleme. Sie hat keine Antworten darauf. Es bleibt wenig, was sie heute an Nützlichem tun könnte. Vielleicht werden sich eines Tages bessere Gelegenheiten für nützliches Handeln eröffnen. Die US-Regierung wird allerdings nur fähig sein, diese Gelegenheit auszunutzen, wenn sie in der Zwischenzeit eine weise und unparteiische Zurückhaltung geübt hat, sich jeglicher demonstrativen Parteinahme enthalten und somit fertiggebracht hat, sich ein gewisses Maß an Wohlwollen und Vertrauen von seiten aller beteiligten Parteien zu bewahren.

# Der Nahe Osten

# V

Angenommen, die übermäßige Abhängigkeit von arabischem und persischem Öl ließe sich beseitigen, hätten die Vereinigten Staaten dann noch ein vitales Interesse am Nahen Osten?* (Bitte bedenken Sie, daß diese Frage das Wort „vital", d. h. lebenswichtig, enthält, das nicht leichtfertig gebraucht werden sollte.)

Ich kann nicht erkennen, daß die Vereinigten Staaten wirklich ein solches Interesse haben sollten. Das Öl? Kein einziges Mal war das Vertrauen darauf geschwunden. Der Suezkanal? Ein bedeutungsloser Faktor. Die Wasserstraße wurde in den 20 Jahren, da sie sich unter ägyptischer Kontrolle befand, 8 Jahre lang geschlossen. Unsere vitalen Interessen wurden davon nicht beeinträchtigt. Da man sich auf ihn unter ägyptischer Kontrolle nicht verlassen kann (wie es entsprechend auch beim Panamakanal unter panamaischer Kontrolle der Fall wäre), sollten wir unsere Abhängigkeit von ihm zu keinem Zeitpunkt ein bedeutsames Ausmaß annehmen lassen.

Unsere Bindung an Israel? Ist sie von vitalem Interesse? Sie gehört zweifellos zu den entscheidenden Interessen, aber auch den lebenswichtigen? Nicht in des Wortes strenger Bedeutung. Wenn das Schlimmste dort passieren sollte, wäre dies für Amerika und die Welt zwar ein furchtbarer Schock, aber es würde unserem Land keinen Todesstoß im physischen Sinn versetzen.

---

* Ich weiß, daß es vorherrschendem Brauche (in Amerika, A.d.Ü.) entspricht, alles östlich von Libyen als „Mittleren Osten" zu bezeichnen. Was in diesem Fall der „Osten" oder der „Nahe Osten" sein sollte, kann ich mir nicht vorstellen. Altmodisch, wie ich nun einmal bin, schlage ich daher vor, das Gebiet von Libyen bis zum Iran (und diesen aus Bequemlichkeitsgründen in dieser Diskussion miteingeschlossen) als Nahen Osten zu bezeichnen, womit es m. E. treffend umschrieben ist.

Daß wir ein ernstes Interesse am Ergehen des Staates Israel haben, ist klar. Als wir vor etwa 30 Jahren zu seiner Entstehung mitverhalfen – und das in einem Teil der Welt, dessen Bewohner niemals ihre Zustimmung zu solch einer Entwicklung gegeben hatten –, übernahmen wir einen gewissen Teil der Verantwortung für das Gelingen dieses Unternehmens, zumindest in seinen Anfangsstadien. Das war nicht eine Verpflichtung für immer. Keine amerikanische Regierung hätte das Recht gehabt, unsere Politik auf Dauer mit der Verantwortung für die Sicherheit eines Gebietes zu befrachten, das nicht Teil der Vereinigten Staaten und Tausende von Meilen von unseren Küsten entfernt ist. So etwas könnte tatsächlich kein souveräner Staat von irgendeinem anderen erwarten.

Ich behaupte nicht, daß wir unser Interesse an der Dauerhaftigkeit und Sicherheit des Staates Israel jetzt fallenlassen sollten. Ich meine im Gegenteil, dieses Interesse muß als ein ernstzunehmendes anerkannt werden. Ich bin mir voll bewußt der tiefen, von mir persönlich mitgetragenen Sorge eines großen Teils der amerikanischen Öffentlichkeit hinsichtlich des Fortbestands und Wohlergehens dieses neuen Staates. Ich interpretiere diese Sorge als eine Art Verpflichtung – Verpflichtung nicht den Israelis, sondern uns gegenüber – eine Verpflichtung, alles in unserer Macht Stehende zu tun, außer der Entsendung und dem Einsatz von Streitkräften, um Israel die Sicherheit zu geben, die es für seine weitere Existenz braucht – damit seine Menschen nicht vernichtet, versklavt oder von feindlichen Nachbarn ins Meer getrieben werden. Das ist eine weitgehende Verpflichtung; doch ich denke, wir müssen sie annehmen.

Wir haben noch ein anderes gewichtiges Interesse am Nahen Osten – und das besteht darin, daß die ganze Region nicht unter den vorherrschenden Einfluß oder die Kontrolle einer anderen Großmacht von außen gerät. Was unter den gegebenen Umständen natürlich nur auf die Sowjetunion bezogen sein kann. Es ist ein Interesse, das sich logisch aus der Verpflichtung gegenüber Israel ableitet, aber nicht nur daraus. Es ist eine Möglichkeit, die wir im eigensten Interesse abwenden sollten – und wenn es nur wegen der weiteren destabilisierenden Auswirkungen wäre, die das hätte, auch wenn das Problem Israel nicht bestünde.

Es ist gottlob kein sehr wahrscheinlicher Fall. Die Menschen, die sehen, daß russische Streitkräfte in diese Region einströmen, sie in ihrer Gesamtheit besetzen und alles unter direkte sowjetische Herrschaft bringen, haben nur ein geringes Verständnis von russischen Zielen und Fähigkeiten und von den normalen Schwierigkeiten und Beschränkungen des Großmacht-Imperialismus. Die Gefahr ist somit eher das Ergebnis der Vorstellungen einiger Menschen als das einer wirklich bestehenden Wahrscheinlichkeit. Aber der Eindruck ihrer Realität ist eifrig und wirksam unter die Leute gebracht worden von denen, die keine Grenzen sehen wollen für sowjetische Fähigkeiten und keine Hemmnisse für sowjetische Ambitionen. So wollen wir auch diese Möglichkeit zumindest als subjektives Ergebnis westlicher Vorstellungen anerkennen und ein gewichtiges Interesse darin sehen, aus diesem unseren schlechten Traum nicht Fleisch und Blut werden zu lassen.

Demnach verbleiben zwei hauptsächliche Überlegungen, von denen wir uns bei der Gestaltung amerikanischer Politik gegenüber dieser Region leiten lassen sollten. Die erste ist, daß wir darauf vorbereitet sein müssen, alles in unserer Macht Stehende zu tun – außer direktem militärischen Eingreifen –, um die Zerstörung des Staates Israel zu verhindern. Die zweite ist, daß wir Sicherheit schaffen müssen dafür, daß keine andere Großmacht in die Lage kommt, den Nahen und Mittleren Osten insgesamt zu beherrschen. Was bedeutet dies für die amerikanische Politik in den kommenden Jahren?

Es bedeutet natürlich zuerst und am meisten die Beendigung der Abhängigkeit von mittelöstlichem Öl. Ich habe dies schon erwähnt im Zusammenhang mit unserer allgemeinen Haltung zu Weltproblemen. Doch ist dazu noch ein weiteres Wort in diesem speziellen Zusammenhang zu sagen.

Was erforderlich ist, besteht wohlgemerkt nicht in einer totalen Streichung der Ölimporte aus den fraglichen Ländern. Es gibt natürlich einige Länder – ganz besonders Libyen und Irak –, deren Einstellung uns und den anderen Gliedern der internationalen Gemeinschaft gegenüber so beschämend ist, daß man sich fragt, warum US-Firmen überhaupt je die Erlaubnis erhielten, vorrangig mit ihnen Geschäfte abzuwickeln. (Ich bin mir bewußt, daß libysches und irakisches Öl wahrscheinlich in jedem Fall in amerikanische Raffinerien gelangen würde, selbst wenn direkte Importe gestoppt würden. Aber ich finde, daß ein gesundes Gespür für nationale Würde eigentlich verbieten müßte, große Summen amerikanischen Geldes direkt in die Hände eines Mannes zu legen, der allgemein so taktlos ist und uns so beleidigt hat wie Oberst Ghaddafi.) Mir scheint, man sollte den Versuch wagen, mit direkten amerikanischen Importen aus diesen Ländern völlig Schluß zu machen. Was abgesehen von diesen Ausnahmen nottut, ist lediglich die Reduzierung unserer Importe aus den fraglichen Ländern bis zu einem Punkt, wo das Ausmaß unserer Abhängigkeit von ihnen nicht mehr so schwerwiegend und unsere Verhandlungsposition ihren Herrschern gegenüber wenigstens nicht mehr unterlegen wäre. Solange das noch der Fall ist, werden wir uns bei ihnen kein Gehör verschaffen können. Ich bin überrascht von Presseberichten, wonach Präsident Carter beabsichtigt, mit den Herrschern einiger dieser Länder bzw. ihren Vertretern zusammenzutreffen und Probleme dieser Region zu diskutieren. Ich frage mich, in welcher Eigenschaft er auf sie zukommen will. Als Bittsteller? Warum sollten sie uns gegenüber irgendwelche Konzessionen machen oder unseren Ansichten Beachtung schenken? Sie sitzen doch am längeren Hebel. Sie bekommen von uns schon alles, was sie wollen – tatsächlich mehr, als sie gebrauchen können –, ohne überhaupt irgendwelche Zugeständnisse zu machen. Kein amerikanischer Präsident sollte jemals aus einer so demütigenden Haltung heraus auf andere Herrscher zukommen.

Diese Ansichten spiegeln keine Feindseligkeit gegenüber den betreffenden Ländern wider und auch kein Ressentiment wegen ihres Verhaltens bei der Ölpreiserhöhung. Die haben wir uns selbst zuzuschreiben – mit unserer Inflation, unserer Gier nach Öl und unserer Bereitschaft, auch eine wachsende Abhängigkeit hinzunehmen, um dieses zu erhalten. Sie haben getan, was in ihrem Interesse zu liegen schien; an uns war es – nicht an ihnen –, für unser eigenes zu sorgen.

Bei all dem bin ich mir auch bewußt, daß der Versuch, diese Abhängigkeit zu überwinden, keineswegs leicht sein wird. Er könnte leichter sein, als wir meinen, wenn er mit Entschlossenheit und unter wirksamer Führung in Angriff genommen würde; aber er wird nichts mit dem zu tun haben, was wir unter „alltäglichem Geschäft" verstehen. Er wird ein großes Programm erfordern, das kostspielig und anspruchsvoll sein wird – vergleichbar dem, was in Kriegszeiten unter dem Druck militärischer Notwendigkeit in Gang gesetzt wurde. Er wird im persönlichen und politischen Bereich viel Unannehmlichkeit mit sich bringen. Aber er ist eine entscheidende Notwendigkeit, zu der es keine Alternative gibt.

In diesem Zusammenhang wird darauf verwiesen, daß wir bei dem Versuch, diese Abhängigkeit zu verringern, nicht nur unsere eigenen Interessen zu berücksichtigen haben, sondern auch die unserer NATO-Alliierten, die davon mitbetroffen sind. Das ist ganz richtig. Aber der Versuch, mit ihnen zur Zeit des arabischen Embargos zu einer wechselseitig abgestimmten Aktion zu gelangen, war nicht erfolgreich. Und gegenwärtig können wir ihnen nach meinem Dafürhalten am wirksamsten dadurch helfen, daß wir zuerst uns selbst in eine Position bringen, von der aus wir mit den Ölproduzenten unter gleichen Bedingungen verhandeln können. Solange das noch nicht der Fall ist, können wir uns nicht einmal wirksam für unsere eigenen Interessen einsetzen – geschweige denn für ihre. Ob sie sich entscheiden, dasselbe zu tun (was sehr zu wünschen wäre), ist primär ihre Sache.

Als zweites müssen wir möglichst bald nicht nur den Israelis, sondern auch den Arabern gegenüber klarstellen, wie weit die Grenzen unserer Verantwortung für israelische Politik reichen. Wir ließen in der ganzen Region den Eindruck aufkommen, wir könnten die Israelis beliebig nach unserer Pfeife tanzen lassen und seien infolgedessen tatsächlich für israelische Politik verantwortlich. Diese Annahme spiegelt sich wider in einer Flut von arabischen Erklärungen. Sie ist natürlich völlig unzutreffend. Wir sind nicht nur nicht in der Lage, den Israelis Vorschriften zu machen, die sich der Stärke ihrer Verhandlungsposition uns gegenüber sehr wohl bewußt sind, sondern es stellt sich wirklich die Frage, ob wir dies überhaupt tun sollten, selbst wenn wir es könnten. (Darüber gleich noch mehr.)

Wir haben diesen Irrtum – wonach die Araber uns die Verantwortung für israelische Politik zuschieben – noch angereichert damit, daß wir den Israelis gestatteten, uns als ihre Verteidiger und Fürsprecher gegenüber den Arabern zu betrachten. Mit Blick auf unsere Hilflosigkeit gegenüber den ölproduzierenden Staaten ist das noch törichter.

All das bedeutet, daß wir uns in eine Position hineinmanövrieren ließen, wo jede der beiden Parteien glaubt, sie kann uns für ihre Zwecke einspannen, wo jede den Eindruck hat, ihre Wünsche ließen sich primär durch uns erfüllen – mit dem Ergebnis, daß zuerst immer wir es sind, die getadelt werden, ganz gleich, wer von ihnen der Leidtragende ist; und all das in einer Situation, wo wir bei jeder Partei gegenwärtig nur sehr wenig Einflußmöglichkeit haben. Bestimmt hat sich nur selten eine Großmacht in eine schlechtere und nutzlosere Position gebracht.

Ich ließ soeben meine Zweifel daran anklingen, ob wir versuchen sollten, die Israelis zu beeinflussen, wenn wir dies könnten. Ich meinte damit eine Beeinflussung in den verschiedenen Streitfragen zwischen ihnen und ihren arabischen Nachbarn über die Bedingungen einer dauerhaften Regelung. Ich weiß, es gibt andere Leute – auch solche, die weit mehr von dieser Region verstehen als ich –, die anderer Meinung sein werden. Mr. George Ball beispielsweise glaubt, daß wir zuerst unsere eigenen spezifischen Vorschläge für eine Regelung nach unserem Geschmack unterbreiten sollten, danach die Russen und einige unserer NATO-Alliierten um Zustimmung bitten und dann versuchen sollten, die Parteien zur Annahme zu bewegen.

Ich befinde mich in vollem Einklang mir Mr. Ball, was die Notwendigkeit des Versuchs anbetrifft, eine Verständigung mit der Sowjetunion in bezug auf die größeren Probleme dieser Region zu erreichen – nicht aber, was die Einzelheiten einer möglichen arabisch-israelischen Übereinkunft angeht. Das sollte, wie mir scheint, direkten Verhandlungen zwischen Israel und seinen arabischen Nachbarn vorbehalten bleiben. Unsere eigene Rolle sollte sich darauf beschränken, den Israelis militärische Sicherheit in so ausreichendem Maße zu gewährleisten, daß die Idee, sie mit Waffengewalt zu vernichten, für niemanden verlockend wäre, und daß sie mit angemessener Stärke in Verhandlungen über diese Dinge eintreten könnten. Aber wir sollten nicht versuchen, ihnen oder den Arabern zu sagen, was die Bedingungen eines Übereinkommens sein sollten. Sind es doch schließlich sie und nicht wir, die mit einer ausgehandelten Übereinkunft leben müssen. Ich bin sicher, daß viele von uns an Konzessionen denken, die die Israelis nach unserer persönlichen Meinung machen sollten; ob aber die US-Regierung gut beraten wäre, sie zu solchen Konzessionen zu drängen, ist eine ganz andere Frage. Viele würden beispielsweise annehmen, daß die Israelis sich klug verhielten, wenn sie die Golan-Höhen aufgeben würden. Sie könnten natürlich recht haben. Doch wie können wir sicher sein? Was wäre mit unserer Verantwortung, wenn wir sie dazu drängen würden und dies für sie unheilvolle Auswirkungen hätte? Es ist im Prinzip dasselbe Problem, das wir auch mit den Südafrikanern und Rhodesiern haben.

Die Tatsache, daß wir vorweg kein Einvernehmen mit den Russen oder sonstwem über die gegenwärtigen Bedingungen eines möglichen israelischen Abkommens haben müssen, bedeutet nicht, daß es keine Notwendigkeit für einen sowjetisch-amerikanischen Meinungsaustausch über die weiteren Probleme des Nahen Ostens gibt. Was nottut, ist erstens eine sichere Verständigung darüber, daß keine der zwei Mächte den Versuch unternimmt, die Region zu beherrschen und gegen die Interessen der anderen auszubeuten – daß beide bis auf die Unterstützung eines Abkommens zwischen Arabern und Israelis sich dort nicht einmischen werden; und daß zweitens beide entschlossen sind, die Unruhen in diesem Gebiet nicht zu einer ernsten und gefährlichen Konfliktquelle zwischen ihnen werden zu lassen. So ernst die Streitfragen innerhalb der Region auch sind, keine von ihnen ist in ihrer Bedeutung vergleichbar mit der Notwendigkeit der Vermeidung militärischer Verwicklungen zwischen der Sowjetunion und den Vereinigten Staaten; man kann sich in der Tat nur schwer irgendwelche Umstände vorstellen, in denen den Interessen der unmittelbar betroffenen Parteien – Araber oder Israelis – wirklich mit dem Ausbruch solcher Verwicklungen gedient sein könnte. Die erste Pflicht sowohl der Sowjetunion als auch der Vereinigten Staaten liegt in der Bewahrung des Weltfriedens, nicht in den Interessen ihrer jeweiligen Klienten im Nahen Osten. Im Streben nach solch einer Verständigung mit der Sowjetunion müßten wir den Russen natürlich die Art und Gewichtigkeit unserer Verpflichtung bezüglich des Fortbestands des Staates Israel erklären und sie bitten, dies hinzunehmen. Das wäre ein spezifischer Vorbehalt gegenüber unserer Verpflichtung, uns nicht in die Angelegenheiten dieser Region einzumischen. Aber im Hinblick auf seinen wesentlich defensiven Charakter sollte es den Russen nicht schwerfallen, sich damit abzufinden.

Unter dieser Voraussetzung würden die beiden Großmächte als Vorsitzende der Genfer Konferenz versuchen, den Parteien dabei zu helfen, zu irgendeinem Übereinkommen zu gelangen über die Probleme der Grenzen und künftigen israelischen Beziehungen zu seinen Nachbarn, aber sie würden persönliche Einmischung in die Verhandlungen vermeiden und sich gegenseitig absprechen, bevor sie den Parteien Vorschläge über einzelne Punkte der Meinungsverschiedenheit unterbreiten.

Es gibt einen Aspekt der amerikanischen Politik, wo eine Klarstellung erreicht und gewisse Veränderungen vorgenommen werden sollten, da die Vereinigten Staaten vorher nicht in der günstigen Position wären, von der aus sie ein Übereinkommen mit der Sowjetunion auf der von mir skizzierten Linie suchen könnten. Und zwar bezieht sich das auf die schweren Waffenlieferungen an gewisse Regierungen des nahöstlichen Raums.

Es ist für mich eigentlich unverständlich, daß in Amerika so wenig beachtet wurde, welche Wirkung auf die Russen das haben mußte, was die US-Regierung in den letzten Jahren allein an Waffenverkäufen speziell dem Iran zukommen ließ. In den 4 Jahren vor 1973 erreichten solche Verkäufe (durch das Pentagon) einen Wert von 1,28 Milliarden Dollar. Das an sich schon war keine unbedeutende Zahl und muß vom sowjetischen Standpunkt aus zu nicht unwesentlichen Konsequenzen geführt haben. Doch in der darauffolgenden 4-Jahres-Periode (1973–1976) erhöhte sich das Volumen dieser Verkäufe um das zehnfache – auf eine Gesamtzahl von 11 Milliarden Dollar.

Um einen Eindruck zu gewinnen von der Wirkung, die das auf die Russen hatte, müssen wir uns zuerst daran erinnern, daß der Iran ein Grenznachbar der Sowjetunion ist; und dann müssen wir uns klarmachen, daß die Sowjetunion als erste in den frühen

1970er Jahren mit schweren Waffenverkäufen an Mexiko begonnen hatte und dann in der Mitte dieser Dekade diese Verkäufe plötzlich um 1000% emporschnellen ließ und sie – wie auch wir augenblicklich – mit der Entsendung von Hunderten, wenn nicht Tausenden von Militärtechnikern und Beratern flankierte. Hätte solch ein Verhalten die amerikanische Regierung und öffentliche Meinung gleichgültig und uninteressiert gelassen? Und würden wir daraus nicht entsprechende Schlüsse gezogen haben?

Ich habe das Argument gehört: „Nun ja, sie wissen, daß wir keine aggressiven Absichten verfolgen. Sie wissen, daß wir nicht vorhaben, diese Waffen für einen Angriff gegen sie zu verwenden." Dazu ist zweierlei zu bemerken.

Wenn man versucht, den Leuten im Pentagon oder ähnlich eingestellten Zivilisten zu erklären, daß die Russen in Wirklichkeit vielleicht gar nicht so sehr darauf aus sind, den Westen anzugreifen – daß sie sehr gute Gründe haben, derartiges nicht zu planen oder zu wünschen, wird einem erwidert: „Mag sein, doch schauen Sie auf das Ausmaß ihrer Rüstungen und geben Sie zu, daß wir uns bei einer solchen Sachlage nicht darum kümmern können, worin ihre Absichten bestehen – Absichten sind zu ungewiß und zu schwer festzustellen; wir können lediglich Fähigkeiten in Betracht ziehen; wir müssen annehmen, daß es die Russen auf etwas Bestimmtes angelegt haben, d. h. uns irgendetwas Schlechtes zufügen wollen, was ihre Fähigkeiten ihnen gestatten würden." Sind wir nun wirklich der Meinung, daß *wir* nur ihre *Fähigkeiten* berücksichtigen sollten ungeachtet ihrer *Absichten*, von ihnen aber erwarten sollten, daß sie nur unsere vermuteten *Absichten* in Rechnung stellen ungeachtet unserer *Fähigkeiten?* Wenn das der Fall sein sollte, wäre sofort und mit Sicherheit zu sagen, daß uns das auf Dauer nicht weiterbringen wird. Wenn wir nur ihre Fähigkeiten und nichts sonst beachten wollen, können wir nicht gleichzeitig erwarten, daß sie sich für alles ausgenommen unsere Absichten interessieren.

Wenn wir aber zweitens die über 4 Jahre getätigten Waffenverkäufe im Werte von 11 Milliarden Dollar an die Perser gutheißen, müssen wir uns vor Augen halten, daß die Frage der Absichten vom sowjetischen Standpunkt aus nicht nur uns oder uns primär betreffen kann. Die Russen würden sich nicht zu fragen haben, was *wir* mit dieser enormen Ansammlung von Waffenmaterial im Sinn hätten, sondern was die Perser in Verbindung mit uns oder anderen damit zu tun beabsichtigten. Und darüber dürften sie nicht so leicht zur Ruhe kommen; denn während es zutrifft, daß die Erfahrungen der Perser mit ihren russischen Nachbarn im Laufe der Jahre nicht immer erfreulich waren, gab es auch Zeiten, da persisches Verhalten in dieser Beziehung für die Russen zu wünschen übrig ließ.

Diese Waffenverkäufe an den Iran sind natürlich nur ein Teil des Problems. Persien ist nicht das einzige Land in dieser Region, das einen massiven Zufluß an amerikanischen Waffen erhalten hat. Während derselben 4 Jahre (1973–1976) ließ man Saudi-Arabien entsprechende Käufe im Wert von nahezu 8 Milliarden Dollar in den Vereinigten Staaten tätigen. Und andere durften dies ebenso.

Es ist einfach unrealistisch anzunehmen, die Russen würde es nicht beunruhigen, daß sich plötzlich eine Flut amerikanischer Waffen über Länder ergießt, die unmittelbar oder nahe an ihrer empfindlichen Südgrenze liegen, oder sie fühlten sich nicht gezwungen, daraus entsprechende Rückschlüsse auf amerikanische Ziele in jenem Teil der Welt zu ziehen. Bestenfalls kann diese Situation eine Quelle ernsthafter Verwirrung sein; schlechtestenfalls kann sie etwas noch weit Gefährlicheres bedeuten.

Diejenigen, die diese massiven Waffenverkäufe an islamische Länder des Nahen Ostens genehmigt haben, verteidigen ihr Verhalten mit der Begründung, daß wir uns die gute Einstellung der gemäßigteren arabischen Länder erhalten müssen – daß das in Wirklichkeit ein Dienst an den Israelis ist, insoweit es den Einfluß der gemäßigten Araber auf Kosten der extremistischen vergrößert.

Zu dieser Auffassung muß prinzipiell etwas gesagt werden. Natürlich sollte man versuchen, die betreffenden Länder dazu zu ermuntern, sich hilfreich an einer friedlichen Regelung der arabisch-israelischen Frage zu beteiligen. Doch ob Waffenverkäufe

– und insbesondere Waffenverkäufe von solch großem Ausmaß – die beste Methode dazu sind, ist etwas anderes. Solche Verkäufe haben zunächst einmal tiefergehende Auswirkungen, wie wir gerade festgestellt haben. Und obwohl man als Waffenlieferant weiß, wem man die Waffen gibt, kann man doch nie ganz sicher sein, in wessen Hände sie am Ende wirklich gelangen. Waffen haben manchmal eine längere Lebensdauer als die Individuen, denen sie ursprünglich anvertraut wurden. Doch darüber hinaus und langfristig gesehen müssen wir zugeben, daß der durch das Bestehen des Staates Israel in seiner augenblicklichen Lage bedingte Konflikt nicht nur zwischen Israel und seinen unmittelbaren Nachbarn besteht, sondern bis zu einem gewissen Grad auch zwischen Israel und der gesamten islamischen Staatengemeinschaft dieser Region. Wozu noch die Tatsache kommt, daß Waffen – überreichlich vergeben – manchmal von einem Land in ein anderes wandern. Ist es zu einer Zeit, da man versucht, über Waffenlieferungen an Israel die eigene Verteidigungsfähigkeit dieser Nation zu gewährleisten, wirklich sinnvoll, zu versuchen, die Freundschaft einiger islamischer Nachbarn zu erkaufen durch Lieferung von noch größeren Waffenmengen? Gibt es keine geeigneteren Methoden, sich ihrer Unterstützung zu versichern? Wenig Dankbarkeit oder Wertschätzung ist nach meinem Dafürhalten mit großen Waffenlieferungen dieser Art zu verdienen – besonders, wenn sie in Form von Verkäufen, nicht Geschenken geschehen, und wenn das Empfängerland Geld in so riesigem Überfluß zur Verfügung hat, daß die Kosten der Waffen wenig oder gar nichts ausmachen.

Je eher deshalb aus all diesen Gründen die Verkäufe beschränkt und schließlich ganz aufgehoben werden, desto besser. Selbst im günstigsten Fall wird das noch lange Zeit in Anspruch nehmen; weil Aufträge erteilt und angenommen sind; Hersteller sich darauf eingestellt haben; Artikel in Vorbereitung sind; und schon gelieferte Artikel Ersatzteile brauchen, wenn ihr Wert erhalten bleiben soll. Doch es ist fast schon der letzte Augenblick, um damit zu beginnen.

Und diesen Beginn sollten wir im eigensten Interesse unternehmen – einseitig, ohne Gegenleistung von irgendeiner anderen Seite. Deshalb sollte daraus kein Gegenstand für Verhandlungen werden, die wir mit den Russen über Nahost-Probleme führen. Es wäre ein schlechter Grundsatz zu versuchen, einen Preis in Verhandlungen für etwas erzielen zu wollen, das man ohnehin zum eigenen Besten tun sollte – und jedenfalls tun würde; denn wenn man den Preis nicht bekommt, den man wünscht, kann man sich auswählen, ob man in Verhandlungen klein beigeben oder sich das Vorrecht verscherzen will, etwas zu tun, wovon man weiß, daß es im eigensten Interesse getan werden sollte. Wir dürfen sicher sein, daß wenn Washington ernsthaft entschlossen ist, diese unklugen und möglicherweise schädlichen Waffenverkäufe an einige Länder der Nahost-Region zu beenden, die Wirkung nur positiv sein kann, was die Erreichung unserer Ziele in den fraglichen Verhandlungen angeht.

Ein letzter Punkt muß noch erwähnt werden. Wenn sich die Russen auf die Probleme dieses Gebiets besinnen, sind sie gezwungen, daran nicht nur in Verbindung mit den soeben genannten Streitfragen zu denken, sondern auch mit Blick auf unsere Militärpräsenz in der Türkei und vielleicht in noch weiter entfernten Regionen. Das muß kein Diskussionsthema in den Gesprächen selbst sein, aber daß es die Russen im Verhandlungsfortgang beschäftigt, ist klar. Liegt doch die Türkei zwischen der Sowjetunion und einem Großteil des Gebiets, über das wir hier sprechen.

Die Frage der amerikanischen Militärpräsenz in der Türkei – und die der NATO – wird unten in anderem Zusammenhang behandelt werden. Aber es ist zu wünschen, daß jeder, der über mögliche sowjetisch-amerikanische Gespräche betreffs die Nahost-Probleme nachdenkt, diese Frage wenigstens im Hinterkopf haben sollte; denn die Russen weden sie mit Sicherheit in ihrem Hinterkopf haben und ihre Positionen wird nur der voll erfassen können, der dies erkannt hat.

# Zwischen Nahem und Fernem Osten VI

Östlich vom Iran erstreckt sich über einige tausend Meilen – den größten Teil von Süd-, Südostasien und dem südwestlichen Pazifik – ein Band neuer oder relativ neuer Staaten, zu denen Afghanistan, die Länder des indischen Subkontinents und Südostasiens, die Philippinen und Indonesien gehören. Mit einem runden Viertel der Weltbevölkerung ist dies natürlich ein überaus wichtiger Teil der Erdoberfläche. Doch muß ich sagen, daß ich keine vitalen Interessen der Vereinigten Staaten irgendwo in dieser Region sehen kann, und keinen Grund, warum unser Verhältnis zu irgendeinem der fraglichen Länder über die Ebene korrekter und uneigennütziger Beziehungen diplomatischer und geschäftlicher Natur hinausgehen sollte, die wir traditionellerweise im Umgang mit entfernt gelegenen Ländern pflegten, bevor wir uns in der Nachkriegsperiode zur Torheit universaler Verstrickung hinreißen ließen. Das muß die Aktivität privater amerikanischer Interessen kultureller oder geschäftlicher Art nicht ausschließen, insoweit sie den fraglichen Regierungen genehm ist. Es schließt auch Anstrengungen unserer Regierung nicht aus, unter besonderen Umständen – wie im Fall von Katastrophen – Hilfe zu leisten. Es schließt nicht einmal gewisse Entwicklungshilfe aus, obwohl diese eher auf internationalen Kanälen als bilateral ausgeweitet werden sollte. Was damit ausgeschlossen wird, sind politische Verwicklung, Militärhilfe, Verbindung zu Regionalpakten sowie Anstrengungen, Druck auf die jeweiligen Regierungen zugunsten einer Veränderung der politischen Systeme oder Gewohnheiten der fraglichen Völker geltend zu machen. Daraus ergibt sich mit anderen Worten ein entspanntes, normales Verhältnis, in dem unsere Regierung zwar Verantwortung für korrektes und verständnisvolles eigenes Verhalten übernimmt, keine solche Verantwortung jedoch für deren Verhalten, und in dem sie Interesse an deren Beziehungen zu Drittstaaten nur zeigt, wenn oder falls diese sich in feindlicher Weise gegen die USA richten.

So viel zum Allgemeinen und nun zum Besonderen.

**1. Pakistan**

Einige werden wahrscheinlich behaupten, daß Pakistan eine Ausnahme darstelle infolge unseres Wunschs, militärische oder paramilitärische Einrichtungen dort zu behalten. Das ist ein Punkt, der aufs engste unsere Beziehungen zur Sowjetunion berührt, und wir werden Gelegenheit haben, darauf in jenem Zusammenhang noch ausführlicher einzugehen. Fürs erste sei nur gesagt, daß ich persönlich nicht glauben kann, daß die Notwendigkeit oder der Vorteil einer Beibehaltung dieser Einrichtungen so groß ist, daß dadurch die offenkundigen Nachteile aufgewogen werden. Ihre Wirkung bestand bis jetzt nicht nur darin, unsere Beziehung zu Pakistan selbst in ein schiefes Licht zu rücken, indem wir uns mit Blick auf die dortige Regierung anders als unter normalen Umständen verhielten, sondern sie hat auch leider zu einer Störung unserer Beziehung zu Pakistans Nachbar, speziell Indien, geführt. Damit wird aus rein militärischen Erwägungen – und fraglichen noch dazu – ein Beziehungsmuster verzerrt, das sonst klar, konsequent und einwandfrei wäre.

**2. Indien**

Indien ist, wie gerade bemerkt, ein Land, zu dem unsere Beziehungen ungünstig beeinflußt wurden durch unsere Verwicklung mit Pakistan. Hinzu kommt, daß der autoritäre Herrschaftsstil von Frau Gandhi einige Auswirkungen auf die öffentliche Meinung und bis zu einem gewissen Grad auf die Politik in Amerika hatte. Einer dieser Faktoren ist bereits verschwunden. Bleibt zu hoffen, daß auch der andere bald entfällt.

Ich bin mir natürlich der speziellen Bedeutung bewußt, die Indien für viele Amerikaner hatte, und auch der vor einigen Jahren noch so großen Hoffnungen, daß Indien eines Tages als enger Verbündeter der Vereinigten Staaten erscheinen und ein anregendes Beispiel für den Erfolg demokratischer Institutionen als der Grundlage für die Entwicklung eines großen Landes liefern könnte. Nun – die Erfahrung scheint die so zuversichtlichen Erwartungen auf beiden Seiten gedämpft zu haben. Und vielleicht ist das gar nicht schlecht. Die maßvolle Einmischung der Sowjetunion in indische Angelegenheiten braucht uns nicht sonderlich zu besorgen. Auch sie wird am Ende – wie unsere eigene frühere Einmischung – die Würdigung erfahren, die ihr zukommt. Vielleicht wird ein mit weniger hochfliegenden Erwartungen und Empfindungen befrachtetes indisch-amerikanisches Verhältnis eines Tages Gelegenheiten für gewinnbringende Zusammenarbeit eröffnen, die größer sind, als man sich jetzt vorzustellen vermag. Wir können es uns jedenfalls leisten, darauf zu warten.

### 3. Südostasien

Mit noch viel größerem Nachdruck läßt sich das in bezug auf Südostasien sagen. Ich finde es überraschend, wie sehr sich Teile der amerikanischen Presse und anderer Medien nach wie vor für Angelegenheiten dieses Gebiets interessieren. Wenn es irgendwelche Menschen gibt, von denen wir mit Sicherheit nichts mehr zu erhoffen haben, so sind das bestimmt die Menschen dieser unglückseligen Region. Doppelt überraschend sind die gelegentlichen Empfehlungen, daß im Falle einer Wiederherstellung der Beziehungen zu den betreffenden Regierungen auch die US-Hilfe in irgendeiner Form wieder aufgenommen werden sollte. Wann – wann endlich, so fragt man sich, werden wir diese seltsam fixe Idee überwunden haben, daß eine normale Beziehung der Vereinigten Staaten zu einem kleineren Land automatisch mit Hilfeleistung an dieses verbunden sein muß? Und wo bleibt in diesem speziellen Fall wiederum unser Gespür für Würde?

Unsere jüngsten Erfahrungen in jenem Teil der Welt – unser Bemühen, unsere Fehleinschätzungen, unser Versagen – sind noch frisch in jedermanns Erinnerung. Niemand war während der fraglichen Jahre stärker als ich von der Torheit dieses Unternehmens überzeugt. Wir verschätzten uns in mehrfacher Hinsicht. Wir fanden, daß sich die Operation nicht wie geplant zum Abschluß bringen ließ. Sehr gut. Wir erkannten unseren Mißerfolg, steckten unsere Verluste ein und gaben auf. Jetzt geht es darum, daß wir uns verstandes- und gefühlsmäßig stillschweigend mit dieser Erfahrung abfinden.

Nichts davon rechtfertigt jedoch das Verhalten unserer ehemaligen Gegner in Südostasien. Konsequent, skrupellos und leidenschaftlich verdrehten sie Motive und Art unserer Intervention in Vietnam, verleumdeten unser Volk und schlugen Kapital aus unserer Niederlage. Ihr eigenes politisches Verhalten war klar beherrscht von einer drängenden Machtgier, die sich bequem hinter Ideologie und Nationalismus verbergen ließ. Die eiserne Faust, mit der sie in der Folge die Menschen regierten, die unter ihre Herrschaft geraten waren, ist vom politischen Standpunkt und dem der menschlichen Freiheit aus um ein vielfaches schlimmer als alles, was wir denselben Menschen zu bringen versuchten. Wieder einmal – wie im Falle Kubas – ist es gut möglich, daß sie am Ende (nicht bald) Erfolg haben werden mit der Schaffung ihrer eigenen Version einer pseudo-marxistischen Kultur, in der tatsächlich gewisse Schattenseiten des Lebens beseitigt werden, die sich vor und während unserer Verwicklung in diesen Ländern ungehindert entfalten konnten, in der weiterhin ein gewisses Minimum im Lebensstandard geschaffen wird, das der breiten Bevölkerung die Gewähr bietet, wirtschaftlich nicht noch tiefer zu fallen, und in der diesen Menschen zwar keine politischen Freiheiten, doch immerhin Genugtuungen geboten werden, wie sie in puritanischer Gleichmacherei und dem Fehlen einer jeglichen auffälligen Präsenz des Auslands stecken.

Na, und? Mögen andere darüber streiten, inwieweit dies den ganz anderen Bedingungen vorzuziehen ist – oder auch nicht –, die wir in unserem amerikanischen Provinzialismus und unserer Naivität einst diesen Menschen bringen wollten. Wir brauchen darüber kein Urteil zu fällen. Am allerwenigsten müssen wir uns in irgendeiner Weise verantwortlich fühlen für die weiteren Vorgänge in dieser Region. Es besteht kein Grund, warum wir es eilig haben müßten, Beziehungen irgendwelcher Art mit den betreffenden Regierungen aufzunehmen oder irgendein besonderes Interesse an dem zu zeigen, was sie gerade tun. Sie haben gewonnen. Wir verloren. Jetzt sind sie dran. Wir können zufrieden sein, wenn möglichst viel Zeit vergeht, bevor es uns nötig scheint, mit ihnen wieder in Verbindung zu treten. Und wenn sich in der Zwischenzeit die Chinesen oder Russen in ihre Angelegenheiten einmischen, sollten wir uns sagen: Ihr seid einander herzlich willkommen; es geschieht euch beiden recht.

## 4. Die Philippinen

Unsere Beziehung zu den Philippinen im Laufe der letzten 80 Jahre war eng und verwickelt. Es ist hier nicht meine Absicht, unser Verhalten in dieser Beziehung als Triumph einer konsequent liberalen und aufgeklärten Einstellung zu beschreiben. Ich bin sicher, daß man auf viele Weichenstellungen hinweisen könnte, wo wir uns für die falsche Richtung entschieden. Natürlich befreiten wir sie von den Spaniern. Vielleicht war das im Licht der Geschichte alles falsch. Vielleicht hätten wir sie ihrem Schicksal überlassen sollen: auf daß sie vermutlich zu irgendeinem Zeitpunkt in ähnlicher Weise von den Briten, Deutschen oder Japanern befreit worden wären. Vielleicht wäre das anständiger gewesen. In jedem Fall versuchten wir mit Entschiedenheit, ihnen in den folgenden Jahrzehnten eine annehmbare Interimsherrschaft zu geben, einen gewissen Grad an wirtschaftlichem und politischem Fortschritt und mit der Zeit auch einen offenen Zugang zur Unabhängigkeit. Wir warteten nicht auf die antikolonialen Zwänge der Zeit nach dem II. Weltkrieg, bevor wir ihnen am Ende einer vernünftigen Übergangsperiode die Unabhängigkeit anboten; und als dieser Zeitpunkt gekommen war, übernahmen wir die eigentliche Verpflichtung diesem Land gegenüber. Es könnte der Einwand kommen, daß wir dafür verantwortlich waren, daß sie zuerst in den Krieg mit Japan hineingezogen wurden. Wir waren es aber auch, die sie unter sehr großen Opfern an Menschenleben und Substanz von den Japanern befreiten. Und in den über 30 Jahren ihrer Unabhängigkeit haben wir sie mit jeder erdenkbaren Art von Entwicklungs- und Finanzhilfe überschüttet.

Wenn am Ende dieser langen und verwickelten Geschichte noch etwas von moralischer Ausgewogenheit zu unseren Gunsten bleibt, sind sich die philippinischen Führer, wie mir scheint, dessen nicht besonders bewußt gewesen. Auch hat das Ausmaß an innenpolitischer Stabilität nicht gerade die Vermutung bestärkt, daß fortgesetztes Interesse unsererseits sich für uns oder die philippinische Bevölkerung insgesamt lohnen würde. Namentlich die Amerikaner, deren Hauptanliegen darin bestand, die demokratischen Institutionen auf den Inseln zu entwickeln, können sich nach 30 Jahren Unabhängigkeit in ihrem Vorhaben kaum ermutigt fühlen.

Im Gefolge des II. Weltkriegs unterhielten wir auf den Philippinen natürlich eine Reihe von Basen für unsere Streitkräfte. Diese Praxis vertrug sich unserer ursprünglichen Auffassung nach durchaus mit dem Wunsch der philippinischen Regierung; und in der Tat wurde dafür auch eine Art regionaler ebenso wie philippinischer Absegnung erteilt in Form der Gründung der Südostasiatischen Verteidigungsorganisation (SEATO) im Jahre 1954.

Einige der Basen wurden nach und nach in den folgenden Jahren entfernt. Zwei jedoch – die Clark Air Force Base und die Subic Bay Naval Base – bestehen nach wie vor.

Die ursprüngliche Rechtfertigung für die Aufrechterhaltung dieser zwei Basen ist inzwischen weitgehend ausgehöhlt worden. Unsere Verwicklung in Südostasien hat ihr Ende gefunden. Rotchina wird nicht länger als Feind betrachtet. Unsere Militärpräsenz auf Formosa ist auch in Auflösung begriffen – und der Prozeß ist nahezu komplett. Die SEATO selbst hat aufgehört zu bestehen.

Unter diesen Umständen hat Präsident Marcos, der sich jetzt in einer etwas anderen internationalen Situation als noch vor einigen Jahren befindet, wiederholt und, wie mir scheint, nicht gerade höflich unseren Verzicht auf die zwei verbleibenden Basen verlangt. Und als wir einen gewissen Widerstand diesbezüglich erkennen ließen (mir ist nicht ganz klar, wieso), forderte er tatsächlich einen Tribut von mindestens einer Milliarde Dollar für das Vorrecht, sie auch weiterhin dort zu unterhalten.

Wie schon angedeutet, ich kann überhaupt keinen Grund sehen, warum ein Tribut dieser Art zu zahlen sein sollte – betrage er nun eine Milliarde Dollar oder was sonst immer; auch kann ich keinen Grund sehen, warum die Basen sofort geräumt werden sollten. Selbst wenn sie für unsere Schiffahrts- und Militärinteressen dringend erforderlich wären (was aber offenkundig nicht der Fall ist), wäre es politisch und psychologisch absolut falsch, sich anzugewöhnen, diese Art von finanziellem Preis (der sich mit den Jahren bestimmt erhöhen würde) für das Privileg zu bezahlen, sie behalten zu dürfen. Die ursprüngliche Theorie ging doch dahin, daß sie zur Verteidigung der Philippinen ebenso wie zu unserer eigenen und dem allgemeinen Frieden der Region beitragen sollten. Wenn die Filipinos dies nicht länger so sehen, wäre dadurch allein schon ein Gutteil der Rechtfertigung für ihre Beibehaltung hinfällig.

Die Position, auf dem Gebiet eines kleineren Staates militärische Einrichtungen zu unterhalten, die die Regierung dieses kleineren Staates dort nicht wünscht, und riesige jährliche Bestechungsgelder zu zahlen, um die Führer dieses Staates bei guter Laune zu halten und sie zu veranlassen, sich widerstrebend und augenblicklich dieser Praxis anzupassen, ist keine Position, in die die Vereinigten Staaten freiwillig hineingeraten dürften. Die amerikanische Antwort auf die jetzt bestehende Situation sollte mit Sicherheit die unmittelbare, vollständige, entschlossene und kommentarlose Rücknahme der dort unterhaltenen Einrichtungen samt ihrer Ausrüstung sein, wobei die philippinische Regierung nur den Grundbesitz behalten sollte. Wir können einen sehr nützlichen Präzedenzfall für das, was zu tun ist, finden, wenn wir uns an die prompte und resolute Art erinnern, in der General de Gaulle die Franzosen veranlaßte, sich aus einer Reihe ihrer afrikanischen Kolonien zurückzuziehen, als diese ihre Unabhängigkeit forderten. Die Konsequenzen waren in keiner Weise unheilvoll. Im Gegenteil – Frankreichs Beziehungen zu einigen dieser Staaten in den folgenden Jahren gehörten mit zu den erfreulichsten, die sich zwischen einer früheren europäischen Kolonialmacht und ihren ehemaligen Kolonien überhaupt je ergeben konnte. Es ist höchste Zeit, daß auch wir unserer Praxis ein Ende setzen, andere Völker beides haben zu lassen.

# Der Ferne Osten VII

## 1. China

Wenn wir uns mit Südostasien nicht länger befassen müssen, was ich sehnlichst hoffe, dann können wir uns den Ländern zuwenden, die nördlich davon liegen. Unter ihnen rangiert an erster Stelle natürlich China.

Dieses große Land befindet sich so kurz nach dem Tode Maos wieder einmal in einer kritischen inneren Übergangsphase. Dem Ausgang dieses Prozesses können wir mit Gelassenheit entgegensehen; er mag uns jedoch eine nützliche Mahnung dafür sein, wie gefährlich es ist, in unseren auswärtigen Beziehungen zu weitgehend auf Einzelpersönlichkeiten an der Spitze eines anderen Staates zu bauen. Diese kommen und gehen; der Staat aber bleibt. Wenn amerikanische Politik so angelegt sein soll, daß sie die zeitliche Bewährungsprobe besteht, ist es besser, auf die langfristigen Interessen und Verhaltensweisen eines Staates als auf die Persönlichkeiten zu achten, die gerade an seiner Spitze stehen. Was nicht bedeutet, daß Persönlichkeiten ignoriert werden können – namentlich die großen und beherrschenden, zu denen Mao natürlich gehörte. Es bedeutet lediglich, daß man nicht zu viel Vertrauen in Persönlichkeiten setzen sollte, wenn und falls ihre Politik radikal von dem abweicht, was die natürliche und traditionelle Verhaltensart des fraglichen Staates zu sein scheint.

China hat in seinem nationalen Leben eine epochale Umwälzung erlebt, durch die es noch nicht ganz hindurch ist. Diese Umwälzung wird ihre Spuren in der chinesischen Gesellschaft hinterlassen; wobei wir tatsächlich nicht erwarten können, daß die Gesellschaft jemals ganz wieder das sein wird, was sie vor dem Erscheinen Maos gewesen ist. Doch vom chinesischen Volk kann in fast jeder Hinsicht angenommen werden, daß es weiterhin sein wird, was es in der Vergangenheit gewesen ist: ein großes Volk, enorm intelligent, hoch talentiert als Schöpfer und Träger einer Zivilisation, doch völlig anders als wir, an der Oberfläche höflich und (bis zu einem gewissen Grad) förmlich, doch im Inneren reserviert in seinen Beziehungen zu Ausländern, kein Volk, das sich leicht hergibt zu irgendeinem vertrauten Umgang mit Nicht-Chinesen und besonders mit Nicht-Orientalen. Wir sollten uns nicht irritieren lassen von einer gewissen Leichtigkeit im Umgang mit Ausländern, die die Chinesen sehr deutlich von ihren japanischen Nachbarn unterscheidet. Sie könnte so erscheinen, als erleichtere sie den Verständigungsprozeß. Öfter verschleiert sie Differenzen, die um so tiefer gehen, weil sie so selten offen einander vorgehalten werden.

Die Amerikaner blicken jetzt auf eine Geschichte zurück, die sie seit mehr als einem Jahrhundert mit den Chinesen berührt und verwickelt. Die Erinnerung daran ist nicht sehr rühmlich für uns. Motive kommerziellen oder persönlichen Gewinns sind zu oft vermischt worden mit solchen angeblicher religiöser oder politischer Selbstlosigkeit. Die Einstellungen von Amerikanern, die ausgiebig mit den Chinesen zu tun hatten, haben geschwankt zwischen einem extremen und ungerechtfertigten Zynismus und einer gönnerhaften Gefühlsduselei. Viele von denen, die dort ansässig waren, ließen sich auf raffinierte Weise korrumpieren von den verschiedenen Reizen, die ein Ausländer in einem chinesischen Milieu erlebt; und die Chinesen selbst zeigten sich (wofür man sie nicht tadeln kann) höchst geschickt darin, diese Korruption zu fördern und unmerklich zum eigenen Vorteil auszunutzen. Es gab natürlich immer bedeutende Ausnahmen; aber im großen und ganzen kann gesagt werden, daß die Kontakte zwischen einzelnen Amerikanern und den Chinesen in früheren Dekaden – vor Mao – sich nie im besten Licht zeigten und keinem sehr gut taten. Einer der konstruktiven Züge der Mao-Periode war nach meinem Dafürhalten die Entfernung der dort lebenden Amerikaner aus der chinesischen Gesellschaft und die Rückführung unserer Beziehungen dorthin, wohin sie unter diesen Umständen am besten gehören: auf den Verkehr zwischen verantwortlichen Repräsentanten der Regierungen. Wenn Kontakte von Mensch zu Mensch zwischen Amerikanern und Chinesen je wieder in größerem Umfang aufgenommen werden sollten – und besonders solche, die den längeren Aufenthalt einer gewissen Zahl von Amerikanern in China mit sich bringen –, sollten sie, so sonderbar das für amerikanische Ohren klingen mag, sorgfältig abgestimmt und genau kontrolliert werden.

Unsere Beziehungen zum gegenwärtigen chinesischen Regime sind eine vertraute Geschichte, die nicht noch einmal erzählt werden muß. Die zentrale Schwierigkeit liegt nach Ansicht vieler Menschen hier in der Tatsache, daß es sich um ein Regime handelt, das auf seine eigene seltsame Art kommunistischen Prinzipien verpflichtet und uns gegenüber höchst mißtrauisch ist. Aber wichtiger noch als die ideologischen Differenzen (die, wie wir im Falle Rußlands gesehen haben, an sich friedliche Koexistenz oder normale offizielle Beziehungen nicht ausschließen) ist der rein traditionell und nationalistisch zu verstehende Streitpunkt gewesen, der sich aus dem amerikanischen Verhältnis zum Taiwan-Regime ergab.

Die Führer der USA in der Zeit zwischen 1943 und 1948 begingen zwei schwere Fehler in dieser Richtung. Der erste war das Versprechen an Tschiang Kai-schek auf der Kairo-Konferenz Ende 1942, daß wir die Wiedereingliederung Taiwans in China unterstützen würden – und das, bevor wir irgendeine Gelegenheit gehabt hatten, mit anderen interessierten Mächten darüber zu beraten oder die Wünsche der Bewohner zu testen. (Vielleicht würden einige von denen, die begierig sind, die psychologischen Wurzeln amerikanischen Verhaltens auf außenpolitischem Feld zu ergründen, gern einmal prüfen, warum man die Forderung nach „Mehrheitsherrschaft" so oft im Hinblick auf Südafrika und andere Regionen erhoben hört, aber fast nie im Hinblick auf Formosa.) Der zweite war, dem Tschiang-Regime als dem seinerzeit erfolglosen Mitstreiter um die höchste Macht auf dem Festland zu erlauben, sich auf die Insel zurückzuziehen und dort festzusetzen mit dem von uns anerkannten Anspruch, die Regierung von ganz China zu sein. Die Folgen dieser Fehler machen uns seither in unseren Beziehungen zu Peking schwer zu schaffen.

Diese zwei Fehler standen in enger Verbindung miteinander; und das macht es doppelt schwer, sie heute ungeschehen zu machen. Theoretisch hätten wir uns vor Jahren – bevor Beziehungen zum gegenwärtigen Peking-Regime aufgenommen wurden – zugunsten von Selbstbestimmung für die Bewohner der Insel aussprechen können, mit der Forderung, daß ihnen eine Art plebiszitärer Wahl zwischen drei denkbaren Möglichkeiten gegeben werde: Unabhängigkeit, weiterer Zugehörigkeit zu Japan oder Wiedereingliederung in China. Doch hätte das sowohl die Unterminierung des Anspruchs der Tschiang-Regierung bedeutet, von Formosa-Taiwan aus als die legitime Regierung Chinas zu herrschen, als auch die Abkehr von unserem 1943 bekundeten Engagement bezüglich der These, daß die Insel ein maßgeblicher Teil Chinas sei. Wir hätten umgekehrt unsere Anerkennung des Tschiang-Regimes als der legitimen Regierung ganz Chinas zurückziehen können, doch damit hätten wir Zweifel in die Richtigkeit seiner Position und Handlungsweise auf Taiwan gesetzt und uns folglich damit abfinden müssen, daß die Insel wieder der legitimen Regierung Chinas anheimfällt – was immer sie *war*, wenn nicht die von Chiang. Kurzum – wir brachten uns in eine Situation großer Verwirrung; und in ihr befinden wir uns noch heute.

Die Aktion von Nixon und Kissinger im Hinblick auf die Herstellung von de facto-Beziehungen zum Peking-Regime war an sich konstruktiv, obwohl sie es noch weit mehr hätte sein können, wenn sie auf normale und geschäftsmäßige Weise ausgeführt worden wäre – ohne das Theater der Nixon-Reise nach Peking. Es gibt keinen Grund, warum man keine de facto-Beziehungen oder sogar (je nach den Umständen) de jure-Beziehungen zu einem kommunistischen Regime unterhalten sollte, wenn dadurch nützlichen praktischen Zwecken gedient werden könnte. Man muß zugeben, daß nur dank der vereinten taktischen Begabung von Kissinger und Tschou En-lai ein Weg gefunden werden konnte, dies praktisch, wenn nicht theoretisch in Einklang zu bringen mit unserer fortbestehenden de jure-Anerkennung des Regimes auf Taiwan. Doch diese Glanzleistung sollte nur von begrenzter Dauer sein. Man hatte nie beabsichtigt oder erwartet, daß die Situation unbegrenzt anhalte. Chinesische Geduld ist zumindest in Peking jetzt im Schwinden begriffen. Vermutlich muß bald etwas mehr geschehen.

Es ist wahrscheinlich zu spät, um zu etwas Ähnlichem wie der Selbstbestimmung für die Taiwanesen zurückzukehren. Das würde, so sehr es traditioneller amerikanischer Politik entspräche, jetzt unsere Beziehungen zu beiden Regimen zerstören. Eine völlige Aufgabe des nationalchinesischen Regimes ist ebenfalls undenkbar. Die Insel ist unter seiner Führung zu gut mit dem quasiunabhängigen Zustand fertiggeworden und hat eine Lebens- und Wirtschaftsform entwickelt, die zu stark abweicht von der des Festlands, um jetzt plötzlich auf diese Art geopfert werden zu können. So, wie die Chinesen angelegt sind, darf man annehmen, daß das nationalchinesische Regime, das durchaus über eine gewisse Verhandlungsstärke gegenüber dem Festland verfügt, es am Ende schaffen wird, zu irgendeinem Kompromiß zu gelangen, der der Insel einen halbautonomen Status geben wird als Gegenleistung für deren Verzicht auf den Alleinvertretungsanspruch über ganz China. Wir sollten dafür sorgen, daß nichts getan wird, was solch eine Regelung behindern könnte.

Gegenwärtig haben wir nur zwei positive Möglichkeiten. Als erstes könnten wir unsere Vertretung auf Taiwan auf einen de facto-Status herunterschrauben. Dafür gibt es Präzedenzfälle in den Aktionen anderer Mächte aus jüngster Zeit. Dies sollte so bald und so taktvoll wie möglich geschehen, wobei klar zu machen wäre, daß diese Veränderung auch die automatische Annullierung des Verteidigungsvertrages mit dem Taiwan-Regime bedeuten würde – bis auf die Vorbehalte, zu denen wir uns theoretisch noch verpflichtet haben. Das ist etwas, wozu kein Amerikaner leichten Herzens bereit sein dürfte; denn es ist eine schäbige Art, in der eine Regierung behandelt wird, zu der man lange Zeit gute Beziehungen hatte; aber es ist ein Schritt, der ab einem gewissen Zeitpunkt einfach unumgänglich wird – und es wird wahrscheinlich leichter für eine neue Administration sein, ihn zu Beginn ihrer Amtszeit zu tun, wenn sie persönlich noch nicht so viel mit dem fraglichen Regime zu tun hatte, als später, wenn engere persönliche Bande geknüpft sind.

Diesen Schritt zu tun, heißt fraglos, unsere Beziehungen zu Peking zu erleichtern. Aber er wird uns mit einer zweiten Frage konfrontieren, die darin besteht: Ob unsere Vertretung in Peking dann unmittelbar zu vollem de jure-Status aufgewertet werden soll. Das wird von einigen sehr kenntnisreichen Leuten empfohlen. Es dürfte früher oder später auch zu erwarten sein. Man könnte jedoch einwenden, daß wir aus dem Respekt für das Regime auf Taiwan heraus diesen Schritt verzögern sollten, bis irgendein akzeptables Übereinkommen zwischen den zwei rivalisierenden Regimen erreicht ist. Ebenso gut könnte behauptet werden, daß solch ein unparteiisches Verfahren uns weniger Türen verschließen würde und uns einen größeren Entscheidungsspielraum gegenüber dem Problem insgesamt lassen würde.

Ich bezweifle, daß ein Außenstehender klar alle Aspekte dieser höchst schwierigen Frage erkennen kann, und ich kann kommentierend nicht mehr darüber sagen. Es dürfte sich in jedem Falle empfehlen, mit den Japanern darüber zu sprechen, bevor wir auf der Suche nach der richtigen Lösung weiter voranschreiten, denn obwohl sie sich klar und eindeutig zur Peking-Position bekannt haben, könnten ihre Ansichten aufschlußreich sein.

Wenn diese Frage unserer Beziehungen zu Taiwan endlich in einer für Peking annehmbaren Weise geregelt ist und unsere Beziehungen zum kommunistischen China somit in aller Form normalisiert sind, werden wir es mit der Gestaltung unserer langfristigen Beziehungen zu diesem Staat zu tun haben. Das wird natürlich in der Behandlung einer Menge praktischer Tagesprobleme geschehen. Es gibt keinen ersichtlichen Grund, warum wir schon zu diesem frühen Zeitpunkt weite allgemeine Schlußfolgerungen ziehen sollten. Doch zwei oder drei Bemerkungen sind vielleicht am Platze.

Zuerst sollten wir sehr darauf bedacht sein, nicht zu versuchen, daß dieses Verhältnis sich zu weit und zu schnell entwickelt. Es ist schwierig und enthält viele Möglichkeiten für Reibungsflächen und Mißverständnisse. Wir sollten uns immer der großen Unterschiede im Hinblick auf Erfahrung, Weltanschauung und Mentalität bewußt bleiben (ganz zu schweigen von denen des bloßen nationalen Interesses), die uns von den Chinesen trennen, und demgemäß darauf achten, uns nicht zu Handlungen oder Verwicklungen drängen zu lassen, die leicht das eine für sie und das andere für uns bedeuten könnten. Mit Menschen, die sehr verschieden von einem selbst sind, ist ein höfliches, respektvolles, doch leicht distanziertes und formales Verhältnis manchmal besser und weniger gefährlich als der überschwenglich gesuchte vertraute Umgang. Die Chinesen werden in vielerlei Hinsicht Vorbehalte uns gegenüber haben. So wollen auch wir einige ihnen gegenüber haben – wenigstens, bis wir auf festem Boden stehen.

Ich weiß, es gibt Leute, die von einer viel engeren und hochpolitischen Verbindung mit den Chinesen träumen. Sie haben Träume – merkwürdig altmodische Träume, die aus früheren Jahrzehnten stammen könnten – von den Chinesen als unseren großen Freunden und Partnern nicht nur in fernöstlichen Angelegenheiten, sondern in der Weltpolitik allgemein. Sie würden gerne sehen, daß wir die Verwirklichung dieser Träume ohne Zögern in Angriff nehmen.

Ich kann für solch eine Ansicht nirgends eine Grundlage erkennen. China hat aus geographischen und historischen Gründen eine völlig andere Position in der Weltpolitik als wir. Es hat seine vielfältigen nationalen Interessen, die völlig verschieden von den unseren sind. Die betreffenden Interessen stehen zwar nicht im Widerstreit miteinander – ausgenommen in bezug auf gelegentliche Aktivitäten in der Dritten Welt –, aber sie sind auch noch weit davon entfernt, identisch zu sein. So sollten wir zusammenarbeiten, wo immer wir können, und dort, wo es nicht geht, mit Streiten aufhören, und sehen, ob es nicht möglich ist, trotz unserer Differenzen einstweilen friedlich zusammenzuleben, wobei vom jeweils anderen nicht zu viel – oder zu wenig – verlangt werden darf.

Ernsthafter – in der Tat eine wirkliche Verirrung amerikanischen Denkens über die Zukunft unserer Beziehungen zu China – ist die Ansicht, daß wir mit unseren Beziehungen zu China die Sowjetunion ausspielen sollten, mit anderen Worten versuchen sollten, China als ein Instrument zur Förderung unserer eigenen und Schmälerung der sowjetischen Interessen im sowjetisch-amerikanischen Verhältnis zu benutzen. Wie sehr ich solch einen Rat mißbillige, vermag ich kaum zu sagen. Er setzt eine größere Grundidentität unserer langfristigen Interessen mit China als mit Rußland voraus – etwas, das überhaupt nicht erwiesen ist. Er würde uns in einen sino-sowjetischen Konflikt hineinziehen, dessen Streitfragen nichts mit unseren eigenen Interessen zu tun haben. Er würde unsere Beziehungen zur Sowjetunion mit einer unnötigen Bürde mehr belasten und uns in einer geschwächten Position lassen, wenn die zwei großen kommunistischen Mächte irgendwie zur Beilegung ihrer Differenzen gelangen sollten – etwas, wozu sie fähig wären, ohne uns im geringsten zu beachten, wenn es ihren Interessen diente.

Doch am schlimmsten von allen – mit unserem Engagement in diesem Konflikt auf der einen oder anderen Seite wäre ein Grundprinzip amerikanischer Außenpolitik – vielleicht das wesentlichste – berührt: daß nämlich schlechte Beziehungen zu einem dritten Staat nie, aber auch gar nie für eine andere Regierung der Preis für Amerikas Freundschaft sein sollte; auch sollte diese Freundschaft niemals ausgeweitet werden als Belohnung oder Ermunterung für solch schlechte Beziehungen. Die Welt hat schon Probleme genug, ohne daß wir noch zu deren Vergrößerung beitragen müßten. Wenn wir von der Erkenntnis ausgehen, daß Krieg und Konflikt zwischen Großmächten in unserer Zeit nie zu glücklichen Ergebnissen geführt haben, dürfen wir diese Lektion im vorliegenden Fall nicht außer Acht lassen. Es kann natürlich behauptet werden – allerdings nur aus einfachster und militaristischster Sicht (nur aus einer Sicht, die Krieg zwischen der Sowjetunion und den Vereinigten Staaten für praktisch unvermeidlich hält) –, daß der sino-sowjetische Konflikt dem Westen in seinem Konflikt mit der Sowjetunion genützt hat. Sollte dem so sein, wäre es ein billiger und kurzlebiger Sieg. Die westliche Gemeinschaft muß andere, solidere und positivere Wege finden als den der Verbesserung ihrer Beziehung zur Sowjetunion über ein Ausspielen der chinesischen Karte, wenn die von uns allen befürchtete Katastrophe abgewendet werden soll und wenn die großen konstruktiven Möglichkeiten des sowjetisch-amerikanischen Verhältnisses zu guter Letzt verwirklicht werden sollen.

## 2. Japan

Außer Frage steht, daß der Eckstein amerikanischer Politik im Fernen Osten Japan zu sein hat.

Dafür gibt es verschiedene Gründe. Einer von ihnen ist geographischer oder, wenn man so will, geopolitischer Art. Japan steht in einem ähnlichen Verhältnis zum asiatischen Festland wie die britischen Inseln zum europäischen. Wie Großbritannien und wie auch wir ist Japan eine große Übersee- und Handelsmacht. Es teilt in dieser Hinsicht viele unserer eigenen Interessen. Wie wir ist es darauf bedacht, daß auf dem asiatischen Festland ein vernünftiges Kräftegleichgewicht erhalten bleibt. Es ist darum besorgt, daß es nicht in den Konflikt zwischen den zwei großen kommunistischen Mächten des Festlands verwickelt wird und daß um jeden Preis verhindert wird, daß der Konflikt militärische Formen annimmt. Es teilt unsere Sorge für die Sicherheit des Nordpazifik, in dessen Raum unser größtes strategisches Interesse liegt.

Japan ist ferner *die* große Industriewerkstatt des Fernen Ostens. Nichts sonst ist gegenwärtig mit ihr vergleichbar. Es ist der einzige Platz, wo all die Rüstungselemente moderner Streitkräfte – von den einfachsten bis zu den kompliziertesten – produziert werden können – wenn nötig, auf kurzes Kommando hin. Sollte dieses Potential unter Kontrolle von oder in enge Verbindung mit einer der zwei großen kommunistischen Landmächte geraten, läßt sich nicht voraussagen, wozu es dann benutzt wird, und schon gar nicht wissen, ob es unserer Sicherheit zuträglich ist. Solange ein Verhältnis gegenseitigen Vertrauens, der Gemeinsamkeit der Ziele und der loyalen Zusammenarbeit zwischen den Japanern und uns vorherrscht, können wir sicher sein, daß dieses bedeutende Zentrum industrieller und geschäftlicher Aktivität eine Kraft für den Frieden sein wird. Sich selbst überlassen, würden die Japaner, um totaler Isolation zu entgehen, ihren Beziehungen zu ihren großen Festlandnachbarn einen völlig anderen Stellenwert einräumen müssen; und wir könnten nie sicher sein, wo diese neuen Beziehungen ihr Ende finden würden. Anders ausgedrückt – Japans Industriemacht ist ein so gewaltiger Faktor in der Weltpolitik, daß zwangsläufig sehr viel Gutes oder sehr viel Schlechtes damit bewirkt werden kann. Solange wir ein enges und solides Verhältnis zu den Japanern haben, können wir hoffen, letzteres zu verhüten. Wenn wir dieses Verhältnis verlieren, weiß keiner, was passiert.

All das ist wichtig; doch es ist noch nicht das Wichtigste. Das Wichtigste ist etwas anderes, das sich sehr schwer beschreiben läßt: und zwar ist es die sonderbare Art, wie wir in unseren Beziehungen zu den Japanern moralischen Pflichten und Gelegenheiten entsprechen müssen. Sind sie doch ein bemerkenswertes Volk: hochintelligent, enorm fleißig, empfindsam, nachdenklich, oft sogar grüblerisch, für Kommunikation so ungeeignet wie die Chinesen geschickt sind, aber nicht so egozentrisch wie diese, mehr interessiert als sie an dem, was um sie herum auf der Welt – einschließlich in Amerika – geschieht, und ausgestattet (zumindest in ihren feinsten Zügen) mit einem bemerkenswerten, tragischen und manchmal sogar vornehmen Ernst in ihrer Gesinnung und ihrem Pflichtbewußtsein. Wie die Chinesen unterscheiden auch sie sich sehr von uns; und wenn der letzte Krieg im Pazifik nicht dazwischengekommen wäre, wäre ich fast versucht zu sagen – wie im Falle Chinas: Hüten wir uns vor einer zu weitgehend und zu schnell angestrebten unnatürlichen Vertrautheit mit ihnen! Aber der Krieg kam dazwischen. Als Folge davon waren wir mit den Japanern in der Zeit nach den Feindseligkeiten aufs engste in Berührung gekommen. Und darüber hinaus ergab sich eine Art von Vertrautheit – eine Vertrautheit, die aus Konflikt und Todeskampf erwachsen war, besonders auf japanischer Seite, aber trotzdem eine Vertrautheit. Wir lernten in jenen unglückseligen Jahren eine Menge voneinander – Gutes und Schlechtes. Das haben Vertrautheiten so an sich.

Ich spreche hier nicht von irgendetwas Sentimentalem. Ich spreche nicht von Liebe oder Bewunderung. So etwas hat, auch wenn es noch so oft in den Überschwenglichkeiten romantischer Nationalisten und Kriegspropagandisten vorkommen mag, keinen Platz im wirklichen Leben der Nationen. Ich spreche von etwas viel Tieferem: der gemeinsamen Erkenntnis, daß uns das Schicksal – oder, wenn man so will, die Fehler früherer Generationen – auf den Weg des jeweils anderen geführt hat; daß der

Versuch, etwas gegen den anderen zustandezubringen, sich als für beide abträglich erwiesen hat; daß wir es – wenn überhaupt – nur gemeinsam schaffen können.

Die Verantwortung liegt am schwersten auf uns Amerikanern; denn wir waren es, die die Japaner besiegten; wir, die über die Formel der bedingungslosen Unterwerfung eine totale Herrschaft (und damit eine totale Verantwortung) über ihre Angelegenheiten suchten; wir, die frech irgend etwas unternahmen, um ihnen zu zeigen, wie man in unserer Zeit glücklicher, sicherer und nützlicher lebt, als sie es vorher taten. Man konnte kaum eine größere Verantwortung als diese auf sich laden. Doch auch sie sind nicht frei von Verantwortung. Sie haben es hier in Gestalt der Vereinigten Staaten mit einem Alliierten zu tun, der durch die dazwischenliegenden Ereignisse etwas erniedrigt ist. Die Erfahrung hat vielen Amerikanern jetzt die Gefahren übertriebener Bestrebungen und zu großer Selbstverherrlichung vor Augen geführt. Wir sind danach weniger eindrucksvoll für andere, als wir gewohnt waren, und weniger zuversichtlich, die richtigen Antworten gefunden zu haben. Auch wir brauchen demnach Hilfe und Orientierung. Und wir bedürfen anständiger Behandlung durch unsere Freunde. Die Japaner sind durch ihr Wissen von uns in peinliche Situationen geraten. Aber sie kennen uns demzufolge tatsächlich sehr gut – besser vielleicht als die meisten unserer internationalen Verbündeten. Ihre Einflußmöglichkeit auf uns sollte nicht unterschätzt werden. Auch das ist eine Verantwortung.

Aus all dem ergibt sich, daß wir hier ein Verhältnis haben, das – gerade weil es unter Schmerz und Tränen geboren wurde – einzigartig ist als Test auf die Fähigkeit beider Parteien, weise und zweckdienlich in internationaler Politik miteinander umzugehen. Wenn wir diesbezüglich keinen Erfolg haben, wird es uns allgemein schlecht ergehen.

Aus all diesen Gründen muß Japan auch weiterhin – wie seit dem letzten Krieg – der Eckstein unserer Position im Fernen Osten sein – kein passiver Eckstein jedoch, sondern mehr ein aktiver, sprechender, ein Stein, der oft eine höhere Weisheit beherbergt, ein Stein, der befragt werden muß, von dem in einigen Fällen erwartet werden darf, daß er Orientierung, manchmal sogar Führung bietet.

Die Aktion Präsident Nixons, plötzlich 1972 Peking zu besuchen und de facto-Beziehungen zur Regierung der VR China aufzunehmen – und das ohne vorherige Konsultation oder Vorwarnung der Japaner, wirkte auf diese wie ein großer Schock. Höflich wie immer verbargen sie ihre Gefühle bis zu einem gewissen Grad vor der Öffentlichkeit, entschieden sich daraufhin prompt, ihrerseits volle diplomatische Beziehungen zu Peking aufzunehmen (was ihre erste unabhängige Unternehmung seit 1945 in einer diplomatischen Hauptrichtung bedeutete und somit eine gewisse Distanzierung von uns mit sich brachte), nahmen dann wieder äußerlich normale und herzliche Beziehungen zur US-Regierung auf – bis zu dem Punkt, an dem die Visite von Kaiser Hirohito in Washington möglich wurde. Wir würden uns jedoch täuschen, wenn uns dieses letzte Ereignis zu der Überzeugung gelangen ließe, daß sie die Erfahrung von 1972 vergessen hätten und daß ihre Vertrauenskrise uns gegenüber damit völlig beseitigt sei.

Der Wechsel der Regierungen in Washington bietet den bestmöglichen Zeitpunkt für eine ernsthafte Bemühung, die Japaner der Loyalität und Rücksichtnahme zu versichern, die sie von uns in der kommenden Zeit erwarten. Dafür ist es von besonderer Bedeutung, unsere Vertretung in Tokio Leuten anzuvertrauen, die durch Erfahrung und Interesse gut qualifiziert sind, um zu verstehen, was sich in japanischen Köpfen abspielt, und ihnen unsere Politik in einer Weise zu erklären, die sie verstehen können. Wenn das geschieht, besteht durchaus Hoffnung, daß das Verhältnis auf eine solche Grundlage gestellt werden kann, daß es der erforderlichen Belastung als Eckstein unserer Position in Ostasien gerecht wird.

## 3. Korea

Korea bildet einen der zwei explosivsten und gefährlichsten Punkte auf unserer politischen Weltkarte, der andere ist der Nahe Osten. Die Umstände unseres militärischen Eingreifens dort im Jahre 1950 und unserer nachfolgenden militärischen Verbindung mit dem südkoreanischen Regime sind noch frisch in jedermanns Erinnerung. Sie könnten als Leitlinie für die Zukunft jedoch irreführend sein. Unsere Aktion 1950 wurde gestartet vor dem Hintergrund einer großen Instabilität in ganz Fernost, wie sie im Gefolge des Pazifikkrieges und der Ausdehnung der chinesischen kommunistischen Herrschaft über das gesamte Festlandchina bestand. Es herrschte damals große Unsicherheit. Abenteuerliche Vorstellungen entbrannten. Die Auswirkungen einer ungehinderten nordkoreanisch-kommunistischen Einverleibung des Südteils der koreanischen Halbinsel, wo wir schließlich die japanische Kapitulation erreicht und mangels eines Friedensvertrags mit Japan eine besondere Verantwortung zu tragen hatten, hätten leicht auf den ganzen Fernen Osten übergreifen können und nicht zuletzt auf Japan, wo es ebenfalls zu einer kommunistischen Machtübernahme hätte kommen können, die unserem gerade errungenen militärischen Sieg seine eigentliche Bedeutung wieder genommen hätte. Wozu man sich noch erinnern muß, daß die Zügel der Macht in Moskau damals in den Händen Josef Stalins lagen und die Haltung des damaligen Peking-Regimes uns gegenüber äußerst feindselig war. Unter solchen Umständen war die Entscheidung, in Korea zu intervenieren, durchaus vernünftig (obwohl es besser gewesen wäre, unser Operationsziel auf die Wiederherstellung des Status quo ante zu beschränken und nicht den Vormarsch bis zum Yalu zu versuchen).

Heute sind die Umstände gänzlich anders. Es gibt eine völlig unabhängige und stabile japanische Regierung. Dasselbe gilt für Taiwan. Die Macht in Moskau liegt in Händen von Menschen, die – was immer man über sie denkt – sich doch beträchtlich verändert haben gegenüber dem Sowjet-Regime der letzten Stalin-Jahre. Es ist zu bezweifeln, daß Moskau oder Peking bei diesem Stand der Dinge nochmals eine Krise erleben wollen, wie sie durch eine Neuauflage des Bürgerkriegs in Korea heraufbeschworen würde.

Dazu kommt noch ein sehr betrüblicher und störender Faktor: nämlich das Wesen und Verhalten des Park-Regimes in Südkorea: seine offenkundige Unfähigkeit oder Unwilligkeit, seine Herrschaft dort anders als nur mit brutalsten Unterdrückungsmethoden aufrecht zu erhalten; und der Zynismus und mangelnde Respekt für unser eigenes Land, wie er sich zeigte durch das Hineinpfuschen in inneramerikanische Angelegenheiten und durch den Versuch, amerikanische Parlamentarier für eigene Zweck zu mißbrauchen. Dieses Verhaltensmuster stellt nicht nur unser gesundes Verhältnis zu diesem Regime an sich in Frage, sondern droht langfristig auch die Stabilität Südkoreas auszuhöhlen, die tatsächliche Krise zu beschleunigen, die wir alle vermeiden wollen, und uns auf diese Weise in eine verwirrende und gefährliche Lage zu bringen.

In den zurückliegenden Jahren gab es viel für und viel gegen die fortgesetzte Stationierung amerikanischer Truppen in Südkora zu sagen. Lange konnte für beides eine gute Begründung angeführt werden. Jüngste Ereignisse haben jedoch nach meinem Dafürhalten und dem vieler anderer den Ausschlag zugunsten eines Rückzugs gegeben. Das bedeutet jedoch keinen abrupten Rückzug oder gar einen Rückzug ohne sorgfältige Abstimmung mit den anderen, deren Interessen dort betroffen sind. Die Japaner sollten mit Sicherheit gründlich und aufmerksam konsultiert werden, bevor überhaupt weitere Entscheidungen getroffen werden. Sie haben ein lebenswichtiges Interesse an der Situation auf der koreanischen Halbinsel. Sie bedeutet für sie mehr als für uns. Doch wäre es ebenfalls gut, in diesem Zusammenhang mit Peking und Moskau in Kontakt zu bleiben. Beide Mächte haben – wie oben schon erwähnt – ein Interesse daran, daß sich die Lage friedlich entwickelt und keine unnötigen Krisen und Unruhen in der umliegenden Region verursacht werden. Wenn wir unseren Rückzug auf vernünftig akzeptable Weise bewerkstelligen – mit Begründungen, die beiden Mächten gut erklärt und einleuchtend sind –, ist nicht auszuschließen, daß ihr Einfluß hilfreich sein kann und die Veränderung dadurch friedlich und ohne Störung der Stabilität dieser Region vonstatten geht.

# NATO

# VIII

Wir kommen jetzt zum umfassendsten, ältesten und vertrautesten amerikanischen Engagement in Übersee: demjenigen, das sich aus dem Nordatlantikpakt ergibt und der Organisation, die zur Verfolgung seiner Ziele gegründet wurde. Hierbei wird es am besten sein, mit dem bedenklichsten Aspekt dieses Engagements zu beginnen: demjenigen, der die lädierte Südflanke der Allianz betrifft – mit Griechenland und der Türkei.

## 1. Griechenland und die Türkei

Vor vielen Jahren, als es zum Zusammenschluß der Atlantischen Allianz kam, stand ich, wenn ich mich recht entsinne, unter den Beteiligten allein mit meiner Ablehnung, Griechenland und die Türkei als Mitglieder aufzunehmen. Dies geschah nicht aus irgendeiner Feindschaft oder Antipathie gegenüber diesen zwei Ländern, sondern aus der Erkenntnis, daß ihre Interessen in vielerlei Hinsicht weit von denen abwichen, die für die NATO als ganzes im Mittelpunkt standen, und aus der Befürchtung, daß ihre Einbeziehung zu einem Druck auf die NATO führen würde, sich in Fragen verwickeln zu lassen, die wenig oder gar nichts mit ihren eigentlichen Zielen zu tun hatten. Selbst unter Aufbietung aller Phantasie könnte man diese Länder nicht als atlantische Mächte betrachten. Die Wurzeln der Demokratie waren vor allem in der Türkei keineswegs tief verankert. Der einzig sichtbare Grund, sie aufzunehmen, war tatsächlich die Absicht, sie für eine allgemeine Koalition gegen Rußland zu gewinnen (worin nicht der ursprüngliche Zweck der NATO bestand) und ihr Territorium für militärische Zwecke gegen die Sowjetunion zu benutzen. Kurzum – es war ein Teil des Kalten Kriegs-Denkens in extrem militärischen Kategorien, wie es viele von uns unter dem Schock des Koreakriegs überkam.

Ein Vierteljahrhundert ist seither verstrichen; und gewisse Besorgnisse, die ich damals empfand, haben jetzt Fleisch und Blut angenommen. Im Verlauf der letzten zwei oder drei Jahre haben die Regierungen beider Länder bewiesen, daß ihnen die Differenzen untereinander wichtiger sind als alle aus ihrer NATO-Zugehörigkeit erwachsenden Rücksichten. Karamanlis eröffnete seine Rückkehr an die Macht 1974 mit der Ankündigung vom Ausscheiden Griechenlands aus der militärischen Integration der NATO, gab formal bekannt, daß Griechenland sich als Teilnehmer aus dem NATO-Ausschuß für Verteidigungsplanung zurückziehen werde, und verlangte öffentlich, daß die NATO-Basen auf griechischem Boden binnen 3 Jahren aufzulösen seien. Die Türken wiederum weigerten sich im folgenden Winter, an NATO-Übungen teilzunehmen – mit der Begründung, daß Griechenland keine Erlaubnis für Flüge über die Agäis gegeben habe. Im Klartext: Die NATO-Präsenz im Raum des Ägäischen Meeres war schon zu jener Zeit schwer in Unordnung.

Noch unerfreulicher sind die Haltungen gewesen, die beide Regierungen gegenüber den Vereinigten Staaten eingenommen haben. Die Regierung von Konstantin Karamanlis zeigte sich höchst verärgert darüber, daß die Vereinigten Staaten ihr keine Schützenhilfe gegen das frühere Regime leisteten, wobei sie uns mit die Schuld gab für die lange Machtausübung der Obristen. (Diese Kritik bedeutet, daß die Vereinigten Staaten in innergriechische Angelegenheiten eingreifen sollten, allerdings auf der Seite von Karamanlis, nicht auf der anderen.) Auf Karamanlis' Machtübernahme folgte eine wahre Orgie antiamerikanischer Demonstrationen – Demonstrationen, die der Regierung natürlich gelegen kamen und mit Sympathie geduldet, wenn nicht gar angeregt wurden. Beide Länder bemühten sich damals nach Kräften, uns einzubeziehen und für ihre speziellen Interessen im Streit um Zypern einzuspannen. Und aus purer Verärgerung darüber, daß unser Kongreß jede weitere Hilfe an die Türkei untersagte (worauf diese allem Anschein nach schon mehr ein Recht als bloß ein Privileg zu haben glaubte), kündigten die Türken Mitte 1975 an, daß die amerikanisch-türkischen Verteidigungsabmachungen ihre Gültigkeit verloren hätten, die Aktivitäten aller amerikanischen Militäreinrichtungen in der Türkei unterbunden und die Einrichtungen selbst unter Oberaufsicht der türkischen Streitkräfte gestellt würden.

Am Ende wurden neue Abmachungen mit beiden Ländern skizziert (im März und April 1976), die eine fortgesetzte Benutzung der meisten Basen für weitere 4 Jahre vorsahen – allerdings unter dem Kommando der jeweiligen Regierungen und nur im Austausch gegen beträchtliche finanzielle Leistungen von seiten der US-Regierung: angeblich einer 1,6 Milliarden Dollar-Hilfe an die Türkei für besagten Zeitraum von 4 Jahren (davon 1 Milliarde Dollar Militärhilfe) und in ähnlicher Weise eine 700 Millionen Dollar-Hilfe an die Griechen. Nachdem einige der fraglichen Einrichtungen ausgiebig mit Sammlung geheimen Nachrichtenmaterials zu tun hatten, war nun auch dafür gesorgt, daß alles auf diese Weise gewonnene Nachrichtenmaterial mit dem Gastland geteilt werden mußte.

Beide Abkommen bedurften der Zustimmung durch den Kongreß. Zum Zeitpunkt der Abfassung dieses Buches war die Bestätigung noch nicht erfolgt. (Die Vereinbarung mit Griechenland war meines Wissens ihrem Wesen nach nur eine „Absichtserklärung“.)

Ich kann nicht erkennen, was sich zugunsten der abschließenden Billigung dieser Abkommen sagen ließe, und hoffe, daß die neue Administration ihre Ratifizierung nicht noch ermuntert. Es geht bei ihnen zunächst um dasselbe Prinzip, das wir schon im Zusammenhang mit den Basen auf den Philippinen beobachten konnten. Wenn man Verbündete bestechen muß, um sie zu veranlassen, die weitere Unterhaltung amerikanischer Anlagen auf ihrem Gebiet zu erlauben, ist das schon Beweis genug, daß das Verhältnis nicht mehr stimmt und auf den betreffenden Alliierten kein voller Verlaß mehr ist. Darüber hinaus dient jedes dieser Abkommen als Präzedenzfall für andere. Wir können sicher sein, daß wenn diese besonderen Abkommen ratifiziert werden, fortan keiner mehr daran denken wird, amerikanische Militäreinrichtungen auf seinem Gebiet zuzulassen – gleichgültig, wie sehr sie der eigenen Verteidigung nützen mögen –, ohne den höchsten Preis zu verlangen, den er für diese seine Gnade bekommen kann. Das Beharren darauf, daß die Basen unter das „Kommando“ oder die „Oberaufsicht“ der betreffenden Regierung zu stellen seien, ähnelt der Forderung der panamaischen Regierung nach Rückerlangung theoretisch souveräner Kontrolle über den Kanal und steckt wie das von den Panamaern geforderte Abkommen voll von Möglichkeiten, mit denen die betroffenen US-Streitkräfte in Verlegenheit gebracht, verwirrt und gedemütigt werden können.

Viel dürfte mit Aufgabe dieser Anlagen ohnehin nicht zu verlieren sein. Die militärischen Vorkehrungen der NATO, die diese Region betreffen, sind, wie wir gerade festgestellt haben, bereits in Unordnung. Und jedes empfindliche militärische Nachrichtenwesen, an dem die griechische und türkische Regierung teil hat, würde aus verständlichen Gründen ein Großteil seines Wertes verlieren.

Schließlich würde in unseren Tagen, da man erregt über die Probleme der Regierungsausgaben, des Haushaltsausgleichs und der Steuererleichterung diskutiert, ein Laie doch denken, daß die Aussicht, 2,3 Milliarden Dollar einzusparen, kein unwichtiger Faktor in unseren Überlegungen ist. Die Annahme, daß uns solch eine Summe wenig oder gar nichts bedeutet, wenn es um militärische Dinge geht – eine Annahme, die sich in der offenkundigen Gelassenheit widerspiegelt, mit der wir die betreffenden Forderungen stillschweigend hingenommen haben –, bildet in der Tat nur ein weiteres Beispiel für den doppelten Wertmaßstab, den wir in puncto Geld anlegen und über den ich im Zusammenhang mit dem militärisch-industriellen Komplex weiter oben gesprochen habe. Wir können uns offenbar nicht leicht an die Vorstellung gewöhnen, daß die einzigen, die sich beim heutigen Stand der Weltpolitik leisten können, solche Geldsummen sorglos zu verschleudern, die Araber sind. *Wir* gehören nicht länger in diese Kategorie.

Alles in allem frage ich mich, ob es nicht besser wäre, unter diesen Umständen die Basen auflösen zu lassen, wie Griechen und

Türken es selbst gefordert haben, wobei unsere westeuropäischen NATO-Alliierten dafür verantwortlich sein sollten, wie in Zukunft das Verhältnis dieser zwei Länder zur NATO gestaltet sein soll. Das würde nicht ausschließen, daß Amerika die Abmachungen unterstützt, zu denen die übrigen NATO-Länder gelangen. Es würde nicht einmal die Stationierung amerikanischen Personals bei NATO-Einrichtungen in dieser Region unter NATO-Kommando ausschließen, wenn die Gastländer damit einverstanden wären. Einen Präzedenzfall dafür gibt es in Form des NATO-Stützpunkts Incirlik in der Türkei, den die Türken in ihrem allgemeinen Vorgehen gegen amerikanische Basen aussparten, obwohl dort zu jener Zeit noch etwa 3000 Amerikaner gedient haben dürften. Der Unterschied bestünde lediglich darin, daß wir nicht länger direkt mit Griechen und Türken über diese Angelegenheiten verhandeln würden; das würde den westeuropäischen NATO-Partnern überlassen bleiben, von deren Initiative unsere Entscheidung abhinge, in welchem Maße sich die Verwicklung der zwei fraglichen Regierungen in NATO-Belange am besten mit den Interessen der Allianz insgesamt vereinbaren ließe. Steht doch bei der Lösung dieses Problems primär ihre Sicherheit und nicht unsere auf dem Spiel.

Kein Grund besteht zu der Annahme, daß eine derartige Übereinkunft der griechischen Regierung in irgendeiner Weise unangenehm wäre. Eine der ersten Amtshandlungen von Karamanlis – und zwar in den ersten Wochen seiner Regierung, als es zu antiamerikanischen Ausschreitungen kam – war sein demonstrativer Besuch in Frankreich. Das war durchaus angemessen, denn zu Frankreich bestand eine besondere Verbindung durch die gemeinsame Ablehnung einer militärischen Zugehörigkeit zur NATO. Eine Orientierung der Griechen auf Frankreich als ihren militärischen Hauptverbündeten im Westen und weniger auf die Vereinigten Staaten scheint mir eine glänzende Idee zu sein. Vielleicht würde sie auch die Aufgabe der anderen NATO-Partner erleichtern, für Griechenland eine geeignete Stellung innerhalb der Allianz zu finden.

Ein Rückzug aus den Basen in Griechenland und der Türkei würde den zusätzlichen Vorteil mit sich bringen, daß man uns weniger leicht in die Zypern-Frage verwickeln könnte. Wir haben keinen Grund, Partei zu ergreifen oder uns in irgendeine Art von Verantwortung für diesen Streit hineinmanövrieren zu lassen. So weit ich weiß, wurden wir von den Türken vor ihrer letzten Aktion nicht konsultiert (obwohl sie nicht zögerten, Waffen zu benutzen, die wir ihnen zu einem gänzlich anderen Zweck anvertraut hatten). Nicht besser stand es mit dem griechisch-zypriotischen Regime im anderen Teil der Insel, das Nachsicht gegenüber antiamerikanischen Demonstrationen unter der breiten Bevölkerung zeigte. Es beeilte sich nicht, die Personen zu finden, geschweige denn zu bestrafen, die den dortigen US-Botschafter Rodger P. Davies 1974 ermordet hatten. Klugerweise vermieden wir es bis heute, den Posten des ermordeten Gesandten neu zu besetzen; und es gibt nicht den geringsten Grund, sich damit zu beeilen.

Zwei weitere Probleme stellen sich noch in diesem Zusammenhang: das unserer Marinepräsenz im Mittelmeer und das unserer Nachschubverbindungen nach Israel in diesem Raum. Was die Marinepräsenz angeht, werde ich ein oder zwei Dinge dazu im Zusammenhang mit unseren Beziehungen zur Sowjetunion sagen. Und bezüglich der Nachschubverbindungen gilt, daß unsere Fähigkeit, uns griechischer Einrichtungen unter einem neuen Abkommen zu bedienen, in jedem Fall auf das gerade bestehende Wohlwollen der griechischen Regierung angewiesen bliebe, das wir bestenfalls als ungewisse Größe betrachten können. Die Unterminierung unserer Position in jenem Gewässer dürfte in Wahrheit schon mehr eine Tatsache als eine Möglichkeit sein. Die durch solch eine Situation bedingten Gefahren können vermutlich abgeschwächt werden durch eine rechtzeitig – in den Zeiträumen zwischen Krisen – geschaffene Vorratshaltung von Versorgungsgütern aus Israel. Darüber hinaus muß diese Verwundbarkeit einfach hingenommen werden – als eine der unabänderlichen Tatsachen des Lebens; und wir und die Israelis – sie primär, wir erst in zweiter Linie – werden uns daran so gut es nur geht zu gewöhnen haben.

## 2. Italien

Wenn wir uns von den Unruhen und Spannungen des Ägäischen Raums weiter nach Westen wenden, kommen wir zu einem nicht minder großen NATO-Problem: dem Zustand Italiens – nicht nur der chaotischen und prekären Lage seiner Regierung, sondern auch der wachsenden politischen Bedeutung und Einbeziehung der italienischen kommunistischen Partei (KPI). Insbesondere diese letztere ist zu einer Quelle großer Besorgnis für weite Teile der amerikanischen Öffentlichkeit einschließlich bestimmter hochgestellter Persönlichkeiten der letzten Administration geworden.

Das Unbehagen ist nicht fehl am Platz. Die italienischen Kommunisten verfügen schon über etwa ein Drittel der italienischen Wählerstimmen und sind auf dem besten Wege, die Christdemokraten als Italiens stärkste Partei aus ihrer Position zu verdrängen. Wenn sie wollten, könnten sie wahrscheinlich jederzeit als führendes Mitglied einer Koalition in die Regierung eintreten – entweder mit den Christdemokraten oder mit den Sozialisten. Sie sind schon hervorstechend vertreten in den kommunalen Regierungen einiger der größten Städte Italiens. Ihre ideologischen Angriffe auf den katholischen Klerus und Laienstand sind auch nicht unbedeutend gewesen.

Die möglichen Gefahren einer kommunistischen Beteiligung an der Regierung Italiens wurden oft primär in den Vorteilen gesehen, die die Sowjetunion dadurch für ein Eingreifen ins politische Leben Italiens oder gar eine beherrschende Rolle dort hätte. Gegenwärtig ist dies die kleinere Gefahr, die zu befürchten ist. Die KPI hat sich selbst schon weitgehend freigemacht von ideologischer und organisatorischer Kontrolle seitens der Sowjetunion und würde vermutlich noch unabhängiger werden, wenn es zu einer Beteiligung an der Regierungsmacht in Italien käme. Die breite Masse in ihr rekrutiert sich zum größten Teil überhaupt nicht aus Kommunisten im Sinne Moskaus. Die revolutionäre Tradition, mit der sie verbunden sind, hat überhaupt nichts mit der von Rußland zu tun. Sie wissen fast gar nichts von russischem Kommunismus. Die Disziplin politischer Verantwortlichkeit würde sie wohl noch weiter davon entfernen. Die Führer sind intellektuell natürlich eindeutige Marxisten – allerdings hauptsächlich der westlichen Spielart, nicht der östlichen. Sollten sie es zu einem politischen Machtmonopol in Italien bringen, woran ihnen gelegen sein dürfte, wenn sie einmal an einer Koalition beteiligt sind, würden sie die italienische Gesellschaft wahrscheinlich mehr im Stil von Titos Jugoslawien als dem von Rußland zu gestalten suchen. Das wäre gar nicht nach dem Geschmack der Moskauer Führer. Auch die Übernahme formaler politischer Verantwortung durch die Kommunisten in Italien – zumal als Mitgliedern einer Koalition – wäre für Moskau keineswegs angenehm aufgrund der Rückwirkungen, die das in Osteuropa hätte; denn das Beispiel einer weiteren an der Macht befindlichen kommunistischen Partei (nach der Jugoslawiens und Chinas), die ihren eigenen Weg geht und ihr eigenes kommunistisches Modell in Abkehr von Moskau entwickelt, würde fraglos die kommunistischen Führer Osteuropas beeinflussen und von ihnen als Mittel verwertet, größere Unabhängigkeit von russischer Bevormundung zu erlangen. Ohne Zweifel hat der Kreml aus diesen Gründen Einwände gegen eine Machtübernahme westeuropäischer kommunistischer Parteien – vor allem der italienischen –, die mehr auf demokratische als auf revolutionäre Weise zustande käme.

Die Gefahr solch einer Entwicklung liegt vom Standpunkt der Vereinigten Staaten und der anderen großen NATO-Mächte aus demnach nicht so sehr in der Möglichkeit, daß die Sowjetunion daraus Nutzen zöge, als vielmehr in der Art und Weise, in der Italiens Position in der NATO und seine Beziehungen zu den anderen Mitgliedern der Europäischen Gemeinschaft davon berührt würden. Die Tatsache, daß die KPI sich nicht länger einer fortbestehenden Mitgliedschaft Italiens in der NATO widersetzt, ändert die Natur des Problems nicht entscheidend. Es wäre eine Selbstverständlichkeit, daß Italien in solch einem Fall weiter in allen NATO-Stäben vertreten und an allen NATO-Aktivitäten beteiligt wäre, wo hochempfindliche Informationen mit im Spiele sind und wo es wesentlich auf die Wahrung eines hohen Grades von Sicherheit ankommt. (Ich würde es sogar unter den gegenwärtigen Umständen – beim Zustand der italienischen Regierung und dem Ausmaß der Einbeziehung der KPI ins politische Leben – für höchst unwahrscheinlich halten, daß Informationen, die in die Hände der italienischen Regierung durch ihre Beteiligung an der NATO gelangen, angemessen geschützt werden könnten.)

Das bedeutet, daß eine Beteiligung der KPI an der Regierung bestenfalls bewirken könnte, Italien in eine ähnliche Position wie Frankreich und Griechenland zu versetzen: eine, wo es an Willen und Eignung fehlen würde, an den militärischen Unternehmungen der Allianz teilzunehmen. Das aber würde dann wieder bedeuten, daß die gesamte NATO-Südflanke für eine Mitwirkung an militärischen Aktionen der NATO unbrauchbar wäre; denn Portugal hat noch nicht den Grad von Stabilität zurückerlangt, der eine völlig normale Beteiligung gestatten würde, und selbst wenn Spanien zugelassen werden sollte, wie einige wünschen, würde die in seinem politischen Leben sicher noch einige Zeit anhaltende Instabilität gegen eine volle Einbeziehung in die militärischen Unternehmungen der Organisation sprechen.

Frankreich hat sich inzwischen aus der militärischen Integration der NATO zurückgezogen und Griechenland und die Türkei haben sich praktisch ebenso verhalten. Wenn dasselbe jetzt noch im Falle Italiens stattfinden würde, wäre die NATO im wesentlichen beschränkt auf ihren nordeuropäischen Kern – Großbritannien, Benelux, Westdeutschland und (allerdings nur mit gewissen Einschränkungen) Dänemark und Norwegen – plus natürlich Kanada und die Vereinigten Staaten. (Island, das selbst keine Streitkräfte besitzt, braucht man in diesen Gedankengang nicht einzubeziehen.) Für die anderen hätte die Mitgliedschaft hauptsächlich symbolischen oder prestigemäßigen Charakter: eine Form der Beteuerung des Respekts für die kulturellen und politischen Werte des Westens und die formelle Dokumentierung der Ablehnung, ins kommunistische Lager oder das der „Blockfreien“ abzugleiten.

In Wirklichkeit bräuchte das gar nicht so nachteilig zu sein, wie es zunächst scheinen mag. Es würde die NATO in ihren stärksten Teilen unbeschädigt lassen und ihr viel größere Festigkeit und Möglichkeit zur Entscheidung geben. Ihre Stärke auf dem Papier wäre verringert; ihre wirkliche Stärke dagegen nur wenig, wenn überhaupt.

Wenn ich, wie der Leser inzwischen bemerkt haben wird, den Nachdruck meiner Argumentation allgemein darauf legte, daß eine Beendigung der unnötigen oder nebensächlichen Verwicklungen Amerikas zu befürworten sei ebenso wie die Einschränkung der Verpflichtungen bis zu dem Punkt, wo die wirklich wichtigen besser wahrgenommen werden können, dann ließe sich dieses Prinzip, wie ich finde, gut auch auf die NATO anwenden. Das Bündnis hat seinen Sinn und Nutzen nicht verloren. Doch ist die Zeit gekommen, die zu große Ausdehnung auf Ägäis und Schwarzes Meer hin zu korrigieren, die – von vornherein fragwürdig – inzwischen mehr zu einer Bürde denn einer Quelle der Stärke geworden ist.

# Unsere Freunde in Westeuropa

# IX

Damit komme ich zur Frage unserer allgemeinen Beziehungen zu den Mitgliedern der Europäischen Gemeinschaft im engeren Sinn, wozu auch Frankreich gehört.

Daß dieses Verhältnis für uns mit Schwierigkeiten verbunden ist, liegt auf der Hand. Sie sind in erster Linie begründet in dem irgendwie neurotischen Verhalten, wie es sich in der öffentlichen Meinung – namentlich unter Intellektuellen – in den meisten dieser Länder der Sowjetunion und uns gegenüber zeigt. Das gilt vor allem für Großbritannien, Frankreich und die Benelux-Staaten. Die Deutschen sind – abgesehen von ihrer radikalen Jugend – realistischer bezüglich beiden Ländern.

Im Hinblick auf die Sowjetunion hat sich in den Köpfen vieler Europäer eine gewisse starre Denk- und Betrachtungsweise herausgebildet. Sie bestimmte schließlich ihre gesamte Auffassung vom Weltgeschehen und ihrer eigenen Position; und davon waren sie nicht mehr abzubringen. Sie besteht aus dem unerschütterlichen Glauben: (1) daß es die Sowjetführer wie stets seit 1945 auch jetzt sehr darauf anlegen, einen Angriff gegen Westeuropa zu starten; (2) daß ohne die Rückendeckung der amerikanischen Nuklearmacht weder die Westeuropäer noch sie und die Amerikaner zusammen die geringste Chance hätten, einem Ansturm dieser Art, wie er nun einmal in der überwältigenden Stärke der Sowjetunion liegt, erfolgreich standzuhalten; und (3) daß die Russen nur deshalb davor zurückschreckten, solch einen Angriff zu unternehmen, weil die Amerikaner mit nuklearer Vergeltung drohten. Eine Variante dieser Ansicht besteht darin, daß die sowjetische Führung gar nicht beabsichtigt, nach Westeuropa vorzudringen, sondern gegen dieses bloß eine militärische Übermacht von solchem, nicht mehr zu überbietenden Ausmaß aufzubauen, daß für die Westeuropäer keine Alternative mehr bliebe, als sich politisch zu unterwerfen und sich den Sowjetführern ganz nach deren Belieben gefügig zu machen.

Ich werde versuchen, mich mit dieser Überzeugung noch ausgiebiger zu befassen, wenn ich auf die Sowjetunion zu sprechen komme. Hier genügt es zu sagen, daß nichts davon wirklich zutrifft. Die Annahmen in bezug auf sowjetische Absichten sind falsch in vielfacher Hinsicht. Die Annahmen in bezug auf sowjetische Stärke sind ebenso übertrieben wie die, die sich auf westeuropäische Schwäche beziehen. Der Glaube, daß stärkere Mächte schwächere beherrschen und ihnen Bedingungen diktieren einfach aufgrund ihrer militärischen Übermacht oder durch Forderungen, die unter der Einsatzdrohung solcher Macht gestellt werden, findet in der historischen Erfahrung kaum eine Stütze.

Damit soll nicht behauptet werden, daß militärische Stärke und Absichten der Sowjets überhaupt kein Problem darstellen oder daß sie überhaupt keine Reaktion von westlicher Seite erfordern. Es soll schlicht gesagt sein, daß dieses spezielle Bild – von der Sowjetunion, die Westeuropa mit überwältigender und völlig unanfechtbarer Macht gegenübersteht, wogegen der Westen mit konventionellen Waffen keinerlei Chancen mehr hätte, und die nur durch die nukleare Fähigkeit Amerikas davon abgehalten wird, diese Macht für einen Angriff auf Westeuropa oder für dessen politische Einschüchterung einzusetzen – – daß dieses Bild zu den schrecklichen Schablonen gehört, die aus zu großer Vereinfachung und übertriebener Besorgnis entstehen und leicht imstande sind, die Auffassungen großer Bevölkerungsteile zu beherrschen. Mit dem Problem tatsächlicher sowjetischer Macht hat das in Wirklichkeit nur wenig zu tun.

Doch immerhin ist es vorhanden. Und die Westeuropäer lassen sich, wie gesagt, nicht davon abbringen. Auch sind wir im großen und ganzen gar nicht die richtigen Leute, dies zu versuchen. Zu viele führende amerikanische Persönlichkeiten – besonders auf militärischem Sektor – haben sich dieselbe Überzeugung zu eigen gemacht und verfolgen sie mit derselben ängstlichen Zielstrebigkeit wie ihre europäischen Ebenbilder.

Nun – die Furcht ist real, auch wenn das Phantom, auf das sie gerichtet ist, nicht real ist; und uns bleibt nichts anderes übrig, als Nachsicht zu üben. In dieser Hinsicht müssen wir unsere europäischen Freunde wie eine Art psychiatrischen Patienten mit Halluzinationen behandeln. Es würde zu gar nichts führen, wenn wir versuchten, ihn davon zu überzeugen, daß seine Halluzinationen nicht real sind. Wir werden unter seinen, nicht unseren Bedingungen reden und handeln müssen, wenn wir mit ihm irgendetwas erreichen wollen.

Das bedeutet natürlich, daß die amerikanische Militärpräsenz in Westeuropa nicht verringert werden darf. Im Gegenteil – sie sollte in konventioneller Hinsicht sogar noch vergrößert werden, wenn die MBFR-Gespräche* zu keinem echten Fortschritt führen. Was hier nottut, ist nicht so sehr, den Westeuropäern wirklichen militärischen Schutz zu geben (obwohl die Vereinigten Staaten auch dazu entscheidend beitragen könnten und sollten), sondern ihnen mehr das Gefühl der Sicherheit zu vermitteln, das sie natürlich haben wollen. Je eher wir sie davon überzeugen können, daß unsere kombinierte konventionelle Macht für diesen Zweck oder zumindest für „Abschreckung" bereits ausreicht, und das nukleare Potential dafür gar nicht erforderlich ist, desto besser; denn dadurch wird das wahrscheinlich wichtigste Problem des internationalen Lebens in unserer Zeit erleichtert, das darin besteht, nukleare Waffen unter Kontrolle zu bringen.

Was ihre Haltung uns gegenüber anbetrifft: auch sie ist neurotisch. In ihr spiegelt sich natürlich die Ungleichheit zwischen unserer offenkundigen industriellen und militärischen Stärke in der Welt und ihrem eigenen Gefühl der Schwäche wider. Es ist erst 100 Jahre her, daß drei dieser Länder Westeuropas sich selbst als Großmacht betrachteten. Es ist für sie jetzt schwer, sich an ihre neue Position zu gewöhnen – besonders weil sie sich größtenteils nie recht klargemacht haben, in welchem Ausmaß ihre gegenwärtige relative Schwäche das Ergebnis der zwei Weltkriege ist, in denen sie sich gegenseitig niedergemetzelt haben. Selten ringen sie

---

* Mutual and Balanced Force Reduction talks = Gespräche über die beidseitig ausgewogene Truppenverminderung, A.d.Ü.

sich durch zu der Erkenntnis, daß das, was bei ihnen wirklich im argen liegt, nicht plötzlicher Qualitätsverlust oder Ungerechtigkeit vom Schicksal ist, sondern das Fehlen vieler Millionen Männer, die – seinerzeit die Elite der Jugend – in den zwei Weltkriegen fielen. Dieser Mangel an Verständnis verursacht eine Verwirrung, die eine fruchtbare Grundlage bildet für die abwegige Einschätzung ihrer Beziehung zu den beiden gegenwärtigen „Großmächten": der Sowjetunion und den Vereinigten Staaten.

Ihr Verhalten uns Amerikanern gegenüber ist jedenfalls so, daß wir nur hoffen können, es möge sich in Grenzen halten. Denn was sie angeht, so werden wir verdammt für das, was wir tun, ebenso wie für das, was wir nicht tun. Wenn wir uns um sie kümmern, beschuldigt man uns, daß wir versuchten, sie zu beherrschen. Wenn wir sie sich selbst überlassen, ernten wir den Vorwurf, sie zu vernachlässigen. Wir dienen ihnen ferner als Sündenbock für diejenigen Schwächen, die sie an sich selbst nicht mögen, aber auch nicht in den Griff bringen können. Weil wir die ersten waren, die zahlreichen heimtückischen Versuchungen der modernen Industriegesellschaft erlagen – Massenkultur, Automobilen, Sensationslust und populären Verbreitungen aller Art –, halten sie es für richtig, uns dafür zu tadeln, daß sie jetzt mit denselben Dingen in Berührung kommen. Freiwillig und aus eigenem Antrieb importieren sie das Schlechteste, das amerikanische Kultur zu bieten hat, und werfen uns dann vor, dessen Urheber zu sein. Wegen unseres relativen wirtschaftlichen und finanziellen Gewichts ist es für sie immer verlockend und leicht, die Quelle ihrer eigenen wirtschaftlichen und finanziellen Schwierigkeiten im Verhalten Amerikas zu suchen. In vielen Fragen der internationalen Organisation und Politik wollen sie unsere Meinung hören und beschuldigen uns dann, wenn wir sie geben, des Versuchs, sie zu beherrschen. Wir dienen ihnen schließlich in unserer Unbekümmertheit, unserer lässigen, sich auch in undeutlicher Aussprache zeigenden Gleichgültigkeit und unserer häufigen Ungeschliffenheit als Bestätigung (die sie schlimmerweise brauchen) der Überlegenheit ihrer eigenen kulturellen Tradition.

Diesbezüglich können wir rundum nur wenig tun – außer zu versuchen, die betreffenden Seiten nicht noch mehr hervorzukehren als nötig ist. Und wir sollten uns darüber auch nicht zu sehr grämen. Denn bei all dieser Gereiztheit und all ihrer Kritik an uns sind diese Menschen doch größtenteils unsere besten Freunde, fast unsere einzigen Freunde – nicht in dem Sinn, daß sie uns einzeln oder zusammen mögen, sondern eher so, daß sie uns nach den vielen wechselseitigen Verwicklungen einfach gut kennen; daß sie sich – wie nur wenig andere auf dieser Welt – bewußt sind, wie stark ihre Existenz und ihr Wohlergehen (geistig wie wirtschaftlich) von unserer Gesellschaft abhängen; daß sie – mit anderen Worten – um die Schicksalsgemeinschaft wissen, die uns alle verbindet und die es undenkbar oder nur schwer vorstellbar macht, daß es eine verheißungsvolle Zukunft ohne den jeweils anderen geben könne. Es gibt ansonsten nicht viele Menschen auf der Welt, von denen sich all das sagen ließe. Wir haben keine andere Wahl als dieses Verhältnis zu schätzen und alles in unserer Macht Stehende zu tun bis hin zu militärischer Verteidigung, um ihnen weiterzuhelfen – natürlich stets in dem Ausmaß, das sie erlauben und mit einem Gefühl von Dankbarkeit erwidern.

Mit all dem soll nur gesagt sein, daß ich unseren Anteil an ihrer Sicherheit zu den wirklich wenigen, tatsächlich lebenswichtigen Interessen dieses Landes zähle und lieber hätte, wenn wir uns darauf konzentrierten, in dieser Richtung unseren vollen Einsatz und Schutz geltend zu machen, als uns mit tausend nebensächlichen Anstrengungen in anderen Teilen der Welt zu verzetteln.

Das zu behaupten, heißt jedoch nicht, die großen Fragezeichen zu ignorieren, die über der Zukunft der westeuropäischen Länder liegen – Fragezeichen, die bei falscher Beantwortung die gesamte Grundlage unseres Verhältnisses verändern könnten. Die betreffenden Gesellschaften entwickelten sich in den letzten Jahren vorzugsweise in Richtung des Wohlfahrtsstaates – eines (momentan) menschlichen, aber höchst bürokratischen und gleichmacherischen Sozialismus. Diese Tendenz nähert sich jetzt bestimmten Grenzen, die nicht mehr überschritten werden können. Vermutlich müssen andere Antworten gefunden werden. Die erreichten Grenzen sind teilweise durch die Kosten gesetzt; denn es ist einfach unmöglich, unbegrenzt weiterzumachen, mehr und mehr an sozialer Sicherheit den Menschen zu geben, die immer weniger arbeiten. Doch darüber hinaus scheint die Tendenz ebenso auch an gewisse politische Grenzen zu stoßen; denn sie vergrößert zunehmend die Macht der Bürokratie und Gewerkschaften auf Kosten des Parlaments – des berufsmäßigen Vertreters auf Kosten des politischen. Was sich daraus ergibt, ähnelt – wie George Ball in seinem Buch *Diplomacy in a Crowded World** ausgeführt hat – irgendwie einer korporativ gegliederten Organisation der Gesellschaft, in der die Machtbefugnisse der gewählten Volksvertreter streng getrennt sind von denen der Bürokratie und – was noch schlimmer ist, da hier Macht von Verantwortung gänzlich geschieden ist – von denen der Gewerkschaften. Am schlimmsten von allem ist die Tatsache, daß diese Organisation der Gesellschaft, in der den Menschen eine irgendwie schwächende soziale Sicherheit gegeben wird als Gegenleistung für die Aufgabe eines Großteils ihres realen Einflusses auf die politische Entscheidung, nicht gerade förderlich ist für die Entstehung hervorstechender persönlicher Führungsqualitäten. Das betont Gleichmacherische steht dem entgegen. Man hat offenbar keinen Ersatz gefunden für den Staatsmann früherer Zeiten, dessen Mut, Selbstbewußtsein und geistiger Horizont bedingt waren durch persönlichen Wohlstand und gesicherte familiäre Position. Ob sich unter diesen Umständen (und diese Frage gilt für uns ebenso) eine Führung finden läßt, die die betreffenden Völker befreit von dem selbstgefälligen Materialismus und der kulturellen Leere des Wohlfahrtsstaats und den trägen, von zu viel Sicherheit und Komfort umgebenen Gesellschaften wieder die rechte Haltung, Moral und ein Gefühl für Sinn und Zweck des Ganzen zurückgibt, erscheint zweifelhaft. Doch so lange sie nicht gefunden ist, wird man mit demokratischen Mitteln keinen zufriedenstellenden Ausweg aus der Sackgasse finden, in die der europäische Wohlfahrtsstaat jetzt offenkundig hineingeraten ist.

Früher oder später werden die Menschen damit beginnen, auf verschiedene Art und Weise auf diese ungewohnte und langfristig unerträgliche Situation zu reagieren. Eine der ersten Reaktionen dürfte (wie sich zumindest vermuten läßt) in der seltsamen Tendenz zu nationaler, ethnischer oder sprachlicher Eigenständigkeit gesehen werden, von der beträchtliche Teile der westeuropäischen Bevölkerungen jetzt erfaßt sind. Der Wunsch der Schotten

---

* Deutsch würde der Titel etwa lauten: „Außenpolitik in einer übervölkerten Welt", A.d.Ü.

und Waliser (von Nordirland ganz zu schweigen), sich vom Hauptteil Großbritanniens loszulösen; die kleinlichen Zwistigkeiten der beiden belgischen Sprachgemeinschaften; die Forderungen solcher Gruppen wie der Basken, Bretonen und der Bergbewohner des Schweizer Jura nach einer neuen politischen Identität, die unterschieden ist von der der größeren nationalen Einheiten, zu denen sie jetzt gehören; die Forderungen einer Minderheit der norwegischen Bevölkerung dahingehend, daß die gesamte Sprache des Landes verändert werden sollte, um die Auswirkungen des früheren dänischen Einflusses zu beseitigen: diese und andere derartige Phänomene sind sicherlich Zeichen der Suche nach einer sinnvolleren Gruppenidentität, als sie ein moderner Wohlfahrtsstaat liefern kann. Man darf annehmen, daß sie Ausdruck des nachdrücklichen Wunsches sind, sich der zu großen Nachgiebigkeit des materialistischen, weltlich-liberalen Wohlfahrtsstaats unserer Zeit zu entziehen und unter Rückbesinnung auf frühere, mehr im Lokalen verankerte Wurzeln auf Glauben und Lebenskraft ihrer Vorfahren zu pochen. Sie sind – mit anderen Worten – eine Reaktion gegen das „Größer" der Gegenwart und eine Rückwendung auf das idealisierte „Kleiner" der Vergangenheit und in diesem Sinn eine stumme, irrationale, nicht einmal voll bewußte Revolte gegen die Wohlfahrtsgesellschaft. Wahrscheinlich wird dies nicht der letzte solcher Kämpfe zur Emanzipation sein. Worin die kommenden bestehen werden, können wir nicht wissen.

Anders ausgedrückt: Der Weg, auf dem sich die westeuropäische Gesellschaft entwickelt, ist in seinem Ende überhaupt nicht absehbar; wir stehen ihm derzeit weitgehend hilflos gegenüber, so weit wir nicht fähig sind, durch Beispiel zu helfen – eine Möglichkeit, die wir bis jetzt in gar keiner Weise zu nutzen verstanden. Daß ihre Zukunft so im ungewissen liegt, sollte für uns kein Grund sein, in diesem Augenblick Abstriche an unserer Verteidigungsverpflichtung ihnen gegenüber vorzunehmen. Es empfiehlt sich statt dessen eine sehr sorgsame und rücksichtsvolle Aufmerksamkeit ihrer weiteren Entwicklung gegenüber – nicht nur, weil es sich teilweise um ein „there but for the grace of God go we"* handelt, sondern auch, weil die gerade erwähnten Tendenzen, wenn sie zu weit getrieben werden, am Ende die Grund-

---

* Bekanntes englisches Sprichwort, das etwa bedeutet: „Ohne die göttliche Gnade hätten wir uns in derselben Situation befinden können", A.d.Ü.

idee der militärischen Verteidigung Westeuropas untergraben; wovon sie nicht weniger als wir betroffen wären.

Ich habe bisher über Westeuropa unter allgemeinen Gesichtspunkten gesprochen. Natürlich ist solch eine Verallgemeinerung auch hier nur bis zu einem gewissen Grade von Nutzen. Ein kurzer Blick auf einzelne Teile dieser regionalen Gemeinschaft könnte daher noch zur Vervollständigung dieses Bildes beitragen.

### 1. Frankreich

Während ich dies schreibe, werden viele Besorgnisse über die politische Zukunft Frankreichs geäußert. Auch hier scheint die kommunistische Partei einer Regierungsbeteiligung in Koalition mit den Sozialisten so nahe zu sein wie seit vielen Jahren nicht mehr. Und wie in Italien liegt auch hier die Gefahr nahe, daß schon ein Teil der Regierungsmacht die kommunistischen Führer in eine Position versetzen könnte, wo es ihnen gelänge, sich von ihren sozialistischen Partnern freizumachen, sich die beherrschende Stellung der politischen Befehlsgewalt anzueignen und zu diktatorischer Macht zu gelangen, wonach sie seit langem strebten. Die Tatsache, daß sie solch eine Absicht jetzt bestreiten und bekennen, die Vorzüge einer pluralistischen politischen Gesellschaft entdeckt zu haben, vermag allgemein noch nicht sehr zur Beruhigung beizutragen; denn der Meinungsumschwung ist noch zu neu und zu eindeutig taktisch bedingt, um voll überzeugen zu können, und selbst, wenn er ernstgemeint wäre, könnte die im politischen Wettstreit übliche Disziplin und die Furcht vor Zurückweisung sie leicht zur Rückkehr zu einer politischen Philosophie bewegen, in deren Geist die Partei gegründet wurde und von dem sie seit etwa 50 Jahren durchdrungen war. Diese Befürchtungen werden noch verstärkt durch die Tatsache, daß die französische Kommunistische Partei (KPF) einen viel größeren Teil überzeugter Stalinisten in ihren Reihen hat als ihr italienisches Gegenstück.

Und wiederum liegt die Gefahr weniger in den Beziehungen einer erfolgreichen KPF zu Moskau als in ihrem Verhältnis zur NATO und dem übrigen Westeuropa. Denn die Führung der Partei ist trotz der betont stalinistischen Einstellung eines Teils seiner Mitglieder schon sehr auf Distanz zu Moskau gegangen, um sich von russischer Bevormundung freizumachen, und würde mit Sicherheit noch viel weiter gehen, wenn ihre Stellung durch Regierungsverantwortung gestärkt würde. Die Beziehungen zum Rest der NATO-Gemeinschaft würden natürlich nicht so stark berührt wie es sonst der Fall wäre, da Frankreich seit langem auf eine Teilnahme an militärischen Unternehmungen des Pakts verzichtet hat. Nichtsdestoweniger ist es ein zentrales Mitglied der Europäischen Gemeinschaft; und die Umformung seiner Gesellschaft zu einem kommunistischen Staat hätte, selbst wenn dieser unabhängig und gemäßigt wäre, zwangsläufig tiefe Auswirkungen auf die übrige Europäische Gemeinschaft.

Für die Besorgnisse, auf die ich mich gerade bezogen habe, läßt sich also eine gute Begründung anführen. Gleichwohl bin ich der Meinung, daß sie wahrscheinlich übertrieben sind. Die französische Gesellschaft war in gewissem Umfang seit der Revolution von 1789 polarisiert in seine radikal-jakobinischen und royalistisch-konservativen Parteien – mit krassen und manchmal dramatischen Schwankungen zwischen der Vorherrschaft der einen oder der anderen. Die unmittelbare Zukunft dürfte sich einmal mehr als eine Zeit hoher Spannung erweisen. Es gibt in der französischen Gesellschaft aber auch deutliche Kräfte, die auf Einigung und Mäßigung hinwirken und gegen Extremismus in jeder Richtung sprechen. Das reibungslose Funktionieren des französischen Staates wird gewährleistet durch die hervorragendste, am besten ausgebildete, wirksamste und fachkundigste aller modernen Bürokratien – und zwar so umfassend, daß man sich nur schwer den Versuch von irgendwem vorstellen kann, Frankreich ohne ihre Hilfe zu regieren. Und der verbissene Konkurrenzkampf und Individualismus in der französischen Gesellschaft erschweren es einem einzelnen Teil in ihr, eine totale Herrschaft über einen anderen zu errichten.

Die Franzosen ähneln in vielerlei Hinsicht den Chinesen: hochintelligent, ausgesprochen gebildet, fachlich überaus beschlagen

– bis hin zum Naturtalent –, jedoch hart und durchaus fähig zu Rücksichtslosigkeit, wenn sie zu hart herausgefordert werden. Auch sie haben ein ausgeprägtes Empfinden von der Überlegenheit ihrer eigenen Kultur, ein Gefühl, das „Reich der Mitte" unter europäischem Vorzeichen zu sein, und einen nicht unerheblichen Hang zur Fremdenfeindlichkeit (obwohl man, wenn man sie einmal zu Freunden hat, nirgends bessere finden kann). Und sie sind leidenschaftliche Individualisten, die verbissen verteidigen, was sie als ihre Rechte betrachten.

Sie sind somit – alles in allem – kein Volk, das sich leicht herumstoßen läßt; und man kann mit Recht auf ihre Fähigkeit bauen, daß sie sich auch weiterhin gemäß ihrer Tradition verhalten werden, ob sie nun Kommunisten sind oder nicht. Es besteht sogar Anlaß zu der Vermutung, daß im Fall einer – wie auch immer gelagerten – Machtübernahme durch die Kommunisten Frankreich mehr sie verändern würde als umgekehrt sie Frankreich.

Trotz all der Geringschätzung, die sie uns entgegenbringen, und all der Klagen über unseren angeblichen Wunsch, sie zu beherrschen, haben uns die Franzosen im Grunde ihres Herzens akzeptiert; und sie sind in diesem Sinn unsere Freunde. Das bedeutet nicht, daß wir ihnen Vorschub leisten oder die Unvernunft ihrerseits hinnehmen sollten. Sie selbst benehmen sich untereinander auch nicht so; und erwarten dies auch nicht von anderen. Es bedeutet lediglich, daß wir unsere Differenzen mit ihnen in der Weise austragen sollten, die sie verstehen: mit Nachdruck, Festigkeit, aber doch höflich und mit Respekt hinter allem. Wenn das geschieht, dürften wir sie – allgemein gesprochen – in den entscheidenderen Fragen der internationalen Beziehungen weiterhin auf unserer Seite finden.

## 2. Die Deutschen

Kein großes Volk der Neuzeit, außer dem russischen, hat in den zurückliegenden 100 Jahren eine so niederschmetternde Reihe traumatischer Erfahrungen durchgemacht wie das deutsche. Zuerst nach 1871 das berauschende Gefühl nationaler Einheit nach Jahrhunderten der Zersplitterung; dann die tragische Zerreißprobe des Ersten Weltkriegs – gefolgt von den Demütigungen eines ungerechten und rachsüchtigen Friedens, der einer neuen demokratischen Regierung auferlegt wurde, die für den Krieg in keiner Weise verantwortlich war; dann die gewaltigen Höhen und Tiefen der Weimarer Periode – der Wechsel zwischen Hoffnung und Verzweiflung, das fieberhafte und ungemein schöpferische kulturelle Leben vor dem Hintergrund der Inflation, die bis zum Äußersten gesteigerte innere Unruhe und schließlich die schrecklichste aller wirtschaftlichen Rezessionen; dann die Aufregungen und Verführungen des Nationalsozialismus, die im Fehlschlag eines zweiten Weltkriegs innerhalb einer Generation gipfelten; schließlich militärischer Zusammenbruch, Besetzung, Teilung des Landes und der Hauptstadt – inmitten eines Scherbenhaufens, zu dem jegliche nationale Idee, jegliches große Unternehmen, jegliche Institution, jegliches politische Experiment geworden war, womit man im Laufe von drei Generationen sein Glück versucht hatte. Kein Wunder, daß im Gefolge dieser Katastrophen die Bevölkerung Westdeutschlands seit 1945 wie in einem Traum lebte – einem Traum, der physisch durchaus angenehm war (fast zu angenehm), aber unwirklich, ohne Substanz und auf erschreckend unsicherem Boden gründend.

Im Leben der Bundesrepublik Deutschland finden sich immer noch Anklänge an diese früheren Phasen deutschen Lebens, die das Verhalten der Menschen nach wie vor beeinflussen, manchmal sogar bestimmen. Keine jedoch überwiegt; keine ist überzeugend; keine markiert einen vernünftigen Weg in die Zukunft. Angesichts dieses Vakuums vermochten die meisten Deutschen lediglich ihrer Arbeit nachzugehen und – im physischen Sinn – zu leben, ihre Rolle zu spielen in einem neuen, ganz erträglichen, aber nicht weiter aufregenden politischen System, das ihnen die Amerikaner auferlegt hatten, doch keinen höheren Sinn zu erkennen, kein Ziel, auf das alles hinausläuft, keinen Angelpunkt für Idealismus, Pflichtbewußtsein oder innere Bindung. Und vor solch einem Hintergrund sind die Phänomene des Materialismus, der Unsicherheit und des Zynismus, die gerade auf der deutschen

Szene so deutlich in Erscheinung traten, nicht weiter überraschend. Überraschend ist nur, daß sie nicht schlimmer waren.

In vielfacher Hinsicht sind die Deutschen gar nicht so schlecht gefahren – weder sozial noch wirtschaftlich noch gar im militärischen Sinn. Im Hinblick auf Beschäftigung, Arbeitsfrieden und Inflationskontrolle stehen sie mit an der Spitze in Europa. Sie brachten es fertig, militärisch wieder stark zu werden, ohne erneut in Militarismus zu verfallen. Heute, da die Franzosen abseits stehen, die Briten fast darniederliegen und die Südflanke der NATO nicht mehr in Ordnung ist, sind die Deutschen, wie wir gerade feststellen konnten, tatsächlich *die* europäische Stütze der NATO. Sie haben ein sehr stabiles politisches System entwickelt und dafür gesorgt, daß dieses funktioniert. Die alten politischen Extreme des Kommunismus und Nationalsozialismus gibt es zwar noch, doch sind sie in ihrem Gewicht völlig unbedeutend. Das ist mehr, als die Alliierten verdient oder erhofft haben konnten, als sie Ende der 40er Jahre daran gingen, Westdeutschland wiederherzustellen.

Die Situation ist jedoch nicht nur rosig. Der gewalttätige Radikalismus eines beträchtlichen Teils der deutschen Studentenjugend steht in seltsamem Kontrast zur Harmlosigkeit einer nachgiebigen Regierungsmacht. Und die Hilflosigkeit – der Mangel an Selbstbewußtsein – der staatlichen Instanzen angesichts dieser neuen Symptome eines möglichen Totalitarismus in Gestalt des gewalttätigen jugendlichen Radikalismus ist erschreckend gewesen. Unverständlich ist, warum der Berliner Senat beispielsweise passiv beiseite stehen und ohne ernsthafte Gegenaktion hinnehmen konnte, daß die Freie Universität der Stadt im gesamten Bereich der Geisteswissenschaften mit brutalsten Mitteln zerstört wurde. Tatsächlich lassen sich diese beiden Phänomene jedoch erklären mit dieser traumhaften, unwirklichen Qualität des deutschen Lebens nach 1945 – diesem Mangel an einer festen Grundlage von Glauben, Hoffnung und Zielen –, die wir gerade festgestellt haben. Die Jugend wehrt sich gegen die Hinnahme einer geistigen Leere. Die Älteren wissen nach Zerstörung aller früheren Maßstäbe nicht mehr recht, wie sie mit dieser Rebellion fertigwerden sollen.

Heute machen die Deutschen, ob es den anderen Europäern gefällt oder nicht, die militärische und wirtschaftliche Stärke Westeuropas aus. Ihnen hauptsächlich galt die Anstrengung, zu der sich die Vereinigten Staaten stets seit 1947 verpflichtet fühlten und die in der Stützung von Lebenskraft, Selbstvertrauen und Führungsfähigkeit dieser Menschen des alten Europa bestand, die im Laufe der zurückliegenden Jahrhunderte den Kern der überragenden europäischen Kultur bildeten. Ohne die Deutschen bliebe heute wenig, worauf wir bauen könnten.

Unsere Beziehungen zu Westdeutschland sollten deshalb nicht mit Gleichgültigkeit hingenommen werden. Wir können den Deutschen auf direktem Wege zwar nur wenig helfen und noch weniger tun, um sie zu einer hoffnungsvolleren und glücklicheren Perspektive ihrer eigenen Zukunft zu führen. Immerhin sind sie jedoch unter den europäischen Völkern am wenigsten gegen Amerika eingestellt. Sie haben ein starkes Interesse an unserer Kultur und sind sehr empfänglich für unser Beispiel. (Wenn wir uns klarmachen könnten, daß wir mit der Art der Gestaltung unseres eigenen nationalen Lebens teilweise auch die Stärke unserer internationalen Position bestimmen, ließe sich mehr für unsere Sicherheit in der Welt tun als mit den phantastischsten Theorien von „massiver Vergeltung", „Abschreckung", „garantierter Zerstörung" oder dergleichen.)

So wie es heute steht, haben sich unsere Beziehungen zu den Westdeutschen gar nicht schlecht entwickelt. Mit ihnen fällt der Umgang unter allen westeuropäischen Alliierten tatsächlich am leichtesten. Was durchaus nicht selbstverständlich ist. Sie sind ein Volk, das über eine enorme physische und soziale Lebenskraft verfügt – eine Kraft, die in diesem kritischen Stadium, da die Notwendigkeit einer physischen Erholung von der Katastrophe des großen Krieges als Motiv für individuelles Handeln praktisch entfällt, in neue Bahnen gelenkt werden muß. Diese Bahnen könnten gut sein, sie könnten schlecht sein. Was sie am Ende sein werden, wird entscheidend von unserem eigenen Beispiel abhängen.

### 3. Großbritannien

Im gegenwärtigen Zustand Großbritanniens erleben wir das ungewöhnlichste, rätselhafteste und verwirrendste Phänomen, das sich im europäischen Leben heute zeigt. Niemals, das kann mit Sicherheit gesagt werden, ist ein großes Land so schnell von einer Weltmacht zu äußerster Hilflosigkeit herabgesunken – ausgenommen unter dem Druck einer überwältigenden militärischen Niederlage (von der die Briten verschont blieben). Man kann über die tieferen Ursachen dieses plötzlichen Niedergangs nationaler Größe denken, was man mag (und hier ist nicht der Platz, meine eigenen Gedanken darüber auszubreiten). So wie er dem Land erscheint, hat er das Gesicht Westeuropas tatsächlich schon grundlegend verändert und könnte dies noch weit mehr tun.

Die Krise geht offenbar tief. Für viele von uns ist es unmöglich, einen Weg zu sehen, wie der weitere Abstieg aufgehalten werden kann, wenn die Macht des britischen Gewerkschaftswesens nicht gebrochen wird oder die Gewerkschaften gezwungen werden, eine Verantwortung zu übernehmen, die im Einklang mit ihrer Macht steht. Auf die eine oder andere Weise müssen die Menschen dazu gebracht werden, die Notwendigkeit harter Arbeit zu akzeptieren, wenn sie im weltweiten Wirtschaftsverkehr mit den anderen erfolgreich konkurrieren wollen; und in Wettbewerb treten müssen sie, nachdem die britischen Inseln, die sich in besseren Zeiten wenigstens selbst ernähren und aus eigenen Quellen viele Grundstoffe bereitstellen konnten, die zum Leben gehören, jetzt einen Punkt der Überbevölkerung erreicht haben, wo sie erfolgreich nur noch durch intensiven Handelsaustausch mit der Außenwelt existieren können.

Auch dieser Situation stehen die Vereinigten Staaten relativ hilflos gegenüber. Weitere Kreditspritzen von außen werden nicht helfen, solange die Ursachen der Schwierigkeit, die in der niedrigen Produktivität und Vitalität des britischen Wirtschaftslebens liegen, nicht behoben sind.

Etwas jedoch *können* wir tun; es besteht darin, wie nie zuvor in hohem Maße auf die langfristige Zukunft der britischen Kultur zu vertrauen und dies zu zeigen. Wir haben auch Grund dazu; denn es steckt etwas Unnatürliches und nicht recht Glaubhaftes in der augenblicklichen Krise des britischen Lebens. Eine so drastische Veränderung im Leben eines großen Volkes innerhalb so kurzer Zeit kann nicht ganz wirklich sein. Ein so großes Volk wie die Briten mit all dem, was sie der Welt im Laufe von Jahrhunderten gegeben haben – mit ihrer überragenden Literatur, ihren anderen gewaltigen Leistungen auf den Gebieten von Kultur und Wissenschaft und einer genialen Begabung für Selbstverwaltung, die zur eigentlichen Quelle der ganzen modernen Demokratie wurde –, verliert nicht innerhalb einer einzigen Generation seine Größe. Die Erbanlagen würden dies gar nicht zulassen. In der britischen Gesellschaft müssen noch ungeheure Quellen der Vitalität und Kreativität verborgen sein, die nur in richtiger Weise anzurühren sind, um lebendig zu werden und wieder einmal das gesamte Erscheinungsbild der britischen Kultur zu verändern. Bis dahin ist es an uns, das Vertrauen ins britische Volk zu erhalten und zu bekunden, das sie ihrerseits sonst leicht verlieren könnten. Wenn wir außerdem noch ein loyaler Verbündeter bleiben und ihnen beistehen, falls eine echte Gelegenheit zur Hilfeleistung sich bieten sollte, könnten dies unsere besten Beiträge sein. Die Briten sind ungeachtet aller Schicksalsschläge zusammen mit den Kanadiern die engsten und verläßlichsten Freunde, die wir auf dieser Welt haben.

## 4. Die kleineren Völker

Nicht zu vergessen sind, wenn wir an Westeuropa denken, die kleineren Länder dieser Region – und zwar nicht nur NATO-Mitglieder wie die Benelux- und die skandinavischen Staaten, sondern auch Schweden, die Schweiz und Österreich. Sie alle – namentlich Holland und Dänemark – sind in hohem Maße anfällig für die wachsenden Schwierigkeiten des Wohlfahrtsstaats. Keiner dieser Staaten ergeht sich in besonderer Gefühlsduselei uns gegenüber (wofür wir dankbar sein können). Einige sind nicht einmal formal unsere Alliierten. Doch bilden sie alle einen lebenswichtigen Teil Europas für sein Gedeihen und seinen Fortbestand, wovon unsere Sicherheit abhängt.

Gegenüber denjenigen unter ihnen, die offiziell neutral sind, besteht unsererseits natürlich keine formale Verpflichtung. In Wirklichkeit ist ihre Sicherheit für uns aber nicht weniger wichtig als die der Länder, zu deren Verteidigung wir verpflichtet sind. Sie wünschen keine Garantie von uns; und es sollte ihnen auch keine aufgedrängt werden. Aber sie würdigen – wie nur sehr wenig Länder der Dritten Welt – die Bedeutung und, allgemein gesprochen, positive Natur unseres Beitrags zur Weltpolitik. Unter Berücksichtigung dessen, wie Großmächte nun einmal sind, empfinden sie es als Glück, daß wir nicht schlechter sind, als wir sind. Und die kulturellen Bande, die wechselseitig zwischen uns bestehen, sind fruchtbar und von hoher Bedeutung.

Unsere Beziehungen zu ihnen lassen sich – wenn überhaupt – am besten dadurch verstärken, daß wir vermeiden, sie zu vernachlässigen oder zu unterschätzen. Verschiedene amerikanische Präsidenten waren offenbar zu dem Schluß gelangt, daß wegen ihrer geringen Größe und Bevölkerungszahl ihre Hauptstädte Plätze darstellten, an die weniger qualifizierte und weniger interessante Kandidaten als Botschafter entsandt werden konnten. Keinen größeren Irrtum könnte es geben. Nirgends fällt ein amerikanischer Vertreter mehr auf, nirgends treten Unwissenheit, Provinzialismus und Mangel an Erfahrung peinlicher hervor als in den Hauptstädten dieser kleinen, aber kulturell hochstehenden Länder, deren Beitrag zur Größe Europas in Gegenwart und Vergangenheit kaum überschätzt werden kann. Sie sind nicht nur ein Teil unserer Welt, sondern einer der großartigsten und bedeutendsten Teile – und sollten dementsprechend betrachtet werden.

### 5. Die euro-amerikanischen Wirtschaftsprobleme

Der größere Teil des offiziellen Gedankenaustauschs zwischen der US-Regierung und den Ländern Westeuropas bezieht sich auf wirtschaftliche und finanzielle Fragen. Über sie sprechen die

Europäer am meisten untereinander. Das scheint mir charakteristisch für die Führer von Wohlfahrtsstaaten. Unsicher in den großen politischen Fragen, fühlen sie sich auf festerem Boden, wenn sie sich in Fragen der Wein- und Karottenpreise oder der komplizierten gegenseitigen Abhängigkeit von Wechselkursen vertiefen können. Diese Feststellung sollte nicht als Anspielung darauf verstanden werden, daß diese Dinge unwichtig sind, sie sollte nur daran gemahnen, daß die größeren Fragen, die hinter der Wolke dieser schwerverständlichen und komplizierten Streitpunkte stehen und letztlich wohl die entscheidenden sind, darüber leicht zu kurz kommen.

So wie sich die Westeuropäer in jedem Fall gegenseitig ihre wirtschaftlichen Beschwerden und Nöte vorhalten, kommen sie damit auch auf uns zu – teils mit gutem Grund, teils weil sie in uns aufgrund unseres großen wirtschaftlichen Gewichts einen idealen Sündenbock sehen, auf den sich die Schuld abladen läßt. Und wir antworten darauf üblicherweise so gut es geht, wenn auch im Normalfall mit einiger Schwierigkeit, da die meisten Fragen, die diesbezüglich entstehen, große innenpolitische Nebenwirkungen in Washington haben und – einmal aufgekommen – im dortigen politischen Establishment längere und schwierigere Verhandlungen auslösen als mit unseren ausländischen Partnern.

Es wäre ein sinnloses Unterfangen, wollte man bei der Beschäftigung mit allgemeinen Fragen der amerikanischen Außenpolitik versuchen, die vielen Einzelfragen, die sich gerade auf diesem Sektor ergeben, detailliert abzuhandeln. Sie sind überaus kompliziert. Und sie verändern sich laufend. In der Regel sind sie ohne Spezialkenntnis gar nicht verstehbar. Und gewöhnlich – wohl unvermeidlich – werden sie auf seiten Washingtons nicht vom Standpunkt der weltpolitischen Interessen Amerikas angegangen, sondern vom Standpunkt ihrer Auswirkungen auf verschiedene amerikanische Lobbies, Interessengruppen und einzelne politische Bestrebungen.

Viele der Forderungen, mit denen uns unsere westeuropäischen Freunde behelligen, sind eindeutig nicht gerechtfertigt. Auch hier wurden wir in vielen Fällen getadelt für das, was wir tun, und für das, was wir nicht tun; getadelt dafür, daß wir die

Inflation nicht unter Kontrolle bringen, getadelt dafür (zumindest als Folge), daß wir sie zu sehr in den Griff bekommen; getadelt dafür, daß wir einen Wechselkurs festsetzen, und ebenso dafür, daß wir ihn „floaten" lassen. Wir können all diesen Forderungen einfach nicht gerecht werden; daß sie häufig unangebracht sind, sollte uns nicht aus der Fassung bringen.

Im allgemeinen aber sollten wir darauf bedacht sein, uns großzügig und verständnisvoll in unserem Umgang mit den Europäern auf diesem Gebiet zu zeigen. Das, womit wir ihnen psychologisch wie auch ökonomisch am sichtbarsten helfen könnten, würde in der Überwindung des Protektionismus in seinen schlechtesten Formen liegen. Dies jedoch ist natürlich eine innenpolitische Angelegenheit. Alles, was von der Exekutive verlangt werden kann, besteht darin, daß sie wie in der Vergangenheit auch künftig mit solchen Fragen fertig wird, ohne in der Zwischenzeit zu vergessen, wie wichtig es ist, die Öffentlichkeit über die umfassenderen negativen Folgen protektionistischer Politik zu unterrichten, was nur das Weiße Haus tun kann.

# Osteuropa X

Bevor wir auf das Thema Sowjetrußland zu sprechen kommen – das Zentralproblem der amerikanischen Außenpolitik –, ist es ratsam, einen Blick auf die Gruppe von Völkern und Regierungen zu werfen, die zwischen den demokratischen Staaten Westeuropas und den Grenzen der Sowjetunion liegen.

## 1. Jugoslawien

Unter ihnen befinden sich zwei Länder, die streng von den anderen abzuheben sind. Man kann sie einfach nicht im selben Atemzug behandeln. Das erste davon ist Jugoslawien.

Nahezu 30 Jahre nach dem Bruch zwischen Tito und Stalin und der damit einhergehenden Begründung von Jugoslawiens Unabhängigkeit (ursprünglich nur gegenüber Moskau, später gegenüber der ganzen Warschauer Pakt-Gemeinschaft) sollte es eigentlich überflüssig sein, nochmals hervorzuheben, daß dieses Land nicht unter sowjetischer Herrschaft steht, daß es keine nennenswerten politischen oder militärischen Bindungen an Moskau mehr hat, daß es nicht zum Warschauer Pakt gehört, daß es ein völlig unabhängiges Dasein führt und daß der Lebensstil der Jugoslawen nur wenig Ähnlichkeit mit dem der Sowjetmenschen hat, viel eher dem einiger westlicher Völker entspricht, obwohl die jugoslawischen Führer das Produkt marxistischer Erziehung sind und sich noch immer aus Gewohnheit und dem Wunsch nach einer besseren Bezeichnung „Kommunisten" nennen. Ich würde es nicht für nötig halten, die Aufmerksamkeit auf diese reichlich selbstverständlichen und allgemein bekannten Tatsachen zu lenken, wäre ich nicht während meiner Tätigkeit als Botschafter in Jugoslawien vor einigen Jahren gezwungen gewesen, lange und vergeblich mit einigen unserer Kongreßabgeordneten zu streiten in dem Bemühen, sie davon zu überzeugen, daß sich die Dinge tatsächlich so verhielten; und hätte Präsident Ford in seinen Wahlkampfäußerungen nicht einige Zweifel an seinem Verständnis für diese Tatsachen aufkommen lassen, wenn er Jugoslawien unkritisch in einen Zusammenhang mit Polen und Rumänien brachte.

Eine der Quellen der amerikanischen Verwirrung diesbezüglich – abgesehen davon, daß die Jugoslawen den Begriff „kommunistisch" immer wieder verwenden – ist vielleicht die allgemein verbreitete abwegige Annahme, wer nicht für uns sei, müsse gegen uns sein. Denn während es zutrifft, daß Tito nicht – oder besser: nur teilweise – ein Freund Moskaus ist, stimmt es ebenso, daß er nur teilweise auf unserer Seite steht. Als Ideologe ist er Moskau enger verbunden, als Nationalist – darauf bedacht, seine eigene politische Unabhängigkeit und die seines Volkes zu wahren – vielleicht uns näherstehend. Seine Worte neigen eher dem Osten zu, seine Taten eher dem Westen. In den zweiseitigen Beziehungen behandelt er uns im Regelfall fair und so, daß man dagegen nichts einwenden kann. Auf weltpolitischer Bühne verbündet er sich begeistert und unkritisch mit unseren schlimmsten Feinden in der Dritten Welt.

Unter diesen Umständen sind unseren Beziehungen zu Jugoslawien Grenzen gesetzt. Wir können nicht ganz die generell antiamerikanische Haltung der Gruppe „blockfreier" Nationen vergessen, deren herausragender Führer Tito von Anfang an gewesen ist. Und wir müssen auch unsererseits gewisse interne Hemmnisse für den Umgang mit dem jugoslawischen Regime erkennen; denn es ist leider eine Tatsache, daß die bei uns lebenden Anti-Tito-Jugoslawen oder Personen jugoslawischen Ursprungs sehr erfolgreich darin waren, aufgrund ihres ausgesprochenen „Anti-Kommunismus" amerikanische Sympathien zu gewinnen und amerikanische Politik immer wieder in eine anti-titoistische Richtung zu drängen, die unsere Beziehungen zu Jugoslawien unnötig gestört und keinem amerikanischen Interesse genützt hat ( wenn man es unterscheidet von einem speziell kroatischen, serbischen oder slovenischen).

Tito ist nicht mehr jung; die Kraft seiner Führung hat nachgelassen und ist nicht mehr, was sie einmal war; und es ist nur natürlich, daß die Menschen damit beginnen, über den Tag nachzudenken, an dem er nicht mehr der Führer seines Landes sein wird, der seit so vielen Jahren fest und geschickt die Zügel in Händen hatte. Das hat zu einigen seltsamen Spekulationen und Phantasievorstellungen geführt, die sich nicht nur auf das Auseinanderbrechen des Landes in seine verschiedenen ethnischen Teile bezogen, sondern auch auf eine mögliche sowjetische Invasion, Eroberung und nachfolgende Eingliederung in den Warschauer Pakt. Die letzteren Besorgnisse wurden in den Reportagen des Europa-Korrespondenten und Kolumnisten der *New York Times*, Mr. Cyrus Sulzberger, nachdrücklich hervorgehoben. Und sie scheinen sogar Mr. Carter vor seiner Wahl ins Präsidentenamt beeindruckt zu haben, wie seine Erklärungen während des Wahlkampfs zeigen.

Um auf die erste dieser Sorgen zu kommen, die einem möglichen Auseinanderbrechen des Landes gilt: das einzige Urteil, das dazu abgegeben werden kann, lautet: möglich, doch nicht wahrscheinlich. Die verschiedenen Volksteile innerhalb Jugoslawiens haben nichts füreinander übrig. Tatsächlich war das Land, wie es am Ende des Ersten Weltkriegs gebildet wurde, eine höchst künstliche Schöpfung. Durchaus denkbar, daß man damals bessere Lösungen hätte finden können. Doch haben die verschiedenen jugoslawischen Völkerschaften es nun zuwege gebracht, innerhalb desselben souveränen Staatsverbands seit über einem halben Jahrhundert zusammenzuleben; und in mancherlei Hinsicht sind Grundlagen einer nationalen Identität geschaffen worden. Keines dieser Völker könnte jedenfalls heute als isolierte, unabhängige Einheit einer irgendwie zufriedenstellenden Zukunft entgegensehen. Wenn eins von ihnen versuchen sollte, allein weiterzumachen, würde es sich tatsächlich sofort mit gefährlichen Gebietsansprüchen seiner einzelnen Nachbarn konfrontiert sehen — Ansprüchen, denen es sich in seinem isolierten Zustand nicht widersetzen könnte.

Es ist schwer vorstellbar, daß die Logik dieser Situation auf die Führer der verschiedenen jugoslawischen Bevölkerungsteile keinen Eindruck machen sollte — selbst nach Titos Abgang von der politischen Bühne. Daß seine Abwesenheit anfänglich zu beträchtlicher Instabilität innerhalb der Regierung führen könnte, ist durchaus wahrscheinlich, weil seine Hand es war, die seit 30 Jahren das politische Leben beherrscht und das Land zusammengehalten hat. Es wäre also verfehlt anzunehmen, daß diese Situation keine Gefahren in sich bergen würde. Doch daß die Führer der zentrifugalen Kräfte, die in der jugoslawischen Gesellschaft heute wirksam sind, so kurzsichtig sein sollten, daß sie es auf den selbstmörderischen Wahnsinn eines Bürgerkriegs ankommen lassen und all das Elend einer ausländischen Intervention provozieren könnten, die praktisch von jeder Seite der langen Grenzen Jugoslawiens drohte, das scheint doch ziemlich unwahrscheinlich.

Was die Möglichkeit einer sowjetischen Intervention angeht: einige der Vermutungen, die anscheinend zu den entsprechenden Befürchtungen geführt haben, sind zweifellos aus der Luft gegriffen. Daß die Sowjetführer danach gieren sollten, in Westeuropa einzufallen, ist eine Einschätzung ihrer Absichten, die schon abenteuerlich genug ist. Daß sie es aber gleichzeitig noch darauf abgesehen haben sollten, eine ähnliche Invasion Jugoslawiens vorzunehmen, das weist noch mehr ins Reich der reinen Phantasie. Zu keiner Zeit in den nahezu 30 Jahren seit dem Stalin-Tito-Bruch ist dies eine ernsthafte Gefahr gewesen. Wenn überhaupt eine Gefahr in dieser Richtung besteht, so liegt sie in der Möglichkeit, daß das Ende des Tito-Regimes schwerwiegende Zentrifugalkräfte im politischen Leben Jugoslawiens freisetzen könnte; daß das eine oder andere osteuropäische Land (wobei Bulgarien an erster Stelle zu nennen wäre) darin eine günstige Gelegenheit für den Versuch sehen könnte, bestimmte Teile des gegenwärtigen jugoslawischen Territoriums zurückzuverlangen oder sich einzuverleiben, an denen es besonders interessiert ist; und daß sich die Russen dann gezwungen fühlen könnten, dem betreffenden Schützling zu helfen, wodurch sie in den Aufruhr verwickelt würden. Das wiederum ist ein möglicher, doch nicht wahrscheinlicher Szenenablauf; und nichts wäre damit gewonnen, wenn man ihn zum Gegenstand überspannter und panikverursachender Spekulation machte.

Die Jugoslawen stellen mit die tapfersten Soldaten auf der Welt. Sie haben die drittstärkste Armee im nicht von der Sowjetunion beherrschten Teil Europas. Diese Armee ist gut gerüstet, einem Eindringling im flachen Land zu widerstehen, und noch besser darauf vorbereitet, sich in die Berge zurückzuziehen und dort eine Widerstandskraft zu entwickeln, die das, was den Deutschen von jugoslawischen Partisanen während des letzten Weltkriegs geboten wurde, weit in den Schatten stellen würde (wobei man sich erinnern muß, daß sie eine beachtliche Anzahl deutscher Divisionen aufhielten). Diese bewaffnete Streitmacht war nicht zum Schutz gegen den Westen geschaffen; sie war vielmehr erforderlich aufgrund der geographischen Lage Jugoslawiens. Das Wesen, die Ausrichtung und Stellung von Titos Jugoslawien ist – ob von ihm gewünscht oder nicht – von unschätzbarem Vorteil für die NATO gewesen, da sich so die sowjetischen und Warschauer Pakt-Truppen auf Distanz vom Adriatischen Meer und Gebiet der NATO-Mitglieder halten ließen.

Der Westen einschließlich der Vereinigten Staaten hat deshalb ein wesentliches Interesse am Fortbestand und weiteren Gedeihen des jugoslawischen Staates, wie wir ihn heute kennen. Wir wären gut beraten, diesen Staat nicht durch Mißbrauch unserer Beziehungen zu ihm zu schwächen (wie es so viele Amerikaner jugoslawischer Abstammung gerne hätten) – oder durch schadenfrohe Spekulation hinsichtlich der Gefahren, die ihm mit Abgang Titos drohen könnten. Die Vereinigten Staaten insbesondere sollten nicht vergessen, daß die Jugoslawen zu den am wenigsten anti-amerikanisch eingestellten, in ihrer Beziehung zu uns sogar freundlichsten und wohlwollendsten Völkern auf der Welt gehören. Das ist ein Vorzug, den wir nicht leichtfertig aufs Spiel setzen sollten.

## 2. Finnland

Die extreme Bipolarität, die in westlichem Denken einen so breiten Raum einnimmt, hat schon zu solchen Verzerrungen geführt, daß es den Menschen schwerfällt, die Position eines europäischen Landes zu verstehen, das umständehalber irgendwo zwischen der kommunistischen und nichtkommunistischen Welt stehen muß. Das trifft – wie für Jugoslawien – leider auch für Finnland zu.

Keinem europäischen Volk konnte größere Ungerechtigkeit widerfahren als den Finnen – und zwar dadurch, daß Westeuropäer und Amerikaner laufend vom Konzept der möglichen „Finnlandisierung“ Westeuropas sprachen und damit an eine bestimmte hilflose und erniedrigende Stellung gegenüber der Sowjetunion dachten – nicht an eine formale Einverleibung in den Sowjetblock, sondern an eine kraftlose Hinnahme sowjetischer Beherrschung und eine Bereitschaft, sowjetische Befehle in allen wesentlichen Fragen des politischen Lebens zu akzeptieren. Man mag von der Wahrscheinlichkeit oder Notwendigkeit überzeugt sein, daß sich die Westeuropäer ständig mit einer derartigen Lage abfinden müssen; aber es ist bestimmt unzutreffend und im höchsten Maß ungerecht, das allein den Finnen zur Last zu legen. Ihre Politik gegenüber der Sowjetunion war seit dem letzten Krieg aus verständlichen Gründen besonnen und zurückhaltend. Sie zeigten sich darum besorgt, nicht zu einem Problem für die Sowjetunion zu werden und sich in keiner Weise für die Versuche anderer herzugeben, Moskau in Schwierigkeiten zu bringen. Bestimmte westeuropäische Regierungen, die Finnland den Krieg erklärten und die Finnen dann 1944 zwangen, sich den Russen zu unterwerfen, sollten am wengisten das Recht haben, sie für diese vernünftige Einstellung zu tadeln.

Tatsache ist jedoch, daß die Finnen über diese bewährte Politik der Zurückhaltung hinaus der Sowjetunion gegenüber mit einer bemerkenswerten Würde, Kaltblütigkeit und Gelassenheit aufgetreten sind, ebenso wie mit einem ruhigen, doch festen und erfolgreichen Beharren auf dem Recht, intern ihr eigenes Leben nach ihrem eigenen Geschmack und in Übereinstimmung mit ihren eigenen Prinzipien zu führen. In keiner Weise haben sie verdient, als Beispiel für erniedrigende Unterwürfigkeit gegenüber einer größeren Macht zitiert zu werden.

Kulturell und geistig, in ihren Gewohnheiten und Neigungen sind die Finnen ein Teil der westlichen Welt, was auf keine militärische Feindseligkeit gegenüber irgendeinem anderen schließen läßt. Sie sollten in vielfacher Weise so wie andere neutrale Staaten Europas aufgefaßt werden. Wir sind nicht verpflichtet zu ihrer Verteidigung; und es wäre auch gar nicht gut, wenn wir uns dafür zu interessieren suchten. Es liegt im Wesen ihrer Lage begründet, daß sie selbst es fertigbringen müssen, mit den Mitteln, die ihnen zu Gebote stehen, ihre eigene Sicherheit zu gewährleisten. Wir können ihnen nur dadurch helfen, daß wir ihnen Anerkennung zollen für die beachtlichen Leistungen, die sie als Volk vollbracht haben, und Verständnis zeigen für ihre ungewöhnliche und schwierige geographische Lage. Und wir sollten nützlicherweise stets bedenken, daß dieses Land, dessen Freundschaft wir zu schätzen haben, zu jenen gehört, deren Interessen gefährdet werden, wenn wir unsere Konflikte mit der Sowjetunion zu bipolar interpretieren und wenn wir uns so verhalten, als wären durch solche Konflikte nur unsere Interessen und die unserer NATO-Partner berührt.

### 3. Das kommunistische Osteuropa

Zwischen den nichtkommunistischen Ländern Europas – (in diesem Zusammenhang) unter Einschluß Jugoslawiens – und den Grenzen der Sowjetunion haben wir als spezifische Probleme amerikanischer Außenpolitik die 6 kommunistisch kontrollierten westeuropäischen Länder des Warschauer Pakts. Sie stellen ein etwas anderes Problem dar als die Sowjetunion selbst und rechtfertigen von daher eine gesonderte Behandlung.

Das erste, was sich über diese Länder sagen läßt, betrifft das Ausmaß ihrer Unterschiedlichkeit in politischer Hinsicht. Es ist lange her, daß man sie als einheitliches Phänomen betrachten und behandeln konnte. Keine zwei von ihnen sind völlig gleich in ihren Beziehungen zur Sowjetunion oder in dem Bild, das sie uns liefern. Auch ihre politischen Situationen sind in keinen zwei Fällen identisch. Man darf annehmen, daß alle – vielleicht nur mit Ausnahme Ostdeutschlands – gegen den entschiedenen Willen ihrer Völker in der sowjetischen Einflußsphäre gehalten werden. In einigen Fällen werden sie auch gegen die geheimen Wünsche ihrer kommunistischen Machthaber in dieser Umklammerung festgehalten. In anderen Fällen müssen die Herrscher die fortbestehende Sowjetherrschaft begrüßen, weil sie ohne deren Rückhalt nicht die geringste Chance hätten, an der Macht zu bleiben oder gar einer persönlichen Katastrophe zu entgehen. Einige dieser Länder haben Sowjettruppen auf ihrem Gebiet stationiert, andere nicht. Einige beteiligen sich hervorstechend an den Aktivitäten des Warschauer Pakts, andere weniger, die Rumänen fast gar nicht. Die erste Forderung an die amerikanische Politik besteht somit darin, diese Unterschiede nicht zu übersehen, sondern ihnen vernünftig Rechnung zu tragen.

Das zweite, was nicht vergessen werden darf, wenn man über die Schwierigkeiten dieser Länder für die amerikanische Außenpolitik nachdenkt, ist die Ambivalenz, die sie in allen entscheidenden Punkten ihres Wesens zeigen. Die Vereinigten Staaten können nicht so tun, als ginge es in diesem Verhältnis nur um die Regierungen. Aber sie können in ähnlicher Weise auch nicht so auftreten, als seien allein die Haltungen der Menschen von Bedeutung. Die Regierungen sind durchweg an die Sowjetunion gebunden – und in mancherlei Weise auf sie angewiesen. Die Menschen sind fast bis auf den letzten Mann anti-russisch, um nicht zu sagen anti-kommunistisch eingestellt. Beides muß in Betracht gezogen werden. Es ergibt sich damit eine Zweischneidigkeit, die zwischen Regierungen und Völkern zum Tragen kommt. Selbst ein extremer Antikommunist unter den ausländischen Staatsmännern könnte in seiner Gegnerschaft zu den Regierungen nicht zu weit gehen, ohne den Menschen gleichzeitig Unrecht zu tun und zu schaden. Er könnte aber auch den Menschen nicht zu viel Wohlstand bringen, ohne daß die Regierungen sofort Nutzen daraus zögen.

Doch beschränkt sich diese Zweischneidigkeit nicht auf den Zwiespalt zwischen Regierung und Volk. Die an der Macht befindlichen kommunistischen Eliten selbst fühlen sich hin- und hergerissen – teils darauf bedacht, die Bindung an Rußland zu erhalten, teils darauf, sie zu schwächen. Eine zu einfache und direkte Behandlung durch den Westen könnte, wenn sie die harte Linie vertreten würde, ihre Bemühungen um eine flexiblere und unabhängigere Position beeinträchtigen; bei einer weichen Linie würde es leichter für sie, beidem gerecht zu werden, d. h. die Politik der Unterdrückung gegenüber ihrem eigenen Volk ebenso wie die der Willfährigkeit gegenüber Moskau fortzusetzen und sich dabei noch bis zu einem gewissen Grade der Gunst und Unterstützung des nichtkommunistischen Westens zu erfreuen.

Somit besteht die erste Forderung einer vernünftigen amerikanischen Politik gegenüber diesen Ländern darin, daß zwischen den verschiedenen Staaten mit feinem Gespür unterschieden wird und sorgfältig abgewogen zwischen gegensätzlichen Überlegungen. Das bedeutet, daß die Art von allgemeinen Beschränkungen und Vorschriften, wie sie sich in Kongreßentscheidungen niederschlagen, nirgends weniger am Platz ist als gerade in bezug auf diese Region. Wenn Politik hier wirksam sein soll, muß die Exekutive freie Hand haben, Tag für Tag gut überlegte und von Einsicht getragene Entscheidungen zu treffen, die den Veränderungen und Wandlungen des jeweiligen Augenblicks angepaßt sind. Jede starre Politik, die unfähig wäre, auf unvorhergesehene Ereignisse zu reagieren, würde sich selbst zerstören.

All das oben Gesagte bezieht sich auf die Situation, die wir heute vor uns haben. Man muß jedoch auch die Probleme bedenken, die sich für uns stellen könnten, wenn umfassende Veränderungen am Status quo, der jetzt in dieser Region herrscht, eintreten. Sie könnten auf dreierlei Art erfolgen: entweder durch Sturz eines der kommunistischen Regime oder durch sein Versagen in solch einem Ausmaß, daß die Russen neuerlich eingreifen und das Land besetzen müssen, oder durch den Erfolg eines der kommunistischen Regime in der Schaffung einer tatsächlichen Unabhängigkeit von sowjetischer Kontrolle, wie sie Tito gelang und Imre Nagy und Alexander Dubček sie seinerzeit fast zuwegebrachten, womit ein Ausscheiden aus den Reihen des Warschauer Pakts verbunden wäre oder drohen würde.

Abgesehen von Polen, wo die Zukunft der Beziehungen zwischen dem Regime und der arbeitenden Bevölkerung ungewiß ist, besteht wenig Wahrscheinlichkeit, daß die ersten zwei dieser Möglichkeiten in absehbarer Zukunft verwirklicht werden. Die dritte – nämlich irgendeine Form der Loslösung eines der kommunistischen Regime von Moskau – ist vielleicht eher denkbar, besonders angesichts der umfassenden Veränderungen in der sowjetischen Führung, mit denen im Laufe der nächsten zwei oder drei Jahre gerechnet werden muß. Und es verdient festgehalten zu werden, daß die NATO-Staaten sehr dürftig auf eine Reaktion diesbezüglich vorbereitet sind. Sowohl die Ereignisse in Ungarn von 1956 als auch die Krise in der Tschechoslowakei von 1968 kamen für sie ganz überraschend und blieben ohne wirksame Antwort. Einer der Nachteile der gegenwärtigen starren Teilung Europas und der Zurückweisung eines jeden Gedankens von Disengagement* durch die Westmächte besteht darin, daß es ihnen an Ideen und Beweglichkeit des Handelns mangelt, wenn es zu einer ernsten Erschütterung der Solidarität des Ostblocks kommt. So wie die Dinge heute stehen, muß man annehmen, daß wenn eines der osteuropäischen Länder sich plötzlich von sowjetischer Bevormundung freimachen und einen neuen Platz im europäischen Kräftespiel suchen würde, die westlichen NATO-Mächte über solch eine Entwicklung nicht weniger erschrocken wären als die Führer der Sowjetunion. Auch sie haben sich festgelegt auf die gegenwärtige Linie der Teilung.

Die Streitkräfte der osteuropäischen Länder werden natürlich ganz zentral in die Kalkulationen des militärischen Ost-West-Gleichgewichts miteinbezogen, über das man in NATO-Kreisen heute so besorgt ist und so aufgeregt debattiert. Doch vieles, was diesen Streitkräften dabei an Wert zugesprochen wird, ist entweder unzutreffend oder höchst ungewiß.

Viel dürfte von der Art und Weise abhängen, in der es zum Ausbruch der Feindseligkeiten kommt. Sollten die Sowjets überraschend und ohne Grund den Westen angreifen, wäre keines dieser Länder voll dabei – mit Ausnahme vielleicht von Ostdeutschland und Bulgarien (wo es um rein lokale Ziele gehen würde). Am allerwenigsten kann jedoch behauptet werden, daß sie für einen Angriff auf den Westen „gleichgewichtig“ (dieses Wort wird manchmal benutzt) ausgerichtet werden – wartend nur auf ein Zeichen aus Moskau. All das ist zu unwirklich, um eine seriöse Diskussion zu gewährleisten. Jeder Angriff der Sowjetunion gegen die NATO-Länder wäre auf rückwärtige Verbindungen angewiesen, die sich über das Gebiet von mindestens zwei osteuropäischen Satelliten erstrecken. Der Gebrauch dieser Einrichtungen müßte einige Zeit im voraus vorbereitet werden, womit die Vorteile einer Überraschung eigentlich ausgeschlossen wären. Die So-

---

* Damit ist der militärische Rückzug – hier vor allem der Supermächte aus Mitteleuropa – gemeint, über den es schon in den 50er Jahren zu heftigen Kontroversen kam, A.d.Ü.

wjetunion kann sich nicht einfach des Territoriums und der Bevölkerung dieser Länder bedienen, als ob deren Regierungen und deren Menschen bloße Roboter wären, die nach einer entsprechenden Anweisung gieren und der sowjetischen Führung so tief verbunden sind, daß sie sich blind vor Begeisterung auf die Ausführung eines jeden sowjetischen Befehls stürzen würden – kurzum, als ob sie keine eigenen nationalen Gefühle, Interessen oder Reaktionen hätten.

Eine der ersten Forderungen an eine vernünftige und wirksame Politik gegenüber dem von Rußland bestimmten Kommunismus würde demnach in der realistischen und ausgewogenen Einschätzung der Stärken und Schwächen der Satellitenstaaten liegen, die als ein Zusatz zu sowjetischer Politik und sowjetischem Militärpotential zu sehen sind.

# Die Sowjetunion – Der Alarm

XI

Nun ist es schließlich so weit, daß wir uns mit dem Wissen um die verschiedenen anderen Elemente des Weltgeschehens dem Hauptproblem amerikanischer Außenpolitik zuwenden können – einem Problem, das an Bedeutung und Schwierigkeit all die anderen überragt und von dessen Bewältigung viele andere Aspekte amerikanischer Politik abhängen.

## 1. „Détente" und ihre falsche Interpretation

Vor einigen Jahren – gegen Ende der 60er Jahre – verbesserten sich aus einer Reihe von Gründen, unter denen die Beziehungen Rußlands zu China und die Konsolidierung der Autorität Breschnews eine herausragende Rolle spielten, die Aussichten für die US-Regierung, zu einer besseren Verständigung mit dem Kreml über einen zwar begrenzten, doch wichtigen Kreis von Fragen zu gelangen. Zu diesen gehörten in allererster Linie die, die sich auf nuklearstrategische Fragen bezogen, aber auch solche, die auf eine mögliche Ausweitung und Verbesserung des Gedankenaustauschs und Erleichterungen der Zusammenarbeit in verschiedenen kommerziellen und kulturellen Bereichen abzielten.

Die Johnson-Administration begann damit, probehalber und noch sehr zaghaft vorzufühlen, ob Möglichkeiten eines Fortschritts in dieser Richtung bestünden, doch die dafür ungünstigen Rückwirkungen der Ereignisse in der ČSSR von 1968 zusammen mit unserer eigenen Verwicklung in Vietnam und dem politisch späten Zeitpunkt für Johnson selbst schränkten nachhaltig ein, was die Regierung sonst hätte schaffen können. Nichtsdestoweniger wurden die Grundlagen für die SALT*-Gespräche gelegt und Fortschritte auf zwei oder drei anderen nicht unwesentlichen Sektoren erzielt (besonders hinsichtlich der Luftfahrtverbindungen und der Ausweitung konsularischer Vertretung).

Als das Trauma der ČSSR-Ereignisse allmählich in den Hintergrund trat und unser eigenes Engagement in Vietnam sich seinem Ende neigte, befand sich die neue Nixon-Administration in einer relativ günstigen Lage, um diese Bemühungen fortzusetzen. Kissingers außergewöhnliche Erfindungsgabe und seine Kraft zu Initiativen lieferten eine besonders wirksame Triebkraft für das Unternehmen. Die Erinnerung an Nixons früheren flammenden Antikommunismus diente zur Entwaffnung der politischen Rechten, die immer besorgt und auf der Hut war – aus Furcht, es könnte Frieden ausbrechen. Was folgte, ist allgemein bekannt: die SALT-Gespräche; die Besuche Kissingers und Nixons in Moskau; die verschiedenen bilateralen Abkommen auf kommerziellem und kulturellem Gebiet.

All das wurde nicht ohne Grund bald unter einem speziellen Namen bekannt: Détente. Der Name selbst war nicht neu, aber sein Gebrauch gerade in diesem Zusammenhang fand mächtigen Anklang bei der Presse und wurde prompt verknüpft mit den gerade beschriebenen Anstrengungen, als wären *sie* etwas völlig Neues. Für viele schien der Name bald eine allgemeine Veränderung in den sowjetisch-amerikanischen Beziehungen zu bedeuten – eine grundlegende Kehrtwendung, die diesen Abschnitt der Beziehungen von allen früheren unterschied. Dieser Eindruck wurde dann noch vertieft durch das Spektakel der verschiedenen Gipfelbegegnungen. Keine der beiden betroffenen Regierungen wollte (wenn auch aus jeweils verschiedenen Gründen) den Eindruck zerstören, daß das, was sich hier abspielte, ein grundlegender und historischer Wandel sei, der eine neue Ära in den Beziehungen zwischen beiden Ländern und zwischen Rußland und dem Westen allgemein verhieß. Die Presse mochte es natürlich so, überdramatisierte es systematisch und vergrößerte es in üblicher Manier um ein Vielfaches seiner wirklichen Größe.

---

* Strategic Arms Limitation Talks = Gespräche über die Begrenzung strategischer Waffen, A.d.Ü.

Daß Nixon und Kissinger sich um nützliche Vereinbarungen zwischen den beiden Regierungen auf verschiedenen speziellen Gebieten bemühten und entsprechende Abschlüsse vornahmen, war an sich nicht schlecht; was schlecht war, war bloß der falsche Eindruck, den die Öffentlichkeit von der Bedeutung des Geschehenen vermittelt bekam. Diese Bemühungen fielen in Wirklichkeit nicht aus dem längst bestehenden Rahmen amerikanischer Politik. Es gab in dieser Beziehung immer Höhen und Tiefen, die zu jeder Zeit die Grenzen des Möglichen im Hinblick auf Verbesserungen festlegten; und den Vereinigten Staaten war natürlich zu allen Zeiten – mit Ausnahme vielleicht der frühen 1950er Jahre, als der Kalte Krieg seinen Höhepunkt erreichte – daran gelegen, die günstigeren Gelegenheiten auch wahrzunehmen.

Es mag wohl sein, daß die frühen 1970er Jahre eine ganz besonders günstige Zeit für Fortschritte in den verschiedensten Richtungen waren. Die Veränderung jedoch bestand im Ausmaß, nicht in der Substanz. Und die fraglichen Bereiche blieben begrenzt. Die Führungskreise in der Sowjetunion gaben niemals Anlaß zu der Annahme, daß sie bereit wären, entscheidend von ihrer einmal festgelegten Politik und Praxis der Unterdrückung politischer Opposition innerhalb der Sowjetunion abzuweichen oder die Ermunterung pseudomarxistischer „nationaler Befreiungsbewegungen" in der Dritten Welt einzustellen oder die ununterbrochene Fortentwicklung ihrer Streitkräfte in Bereichen, die nicht durch spezielle Rüstungsbeschränkungsabkommen abgedeckt waren, zu stoppen. Ihre Regierung war darauf vorbereitet, mit uns auf spezifischen und begrenzten Sektoren Abkommen zu schließen. Sie erhielt sich damit ihre Handlungsfreiheit in jenen Bereichen, die von den betreffenden Abkommen nicht berührt waren, und lieferte keinen ernsthaften Grund zu der Annahme, daß ihr Verhalten in solch anderen Bereichen maßgeblich von dem beeinflußt würde, was die Leute manchmal als „Atmosphäre der Entspannung" bezeichneten. Der gegenteilige Eindruck und die irreführende Euphorie im Zusammenhang mit den Gipfelbegegnungen war unserer Presse zu verdanken.

Beiden Regierungen könnte man vielleicht zur Last legen, daß sie, ohne etwas richtigzustellen, immer stärker den Eindruck aufkommen ließen, ein alles überragender Wandel sei eingetreten, kraft dessen die Sowjetregierung jetzt aufhören würde, sich wie eine solche zu verhalten. Die US-Regierung jedoch hatte keinen Grund, sich diesbezüglich einer Täuschung hinzugeben. Auch die Nachrichtenmedien, die über ebenso gute Quellen wie die staatlichen Stellen verfügen, konnten keine Entschuldigung dafür angeben, daß sie einen Eindruck verbreiteten, der, wie schon ein erster Blick auf die historischen Tatsachen gezeigt hätte, in Wirklichkeit ohne Grundlage war.

Immerhin – zur Zeit von Watergate war der Schaden bereits eingetreten. Große Teile der amerikanischen Öffentlichkeit waren an einen Punkt geführt, wo sie etwas erwarteten, das es nicht geben konnte. Und die Reaktion ließ nicht lange auf sich warten. War der durch die Gipfelbegegnungen ausgelöste Taumel erst einmal überstanden und hatte die Presse ihr Vergrößerungsglas auf andere Ereignisse gerichtet, erschienen die Errungenschaften der „Détente" als immer unbedeutender (mehr noch, als sie es eigentlich verdienten); wogegen das unveränderte sowjetische Festhalten an den für Amerikaner unangenehmen Praktiken in anderen Bereichen bei einigen amerikanischen Kreisen Mißvergnügen auslöste, bei anderen zur Befreiung von Illusionen führte. Das wiederum wurde unglückseligerweise von zahlreichen Leuten aufgegriffen, denen es nie in erster Linie um eine Verbesserung der Beziehungen zur Sowjetunion gegangen war.

Die letzteren wiederum bildeten zwar keine einheitliche, doch eine zahlenmäßig starke und laute Gruppe. In ihr befanden sich diejenigen, die ein – wie auch immer gelagertes – Interesse an Militärausgaben hatten; diejenigen, deren alter Traum darin bestanden hatte zu sehen, daß sich die Vereinigten Staaten zum Sturz der Sowjetmacht verpflichteten; und diejenigen, für die eine laute Zurschaustellung anti-kommunistischer Kriegsgesinnung und Wachsamkeit zur Grundlage des politischen Geschäfts gehörten. Es befanden sich darunter auch andere, die in ihrem Motiv völlig uneigennützig und engagiert waren, aber eine höchst bipolare Auffassung von internationalen Problemen vertraten, die der sowjetischen Führung so sehr mißtrauten und auf die Erreichung einer militärischen Überlegenheit Amerikas so stark hofften, daß sie in jeglichem Rüstungsabkommen mit der Sowjetunion große und gefährliche Lücken zu erkennen glaubten; nach ihren Vorstellungen sollte daher eher der Weg totaler militärischer Vorbereitung beschritten werden als der einer Verhandlung über Rüstungskontrolle. Zu all dem kam mit Näherrücken der Wahl von 1976 noch die Tatsache, daß der offenkundige Bruch zwischen den Versprechungen der Entspannung und ihren tatsächlichen Ergebnissen den Kritikern der zu Ende gehenden Regierung eine brauchbare Waffe mehr an die Hand gab. Die sowjetische Regierung trug zu dieser Reaktion noch bei durch ihr Verhalten in Angola, das ihre neu erworbene Fähigkeit, in entfernten Randzonen militärisch aktiv zu werden, unter Beweis stellte.

Aus all dem heraus wurde dann eine mächtige Strömung innerhalb der öffentlichen Meinung in den Vereinigten Staaten – und bis zu einem gewissen Grade in Westeuropa – entfacht mit der Behauptung, die sowjetischen Absichten und Aktionen seien bedrohlicher als je zuvor, und der Befürwortung nicht nur wesentlich erhöhter Militärausgaben und Vorbereitungen, sondern insbesondere der Empfehlung einer feindlichen, trotzigen und herausfordernden Haltung der US-Regierung gegenüber der sowjetischen – einer Haltung, die dazu bestimmt war, den Kreml schließlich zu einer Veränderung seiner Politik auf westlichen Kurs hin zu zwingen.

Diese Reaktion wurde verbunden mit den Folgen der Helsinki-Konferenz. Die sonderbare Serie von Verhandlungen, die mit dem Gipfeltreffen von Helsinki endete, entstand auf langes Drängen der Sowjets nach einem europäischen Sicherheitspakt hin. Bestimmte Westeuropäer dachten, daß man den Russen auf halbem Wege entgegenkommen sollte – wenigstens in der Form, daß man mit ihnen darüber sprach, und auf diese Weise begannen die Gespräche. Aber zu keiner Zeit war irgendjemand im Westen wirklich darauf eingestellt, einen formalen Sicherheitspakt ins Auge zu fassen, der die bestehenden NATO- und Warschauer Pakt-Abmachungen ersetzen oder umfassen sollte. So arteten die Gespräche aus in einen langen Kampf über verschiedene Formulierungen prinzipieller Natur, die jeder Seite die Freiheit lassen sollten, sie bei Umsetzung in die tägliche Praxis nach ihren eigenen Wünschen zu interpretieren. Das Schlußdokument hatte nicht den Charakter einer Reihe bindender Verpflichtungen –

mehr den einer langen Liste von Prinzipien, die die verschiedenen Parteien bereit waren zu unterschreiben.

Die Westmächte wurden sofort in der Weise angegriffen, daß sie in diesem Dokument der These zugestimmt hätten, daß die bestehenden Grenzen in Europa nicht gewaltsam verändert werden dürften. Dies, so wurde geltend gemacht, wäre gleichbedeutend mit der formellen Auslieferung ganz Osteuropas – einschließlich Ostdeutschland – unter dauernde sowjetische Herrschaft und damit ein entscheidendes, ungerechtfertigtes und ohne Gegenleistung erfolgtes Zugeständnis an die Sowjetunion. In Wirklichkeit hatte keine der europäischen Mächte auch nur die leiseste Absicht, irgendeine dieser Grenzen gewaltsam oder auf andere Weise zu ändern – auch ohne solch eine Erklärung nicht; der bloße Gedanke an eine Beseitigung der Teilung Europas schreckte sie eher ab. Die angebliche Konzession war deshalb gar keine echte. Die Russen andererseits bekannten sich mit ihrer Unterschrift an mindestens drei Stellen des Helsinki-Dokuments zu einer Haltung, die selbst bei nachlässigster Befolgung eine Wiederholung des Vorgehens in der Tschechoslowakei von 1968 ausgeschlossen hätte. Sie akzeptierten auch die Passagen, die sich auf die Menschenrechte bezogen, was zumindest irreführend sein mußte, wenn man es in Beziehung zu ihrer bestehenden Praxis setzte. Diese letzteren Vorschriften sollten die Sowjetregierung in den folgenden Monaten jedoch in arge Verlegenheit bringen – und zwar so sehr, daß sich mit gutem Recht sagen läßt, wenn irgendjemand die Schlacht um Worte verlor, auf die die Helsinki-Verhandlungen im Grunde genommen hinausliefen, es die sowjetische Seite und nicht der Westen war.

In den Jahren vor Helsinki hatte ich bei vielen Gelegenheiten versucht, unsere Regierung von der Torheit zu überzeugen, die in dem Versuch liegt, die Sowjetregierung zur Unterzeichnung hochtrabender allgemeiner Prinzipien zu bewegen und insbesondere solch eine Diskussion vor einem multilateralen Forum zu führen – unter dem täglichen prüfenden Blick der Weltpresse. Ich hatte die Meinung vertreten, daß, wenn man wirklich nützliche Abkommen mit dieser Regierung haben wollte, diese höchst spezifischen Charakter haben sollten, nur aus genauen und klaren schriftlichen Festlegungen bestehen dürften, von denen anzunehmen war, daß jede Seite sich entsprechend verhielte, und mit Motiven nichts zu tun haben sollte. Die Verhandlungen sollten, wie ich weiter unterstrich, aus privatem und vorzugsweise zweiseitigem Gedankenaustausch bestehen, nicht aus demonstrativem Zurschaustellen der eigenen Meinung vor der Presse.

Die Verhandlungen von Helsinki verletzten jeden dieser Grundsätze. Nachdem das der Fall war, konnte ich keinen Grund sehen, warum man von ihnen sehr viel im Hinblick auf eine Veränderung der bestehenden Praktiken der Sowjetregierung erwartete – namentlich dort, wo ihre eigene politische Sicherheit auf dem Spiel stand. Nichtsdestoweniger wurden die Ergebnisse von Helsinki – besonders die erkannte Lücke zwischen stillschweigendem Versprechen und tatsächlichem Verhalten – aufgegriffen von denen, die allen Verhandlungsbemühungen mit Moskau ablehnend gegenüberstanden und nun den Beweis zu haben glaubten für die schlechte Absicht der sowjetischen Seite und die Unmöglichkeit, mit ihr anders als nur unter dem Druck militärischer Übermacht zu nützlichen Abkommen zu gelangen. Auch das spielte mit bei der Reaktion gegen das, was die Menschen sich unter Entspannung vorgestellt hatten.

## 2. Der militärische Vorwurf

Das grundlegende Argument für die Behauptung, daß Entspannung ein Fehlschlag gewesen sei und uns in eine gefährliche Position gebracht habe, basiert auf der angeblichen Entstehung eines Ungleichgewichts zwischen den sowjetischen Streitkräften und Verteidigungsvorbereitungen und unseren eigenen.

Für diese These gibt es offensichtlich nicht nur eine amtliche Erklärung. Die Argumente stammen aus zahlreichen Quellen. Wenn ich sie jetzt zusammenfasse, stütze ich mich auf solche Versionen, die mir maßgeblicher zu sein scheinen. Sie umfassen beispielsweise eine Erklärung, die Verteidigungsminister Donald H. Rumsfeld kurz vor seiner Ablösung der *New York Times* gab; eine ähnliche Erklärung des NATO-Oberbefehlshabers in Europa,

General Alexander M. Haig, jr.; die Erklärung, die im Januar 1977 von einem aus beiden Parteien zusammengesetzten Gremium verbreitet wurde – dem Comittee on the Present Danger* – und zu deren Unterzeichnern einige Persönlichkeiten gehörten, die vorher hohe Positionen im Verteidigungs-, Außenministerium oder CIA** bekleidet hatten; Erklärungen, die manche von ihnen in persönlicher Eigenschaft abgaben; und schließlich Presseberichte wie die von Mr. Drew Middleton in der *New York Times*, die ihr statistisches Material – wenn nicht gar ihre Anregung – anscheinend aus Regierungskreisen bezogen. Ob unter denen, die – ganz allgemein – diesen Standpunkt vertreten, völlige Übereinstimmung herrscht, vermag ich nicht zu sagen; aber vielleicht wird die folgende Zusammenfassung doch dem gerecht, was sie alle meinen.

Als erstes: der allgemeine Zustand unserer Verteidigungsanstrengungen. Unsere Verteidigungsausgaben sind angeblich bedenklich zurückgegangen und hinter die der Sowjetunion zurückgefallen. Während sie in Dollarpreisen jüngst angestiegen sind, haben sie sich unter Berücksichtigung der Inflation „real" verringert, so daß sie jetzt mit 14% unter dem Niveau der frühen 1960er Jahre liegen und ein Drittel weniger als auf dem Höhepunkt des Vietnamkriegs ausmachen. Gemessen am Bruttosozialprodukt betragen sie weniger als zu jedem anderen Zeitpunkt in den letzten 25 Jahren – und zwar nur 5,75%, während die entsprechende sowjetische Zahl bei 11–13% liegt. Seit nunmehr 6 Jahren gab die Sowjetregierung – in absoluten Dollarzahlen – mehr als wir für Verteidigung aus.

Auf dem Sektor der strategischen Nuklearwaffen hat die Sowjetregierung ihrem Arsenal angeblich über 2000 Fernlenkgeschosse allein seit 1965 hinzugefügt, während unser eigenes Arsenal wirksam erst in den späten 1960er Jahren darauf ausgerichtet wurde – mit dem Ergebnis, daß ihres jetzt sowohl zahlenmäßig (2300 zu 2163) als auch an Wurfkraft das unsere übertrifft. Wenn man die gegenwärtigen Tendenzen dann noch auf die Zukunft überträgt, dürften uns die Sowjets mit ihrer diesbezüglichen Rüstung schließlich noch in zahlreichen anderen Punkten

* Komitee für gegenwärtig drohende Gefahr, A.d.Ü.
** Central Intelligence Agency = amerikanischer Geheimdienst, A.d.Ü.

übertreffen. Das bedeutet – so wird behauptet –, daß die Sowjetregierung fähig sein wird, so viel von unserem Arsenal mit einem ersten Schlag zu zerstören, daß unsere Antwort in Form eines zweiten Schlages entsprechend geschwächt ist und der Schaden, mit dem die Sowjetunion rechnen muß, sich in einem Rahmen hält, der nach unserer Auffassung für die sowjetische Führung „akzeptabel" ist. Am Ende eines derartigen nuklearen Schlagabtauschs würde mit anderen Worten viel vom sowjetischen Wirtschafts- und Militärpotential – unter Einschluß des strategischen Langstreckenarsenals – intakt bleiben, während unsere Kapazität an Fernlenkwaffen erschöpft wäre und wir uns „unterwerfen" müßten.

Wendet man sich der konventionellen Bewaffnung zu, so wird die fragliche These durch eine Reihe von Argumenten gestützt. Nur ein paar von ihnen können hier angeführt sein. Einige leiten sich ab aus Vergleichen zwischen den Stärken der amerikanischen und der sowjetischen Streitkräfte, andere aus Vergleichen zwischen den entsprechenden Stärken von NATO und Warschauer Pakt. Die sowjetischen Landstreitkräfte übertreffen nach dieser These unsere eigenen um mehr als das doppelte. Die Sowjetunion verfügt über 45 000 Panzer gegenüber unseren 8500. Sie hat uns auch mit ihren gepanzerten Trägerfahrzeugen und ihrer Artillerie in den Schatten gestellt. Ihre Produktion taktischer Luftwaffen und Helikopter übersteigt unsere. Der Warschauer Pakt hat 67 Divisionen unter ihrem Oberbefehl, die NATO 29.

Im Bereich der Marine hat uns die Sowjetunion danach überflügelt sowohl hinsichtlich ihrer Schiffe an der Oberfläche wie auch im Hinblick auf ihre U-Boote, und die doppelte Anzahl von Schiffen ist bei ihr im Einsatz.

Man könnte diese Liste noch seitenweise fortsetzen.

Dazu kommt noch die Sorge, daß sich die Sowjetunion verlegt hat auf zivile Verteidigungsvorbereitungen in solch massivem Ausmaß (man spricht von ungefähr 35 000 befestigten Bunkern, die jetzt im Bau befindlich sind), daß man nur vermuten kann, sie wollte einem Ausbruch von Feindseligkeiten zuvorkommen und sei entschlossen, sich selbst in eine Lage zu bringen, wo sie nach dem von ihr gelieferten ersten nuklearen Schlag einen nuklearen Gegenschlag von unserer Seite überstehen könnte – womit die Behauptung verbunden wird, daß wir so und so viele – zig Millionen Toter bei solch einem Schlagabtausch zu beklagen hätten, während auf ihrer Seite eine viel kleinere Zahl von Menschen ihr Leben lassen müßte, eine Aussicht, die als so beruhigend für sie dargestellt wird, daß sie gar nicht abgeneigt wäre, die Initiative zum ersten Schlag zu ergreifen.

Was soll man zu diesem Bombardement alarmierender Statistiken sagen?

Einige von ihnen sind an sich überzeugend – vorausgesetzt, die zugrundeliegenden Einschätzungen sowjetischer Stärke sind richtig.

Andere sind teilweise vernünftig ( wiederum unter der Annahme, daß die Schätzungen stimmen), teilweise aber auch irreführend. Der bloßen Behauptung, daß uns die Russen im Hinblick auf Anzahl und Wurfkraft ihrer strategischen Raketen übertroffen hätten, könnte der Leser kaum entnehmen, daß wir noch immer an die 10 000 offensive Sprengköpfe gegen die Sowjetunion gerichtet haben, die unabhängig voneinander gezündet werden können, wogegen es die Russen nur etwa auf ein Drittel dieser Zahl bringen, ganz zu schweigen von den etwa 7000 sogenannten taktischen Atomwaffen, über die die Vereinigten Staaten in Westeuropa verfügen und die das in den Schatten stellen, was gegen sie selbst auf entsprechender Ebene ins Feld geführt wird. (Die schwächste dieser taktischen Waffen soll übrigens dreimal so stark sein wie die gegen Hiroshima benutzte Bombe.)

Einige der Zahlen schließlich sind dermaßen unzutreffend und irreführend, daß man überrascht ist, sie aus verantwortlichen Kreisen zu vernehmen. Das gilt beispielsweise für den Vergleich zwischen den beiden Marinestärken auf der Grundlage der Zahl von „Schiffen“, die sich im Einsatz befinden (wobei der Begriff „Schiffe“ alles bedeuten kann von der Barkasse eines Admirals bis zu einem Flugzeugträger). Es gilt auch für die Dollarangaben, die manchmal angeführt werden als Hinweis auf die vermuteten sowjetischen Militärausgaben, wobei sich die Zahlen offenkundig aus unseren eigenen Schätzungen ergeben – daraus, was es mit unseren hohen Arbeitskosten und unseren augenblicklichen Inflationspreisen gekostet hätte, die Artikel in den Vereinigten Staaten zu produzieren, von denen wir annehmen, daß sie in Rußland produziert würden. Natürlich sind Zahlen, die aus solchen Berechnungen abgeleitet werden und die die für die beiden Industriestärken kennzeichnenden Unterschiede in Produktionskosten, -methoden und -qualität nicht berücksichtigen, nicht sehr aussagekräftig.

Es würde über das Vorhaben dieser Diskussion hinausgehen, wollte man die vergleichenden Statistiken einzeln unter die Lupe nehmen, obwohl sich über zahlreiche von ihnen einiges Kritische anmerken ließe. Es gibt jedoch Gründe, warum dieses ganze Unterfangen – der Versuch, durch Anführung solcher Zahlen der Öffentlichkeit nützliche Eindrücke über die jeweilige militärische Stärke im Vergleich zu vermitteln – bestenfalls zweifelhaft und schlechtestenfalls gefährlich irreführend ist. Die Gründe dafür sind so vielfältig und in einigen Fällen so elementar, daß ich zögere bei dem Versuch, sie hier aufzuzählen. Einige von ihnen sollten aber doch genannt werden.

Wir wollen uns zunächst vor Augen halten, daß es keine allgemeinen Maßstäbe (am allerwenigsten die bloßer Zahlen) gibt, um die relativen Vorzüge von Waffen oder Einheiten bei einem angenommenen künftigen Aufeinandertreffen zu messen. Alles hängt ab von Zeit, Ort, Absicht und Art des Gebrauchs dieser Waffen oder Einheiten. Eine für Verteidigungszwecke wirksame Waffe kann zum Angriff relativ wirkungslos sein. Eine im Flachland erfolgreiche Waffe kann im bergigen Gelände nutzlos sein. Eine Waffe in den Händen eines voll ausgebildeten und darauf eingestellten Truppenteils kann einen gänzlich anderen Wert haben als in den Händen eines anders trainierten und motivierten Verbandes. Bloße zahlenmäßige Vergleiche sagen nichts aus über diese Variablen.

Auch ist die Tatsache, daß man auf einem bestimmten Rüstungssektor von jemandem überflügelt wird, nicht notwendig schon ein Anzeichen für militärische Überlegenheit. Die Bedürfnisse sind bei keinen zwei Mächten völlig gleich – und sei es nur wegen der unterschiedlichen geographischen und politischen Lage. Die Einschätzung dessen, was eine Macht für ihre Rüstung jeweils braucht, ist nicht unbedingt aufschlußreich für die Bedürfnisse der anderen Macht. Es ist durchaus möglich, daß eine Macht eine spürbare zahlenmäßige Unterlegenheit in einem bestimmten Rüstungszweig aufweist, ohne daß dies mit irgendeiner Gefährdung verbunden wäre.

Auch muß eine bestimmte Waffenart in den Händen des Angreifers nicht immer der geeignetste Waffentyp für die Antwort des Verteidigers sein. Aus der Tatsache, daß sich die Sowjetregierung für etwa 45 000 Panzer in ihrem Arsenal entschieden haben mag, folgt nicht, daß wir gefährdet wären, wenn wir keine ähnliche Zahl auf unserer Seite hätten. Vielleicht hat die Sowjetunion diesbezüglich mehr produziert als sie braucht, wozu sie manchmal neigt. Doch selbst wenn all diese sowjetischen Panzer in perfektem Zustande wären – voll einsatzfähig und an einer bestimmten Front zu benutzen –, hieße das noch nicht, daß die beste Antwort unsererseits in einer ähnlichen oder noch größeren Zahl von Panzern liegen würde. Im Gegenteil: Man hört, daß Anti-Panzer-Waffen jetzt schon so wirksam und so leicht in der Bedienung sind, daß eine groß angelegte Kriegführung mit Panzern überholt sein dürfte.

Ich muß ferner darauf hinweisen, daß wir – die Öffentlichkeit – nicht wissen können, wie die betreffenden Zahlen über die sowjetische Militärstärke in Erfahrung gebracht wurden; da muß man einfach denen glauben, die ihrer Sorge über unsere Unterlegenheit Ausdruck verleihen und die Forderung nach einer Korrektur erheben. Man darf annehmen, daß die Zahlen in den meisten Fällen aus Geheimdienstquellen stammen. Ich sehe keinen Grund, warum man die gute Absicht all derjenigen anzweifeln sollte, die die Zahlen liefern. Wir kennen jedoch zahlreiche Beispiele aus der Vergangenheit (und wissen, daß diese Tendenz tatsächlich bei den meisten militärischen Stellen vorherrscht), wo die Schätzungen der Stärke eines mutmaßlichen Gegners schwer übertrieben sind – gemäß der Theorie, daß für Planungszwecke sinnvollerweise nur die für einen selbst ungünstigsten Schätzungen zugrundegelegt werden können. Es wäre weiterhin naiv anzunehmen, daß militärische Stellen bei der für Öffentlichkeit und

Parlamentarier bestimmten Ausbreitung solchen Zahlenmaterials über die Stärke eines Gegners nicht bewußt oder unbewußt von der Überlegung geleitet wären, daß je erschreckender die Zahlen erscheinen, desto größer die Chancen für eine amtlich genehmigte Vergrößerung ihrer eigenen Arsenale sein dürften.

Das bedeutet nicht, daß überhaupt kein Vertrauen in die fraglichen Zahlen gesetzt werden kann. Es bedeutet lediglich, daß sich die breite Öffentlichkeit – völlig im Dunkeln tappend – vor Augen halten muß, daß solche Zahlen, die erfahrungsgemäß oft nur kluge Kombinationen oder erste allgemeine Schätzungen darstellen, üblicherweise nicht mehr als bloß Annäherungswerte sind und mit Vorliebe dazu neigen, die Stärke eines möglichen Gegners zu übertreiben.

Es fällt einem schließlich auf, daß die meisten Überlegungen diesbezüglich, wie man sie in der amerikanischen Literatur über militärstrategische Fragen findet, von einer völlig bipolaren Welt ausgehen – zumindest wäre das aus ihnen zu schließen –, wie es sie in Wirklichkeit gar nicht gibt – einer Welt, die auf der einen Seite nur aus den Vereinigten Staaten und ihren NATO-Verbündeten und auf der anderen nur aus der Sowjetunion besteht, wobei jede nichts anderes im Sinn hat, als die Gegenseite zu zerstören. Keine Partei, so ließe sich daraus folgern, hat irgendwelche anderen schwerwiegenden militärischen Probleme zu berücksichtigen als die, die sich aus diesem einen Gegner ergeben. Unter diesem Aspekt haben die betreffenden Militärstärken Bedeutung und Wert nur im gegenseitigen Bezug aufeinander. Was natürlich nicht stimmt; der Irrtum aber, der in der Annahme liegt, es stimme doch, schmälert noch mehr die Bedeutung entsprechender Zahlen.

Wenn man angesichts solcher Tatsachen die Frage der sowjetischen Absichten einstweilen noch beiseite läßt und auf die fraglichen Zahlen nur vom Standpunkt des Vergleichs der sowjetischen und amerikanischen Verteidigungsanstrengungen blickt, ist das, was sich daraus mit ziemlicher Wahrscheinlichkeit ergibt, substantiell folgendes: daß die Vereinigten Staaten in den letzten Jahren – vor dem Hintergrund teilweiser Einsparungen in der Nach-Vietnam-Ära, enorm angestiegener Kosten für Rüstungsgüter aus der Schwerindustrie und tatsächlich ausreichender Vorräte an bestimmten Waffen – die Kosten erheblich anwachsen ließen und das Tempo ihrer Verteidigungsvorbereitungen drosselten, während die Sowjetunion ihre Verteidigungsanstrengungen stetig vorantrieb – etwa in der Größenordnung, die in früheren Jahren festgelegt war. Insoweit das relative Gewicht beider Verteidigungsstärken überhaupt mit statistischen Angaben gemessen werden kann, hat es sich also etwas zum Nachteil der Vereinigten Staaten verändert. Das bedeutet nicht, daß die amerikanische Überlegenheit in den meisten wichtigen Punkten damit geschwunden wäre. Auch ist die Tatsache, daß sich die Russen in vielfacher Hinsicht der zahlenmäßigen „Gleichwertigkeit" annähern mögen, nicht schon ein Beweis dafür, daß sie beabsichtigen oder davon ausgehen, nach Herbeiführung der „Gleichwertigkeit" die sogenannte „Überlegenheit" zu erreichen. All das ist lediglich eine Annahme. Die Veränderung, die eingetreten ist, ergibt sich schlicht daraus, daß nicht etwa ein neues und bedrohliches Anwachsen in der Entwicklung der Sowjetstreitkräfte zu verzeichnen war, sondern daß unsere eigene Entwicklungsrate seit Vietnam zeitweilig verringert wurde.

### 3. Der politische Vorwurf

Diese Zahlen der vergleichsweisen militärischen Stärke sind nicht die einzige Grundlage für den Vorwurf, daß Entspannung versagt habe und wir jetzt durch das Verhalten der Sowjetregierung gefährdet seien. In engem Zusammenhang damit, wenn auch etwas anders akzentuiert, steht der Vorwurf, daß diese angeblich drohenden Verteidigungsmaßnahmen nur Teil einer allgemeinen Anstrengung seitens der Sowjetführung seien – darauf gerichtet, aus der so lange besetzten Position einer großen und unangefochtenen Regionalmacht herauszukommen und den Vereinigten Staaten Einfluß und Vormachtstellung global streitig zu machen. Zur Unterstützung dieser These wird behauptet, daß die sowjetische Kriegsmarine, die lange Zeit hauptsächlich als Verteidigungsinstrument zum Schutz sowjetischer Küsten und angrenzender Meere gedacht war, jetzt ausgebaut und darauf vorbereitet wird, die Kontrolle der hohen See in globalem Maßstab zu übernehmen. Zum zweiten verweisen die Vertreter dieser These auf sowjetische Verwicklungen in Angola, an anderen Punkten Afrikas (namentlich Conakry und Somalia, gelegentlich aber auch Mozambique und Nigeria) und im Mittleren Osten. Diese Verwicklungen, so wird behauptet, seinen Ausdruck eines neuen und noch größeren Programms überseeischer Expansion — dazu bestimmt, ganz Afrika und den Mittleren Osten und schließlich in derselben Weise noch andere Regionen unter wirksame sowjetische Kontrolle zu bringen.

Ich halte diese Befürchtungen für ebensowenig überzeugend wie die, die aus den Vergleichszahlen über Waffenproduktion und Truppenstärke abgeleitet wurden.

Nehmen wir als erstes die Frage der Marinestärke. Am besten sollen diesbezüglich die folgenden Passagen aus dem Bericht zitiert sein, der im November 1976 von dem unter dem Vorsitz der Herren Thornton F. Bradshaw und Cyrus R. Vance tagenden Ausschuß für Konventionelle Rüstungskonstrolle (UNA—USA National Policy Panel on Conventional Arms Control) veröffentlicht wurde:

> ... die US-Marine ist eine auf Langstreckengeschosse ausgerichtete Streitmacht mit großer Ausdauer. Sie ist eindeutig stärker als die Sowjetmarine — trotz der größeren Zahl sowjetischer Schiffe — und der Abstand könnte sich noch vergrößern. Jüngste Studien der Kongreßbibliothek (Library of Congress) haben gezeigt, daß die Vereinigten Staaten seit 1969 12% mehr Kriegsschiffe als die Sowjetunion gebaut haben und daß die neuen US-Schiffe über 70% mehr Tonnage verdrängen. Darüber hinaus hat die Sowjetunion — anders als die Vereinigten Staaten — keine Verbündeten mit mächtigen Kriegsflotten.
>
> Die Sowjetmarine ist demgegenüber eine Streitmacht, der ein entsprechendes Eigengewicht noch weitgehend bestritten wird — gemäß dem traditionellen Muster, wonach eine Kriegsflotte allein zur Unterstützung der Landstreitmacht dazusein hat. ... Gegenwärtig ist die Sowjetunion nicht fähig, ihre Seestreitmacht über lange Distanzen hin einzusetzen, falls die Vereinigten Staaten es auf einen Kampf in dieser Richtung ankommen lassen sollten.

Der Report fährt fort mit der Behauptung, daß die Sowjetmarine offenbar eine stufenweise Veränderung durchmacht von einer „herabgeminderten" zu einer „hervorgehobenen" Stellung, daß dieser Prozeß aber bis zu seinem Abschluß noch viele Jahre beanspruchen dürfte. Weiter stellt der Bericht (etwas unlogisch) fest, daß der sowjetische Marineausbau im Augenblick nachgelassen habe.

All das trägt nicht zu einem sehr bedrohlichen Bild bei. Insbesondere ist es nicht dazu angetan, an neue oder drastische Entscheidungen in Richtung auf die Erlangung globaler Vorherrschaft durch die Sowjetunion denken zu lassen.

Daß die US-Marine in ihrem gegenwärtigen Zustand Unausgewogenheiten erkennen läßt, die dringend einer Korrektur bedürfen, daß sie insbesondere die uneingeschränkte Fähigkeit zur Leistung und Verteidigung logistischer Unterstützung bei Operationen amerikanischer Streitkräfte in Europa braucht, steht außer Frage. Es ist dies aber kein Erfordernis, das sich aus einer plötzlichen und erst kürzlich eingetretenen Vergrößerung der sowjetischen Flottenstärke oder aus einer Veränderung erkennbarer sowjetischer Pläne heraus ergibt. Es ist schlicht die Notwendigkeit einer Verbesserung unserer Position auf See, wie sie sich im Lichte unserer Verpflichtungen als NATO-Mitglied stellt.

Was die Vorhaltungen angeht, daß politische Aktivitäten der Sowjets in Afrika und im Nahen Osten den entscheidenden sowjetischen Versuch widerspiegeln, durch Entwicklung politischer und militärischer Stützpunkte in anderen Kontinenten die Weltherrschaft zu erlangen, so kann man dazu nur folgendes sagen. Die Sowjetunion hat sich seit vielen Jahren bemüht, im Machtwettstreit mit anderen Parteien Einfluß in den Ländern der Dritten Welt zu erlangen. Es ist dies ein Versuch, der in der Praxis von Großmächten allgemein – uns eingeschlossen – nichts Ungewöhnliches darstellt. Was einem auffällt bei diesen Bemühungen der sowjetischen Seite – besonders in Afrika –, ist nicht ihr Erfolg, sondern dessen Ausbleiben.

In Angola erlebten sie – wie schon gesagt – das, was man im besten Fall als gelungenen Glückstreffer bezeichnen kann, insofern die von ihnen seit vielen Jahren unterstützte Partei plötzlich (und für sie wahrscheinlich völlig unerwartet) an die Macht gelangte. Tatsächlich sorgten sie zum kritischen Zeitpunkt für eine ausreichende Waffenzufuhr; und vermutlich begrüßten sie die Intervention der Kubaner – oder nahmen sie stillschweigend hin. Das merkwürdige kurze und episodenhafte Auftauchen südafrikanischer Truppen im angolanischen Bürgerkrieg wurde von ihnen als bequeme Entschuldigung für all das benutzt. Was überrascht, ist aber nicht, wie sehr sie dieses scheinbare Glück zu militärischen und antiamerikanischen Zwecken ausnutzten, sondern wie wenig. Nichts spricht dafür, daß sie so etwas wie Militärbasen in Angola errichtet haben. Sie scheinen gelegentlich einen Flughafen dort zu benutzen (nicht zu kontrollieren); und es gibt Grund zu der Annahme, daß sie ihn von Zeit zu Zeit für Luftaufklärungszwecke im Südatlantik benutzen. Ähnliche Einrichtungen bestehen vermutlich in Conakry und auf der anderen Seite Afrikas in Somalia. Bis jetzt deutet nichts darauf hin, daß es zu einer nennenswerten Entwicklung sowjetischer Flotten- oder Militäreinrichtungen in Mozambique oder Nigeria kam.

Dieser sehr begrenzte Gebrauch, den die Sowjetunion vom Territorium der Länder der Dritten Welt für Militär- oder Marinezwecke macht, hält keinen Vergleich aus mit dem, was wir uns in verschiedenen Teilen der Welt entsprechend zunutze machten. Insbesondere läßt sich nichts mit dem weitgespannten Netz von Militär- und Flottenstützpunkten vergleichen, die die Vereinigten Staaten während der längsten Zeit seit dem II. Weltkrieg in der ganzen Welt unterhalten haben.

Mit all dem soll nicht bestritten werden, daß sowjetische Aktivitäten dieser Art hier und da beunruhigende Züge aufweisen. Es soll damit bloß gesagt sein, daß diese Züge wiederum nicht von solcher Art sind, daß sie die Vermutung rechtfertigen, daß die Vereinigten Staaten und ihre Verbündeten plötzlich in großer und neuer Gefahr schwebten; auch lassen sie nicht auf neue und drastische Entscheidungen seitens der sowjetischen Führung schließen, die die Aussichten für eine fortgesetzte friedliche Koexistenz der westlichen Gemeinschaft mit jenem Land in Frage stellen würde oder eine plötzliche und drastische Steigerung in den US- und NATO-Verteidigungsanstrengungen verlangen würde.

Auch die sowjetischen Aktivitäten im Nahen Osten lassen solche Schlüsse nicht eher zu. Vor einigen Jahren allerdings gab es eine Zeit, da sowjetische Aktivitäten in dieser Region tatsächlich beunruhigen mußten. Es ist gut möglich, daß im politischen Establishment der Sowjetunion Persönlichkeiten zu finden sind, die abenteuerliche Unternehmungen in jenem Teil der Welt – betont feindselig und bedrohlich für westliche Interessen – befürworten würden. Es gibt jedoch kein Anzeichen dafür, daß diese Personen heute einen entscheidenden Einfluß auf die sowjetische Politik haben. Sowjetische Versuche, sich die Länder des Nahen Ostens nutzbar zu machen, sind – bis auf zwei Ausnahmen: Irak und Libyen – bemerkenswert glücklos geblieben. Man kann ohne weiteres davon ausgehen, daß die aus diesen Enttäuschungen herrührenden Lektionen nützlich gewesen sind. Mehr noch: Es zeigt sich, daß sowjetische Politik dort wesentlich maßvoller, weniger ehrgeizig und für den Westen weniger verwirrend ist als noch vor einigen Jahren. Sie ist jedoch nicht in jeder Hinsicht beruhigend; und wenn wir weiterhin Waffen in den Iran fließen lassen – in Mengen, die größer sind, als alle Verteidigungsrücksichten dieses Landes es rechtfertigen würden –, kann keiner mehr sicher sein, daß die Sowjetführer nicht eines Tages ihre Sicherheitsinteressen massiv angegriffen sehen und ihre Politik in eine Richtung lenken, die westlichen Interessen abträglich wäre. Es gibt jedoch wenig in ihrem Verhalten der jüngsten Vergangenheit (abgesehen von ihrer angedrohten Aktion während des Yom-Kippur-Krieges, deren Hintergründe für die breite Öffentlichkeit immer noch im Dunkeln liegen), was darauf schließen läßt, daß sie einen grundlegenden Gesinnungswandel von solchem Ausmaß durchgemacht haben, daß ihre Einmischung in die Belange dieses Gebiets alarmierender wäre als das, was wir in früheren Jahren erlebt haben.

### 4. Sowjetische Absichten

Wenn man diese verschiedenen Warnungen vor erhöhter sowjetischer Angriffslust und Entschlossenheit zur Erlangung militärischer Überlegenheit einmal näher betrachtet, stößt man auf bestimmte darin enthaltene Annahmen über das Wesen und die Absichten der sowjetischen Führung. Sie lassen sich wie folgt zusammenfassen:

a) Die sowjetische Führung hat sich seit den Tagen des Kalten Krieges nicht merklich verändert und ist immer noch primär erfüllt von Wunsch und Absicht, die Weltherrschaft zu erlangen.

b) Die sowjetische Führung betrachtet eine militärische Auseinandersetzung mit den Vereinigten Staaten als unvermeidliche Folge des ideologischen und politischen Konflikts zwischen den beiden Mächten und wartet nur auf eine günstige Gelegenheit, um die Vereinigten Staaten und ihre NATO-Verbündeten mit Aussicht auf Erfolg angreifen zu können oder sie mit einer derartigen militärischen Übermacht zu konfrontieren, daß sie sich „unterwerfen“ und ihrer Herrschaft ausliefern müssen.

c) Die sowjetischen Streitkräfte dienen nach Ansicht ihrer Führer daher mehr Angriffs- als Verteidigungszwecken.

Ergänzend zu diesen Auffassungen gehen die Vertreter der entsprechenden These ihrerseits noch von der Annahme aus, daß die Differenzen in Zielsetzung und Weltanschauung zwischen der Sowjetunion und den Vereinigten Staaten bereits so weit gehen, daß an eine friedliche Beilegung nicht mehr zu denken ist – daß sie nur durch Krieg oder die Erlangung einer nicht mehr zu überbietenden militärischen Überlegenheit der einen oder anderen Seite gelöst werden können.

Ich hoffe, diese Frage der sowjetischen Absichten im folgenden Kapitel ausführlicher und angemessener behandeln zu können. Ein oder zwei Bemerkungen seien aber schon hier erlaubt.

Erstens: Wenn die Leute meinen oder durchblicken lassen, daß es keinen entscheidenden Unterschied zwischen der Sowjetunion am Ende der Stalin-Ära – also vor 25 Jahren – und der, die wir heute vor uns haben, gibt, so zeigt das nur, daß sie sich mit Wesen oder Zustand des Sowjetregimes nicht aufmerksam oder gründlich genug befaßt haben. Tatsächlich scheint auch Stalin in seinen letzten Jahren die Unvermeidbarkeit oder Wahrscheinlichkeit einer entscheidenden militärischen Kraftprobe angenommen zu haben, nicht weil er selbst sie wünschte oder von sowjetischem Standpunkt aus für notwendig hielt, sondern mehr, weil er dachte, die Westmächte seien entschlossen, die Dinge bis auf diesen Punkt zu treiben. Doch was immer er damals gedacht haben mag, es gibt keinen Grund zu der Annahme, daß die gegenwärtige Führung die Dinge ebenso sieht wie er.

Wenn all das ohne Blutvergießen zu erreichen wäre, ohne umwerfende Rückwirkungen zu Hause und ohne größere Verpflichtungen für die Sowjetunion im Ausland, wäre die Führung dieses Landes ganz gewiß erfreut – in Grenzen, versteht sich – über die Aufgabe der westlichen Position in Berlin, über eine klare sowjetische Militärüberlegenheit vom Atlantik bis zur chinesischen Grenze und über ein gestiegenes sowjetisches Prestige in der ganzen Welt. Ob sie es wirklich gern hätten, daß die amerikanische Militärmacht in Westeuropa abbröckelt, ist fraglich. Daß diese Führung jedoch den Wunsch haben sollte, all das über einen Krieg zu erreichen, selbst wenn die Sowjetunion dabei mit relativ geringem militärischen Schaden davonkäme, ist höchst zweifelhaft. Ich darf über die Annahme hinweggehen, die keine ernsthafte Beachtung verdienen sollte, daß nämlich die sowjetischen Führer darauf vorbereitet wären, den Verlust von -zig Millionen Sowjetbürgern in einem Nuklearkrieg in Kauf zu nehmen, wenn sich dadurch eine militärische Überlegenheit über die Vereinigten Staaten erzielen ließe. Die Erinnerungen an den II. Weltkrieg – die Erschütterungen, die damit einhergingen – sind in Rußland noch viel lebendiger als man sich im Westen allgemein vorzustellen scheint. Kriege – namentlich solche, die weit entfernt vom Zentrum russischer Macht geführt wurden mit Zielen, zu denen die Verteidigung des Kernlandes offensichtlich nicht mehr gehörte – sind für russische Regierungen in der Neuzeit politisch immer gefährlich gewesen. Und dann gibt es noch andere, mehr subjektive Gründe für solches Zögern der sowjetischen Führung, die besser im nächsten Kapitel zu behandeln sind.

Darüber hinaus aber sind diejenigen, die eine militärische Auseinandersetzung für unvermeidlich halten – angeblich, weil die Sowjetführer zu ihr entschlossen seien – selbst anscheinend nur zu gerne bereit, diese These für sich in Anspruch zu nehmen als etwas, das aus der Logik des Konflikts der Ziele und Ideale zwischen beiden Ländern folgt. Das ist vielleicht das gefährlichste Element in ihrem Denken. Führt doch militärisches Wettrüsten, das sich über einen so langen Zeitraum erstreckt, unweigerlich zu der Annahme, daß ein so lange und intensiv vorbereiteter militärischer Konflikt zu irgendeinem Zeitpunkt auch stattfinden muß. Worüber dann gerne vergessen wird, daß es in den eigentlichen Interessen und Bedürfnissen der betreffenden Völker vielleicht gar nichts gab, was einen Krieg überhaupt gerechtfertigt hätte.

Bismarck mußte in den letzten Jahren seines aktiven Lebens mit eben diesem Problem fertigwerden, daß die militärische Führung und viele einflußreiche Politiker seines Landes dazu neigten, einen deutsch-russischen Krieg nur deshalb als unvermeidlich zu betrachten, weil sorgfältige Vorbereitungen der Heere beiderseits der Fronten darauf hindeuteten. Vergeblich versuchte er den Leuten klarzumachen, daß Deutschland im Hinblick auf Rußland keine Ziele habe, die die Opfer eines Krieges wert seien – daß Krieg beiden Parteien Unheil bescheren würde – solch großes Unheil, daß sich die Menschen am Ende gar nicht mehr an die relativ unbedeutenden Streitpunkte erinnern könnten, derentwegen er ausgebrochen war.

Und genauso ist es heute. Es gibt keinen politischen oder ideologischen Gegensatz zwischen der Sowjetunion und den Vereinigten Staaten – nichts, was eine Seite auf Kosten der anderen gerne erreichen würde –, weswegen die Risiken und Opfer eines militärischen Schlagabtauschs sich lohnen würden. Bei realistischer Einschätzung der Grenzen des Großmacht-Imperialismus – und insbesondere des russischen Imperialismus – in der Neuzeit wäre es langfristig billiger, sicherer und weniger nachteilig für beide Seiten, in irgendeinem der Streitpunkte nachzugeben, als das Unheil in Kauf zu nehmen, das ein moderner Krieg bedeuten würde. Es hat sich dies in der jüngsten Geschichte wiederholt gezeigt. Erwiesen ist beispielsweise, daß 1916 – in der Mitte des I. Weltkriegs – jede Seite die Maximalbedingungen der anderen Seite hätte akzeptieren können, um den Krieg zu beenden, und dabei besser gefahren wäre als mit Fortsetzung des Krieges um weitere zwei Jahre. (Das festzustellen, heißt nicht, für politische Unterwerfung zu plädieren. Es dient nur dazu, daß wir uns recht verstehen.)

Während es in der sowjetischen Machthierarchie zweifellos Leute gibt, die das nicht verstehen, spricht alles dafür, daß sich die sowjetische Führung als ganzes darüber im klaren ist. Krieg oder selbst das Risiko dazu, wie es sich aus der Anspannung aller Kräfte zur Erlangung militärischer Überlegenheit ergeben würde, ist demnach keine bevorzugte Methode zur Erreichung derjenigen Ziele, die im Gegensatz zu denen der Vereinigten Staaten stehen. Ebenso scheint keines dieser Ziele, soweit man sie – namentlich in Eurasien – beobachten kann, von solcher Art zu sein, daß dadurch vitale Interessen unsererseits gefährdet würden – mit der einzigen möglichen Ausnahme von Berlin. Leider gibt es jedoch viele Amerikaner, denen all das nicht einleuchtet.

Es wurde oben bereits erwähnt, daß amerikanische Militärkreise – konfrontiert mit dem Argument, die Sowjetführer seien vielleicht gar nicht entschlossen oder vom Wunsche beseelt, uns all das Schreckliche anzutun, vor dem wir gewarnt werden – gerne erwidern: „Wir können uns gegenüber sowjetischen Absichten auf keine Vermutungen einlassen. Was man sieht, ist zu vage und zu kompliziert. Wir müssen davon ausgehen, daß ihnen daran liegt, uns alles Schlechte zuzufügen, zu dem sie fähig sind.“

Man fragt sich: Kommt es Leuten, die solch eine Position einnehmen, denn nie in den Sinn, daß sie selbst mit ihrer Vermutung über sowjetische Absichten zu weit gehen – der extremsten, pessimistischsten, unausgewogensten und unwahrscheinlichsten Vermutung nämlich, die sich denken läßt – der Vermutung, daß diesen ihren politischen Gegnern alle normalen Attribute der Menschlichkeit fehlen und sie von nichts anderem geleitet werden als von blindwütigem und zielstrebigem Zerstörungsdrang gegenüber Menschenleben und Sachwerten in den Vereinigten Staaten und deren verbündeten Ländern?

Dieser Versuch der Entmenschlichung des Gegners – das Bestehen darauf, ihn als Verkörperung allen Übels zu sehen, in dem nichts anderes steckt als der Wunsch, anderen Unrecht zu tun – hat diejenigen verhext, die die öffentliche Meinung Amerikas in zwei Weltkriegen bestimmten. In Friedenszeiten sollte es bei der Einschätzung einer anderen Großmacht dafür keinen Raum geben – besonders dann nicht, wenn es sich um eine Macht handelt, mit der sich die politischen Differenzen anders als durch Krieg – der nicht erforderlich oder gerechtfertigt wäre – beilegen lassen. Insbesondere sollte dafür kein Platz mehr sein zu einer Zeit, da Krieg zwischen atomaren Großmächten mit Todesgefahr für alle Beteiligten – ebenso wie die Nichtbeteiligten – verbunden wäre.

Wenn sich die Vereinigten Staaten angesichts des Problems der Sowjetmacht so verhalten sollen, wie es ihrer gegenwärtigen Sicherheit und der künftiger Generationen förderlich ist, bleibt keine andere Wahl, als diese kindisch-törichte Haltung aufzugeben und statt dessen nüchtern und sorgsam auf das zu achten, was diese Macht will, und nicht auf das, was am besten in die Spitzfindigkeiten theoretischer Militärplanung paßt.

## 5. Schlußbemerkung

Obige Überlegungen deuten meines Erachtens nicht nur darauf hin, sie beweisen auch überzeugend, daß die allgemeine These von einer neuen und noch größeren Gefahr, die diesem Land aufgrund jüngster sowjetischer Militärvorbereitungen droht, mit dem zur Verfügung stehenden Beweismaterial nicht gestützt werden kann und von daher zurückzuweisen ist als Grundlage für eine nützliche Diskussion des Problems, das sich amerikanischen Politikern jetzt durch das Phänomen der Sowjetmacht stellt.

Was natürlich nicht heißt, daß es da überhaupt kein Problem gäbe. Und was ebenfalls nicht besagt, daß eine Verbesserung oder Stärkung der amerikanischen Verteidigungsposition nicht irgendwo guttäte. So wie zweifellos bestimmte Anpassungen in der Zusammensetzung und Verteilung der amerikanischen Marinestärke vorzunehmen sind, so ist es durchaus möglich – sogar wahrscheinlich –, daß auch hinsichtlich der Anordnung der NATO-Bodentruppen in Europa manches verändert werden muß, wie es von bestimmten Truppenteilen mit Blick auf eine Reduzierung ihrer Verwundbarkeit bei einem plötzlichen Angriff, eine Verbesserung ihrer logistischen Unterstützung usw. behauptet wird. Es ist sehr wohl möglich, daß eine angemessene Stellung dieser konventionellen NATO-Truppen eine weitere Stärkung verlangen würde; und die oben vorgetragenen Überlegungen sollten nicht als Argument dagegen verstanden werden, wo die Situation es in Wirklichkeit rechtfertigt. Natürlich spielen die NATO-Luft- und Bodenstreitkräfte in Westeuropa eine stabilisierende politische Rolle; sie sollten nicht einseitig abgebaut oder entscheidend geschwächt werden; und wo eine Stärkung wirklich erforderlich ist, um der Rolle, die sie zu spielen haben, gerecht zu werden, sollte man damit nicht länger zögern.

Es gibt aber keinen Grund, sich einzureden, daß solch eine Stärkung – oder die Stärkung der Strategie der nuklearen „Abschreckung" – notwendig wird durch Veränderungen in den politischen und militärischen Absichten der Sowjetunion, für die es keine ausreichenden Beweise gibt. Hier liegt tatsächlich der wichtigste Grund, warum das gerade nicht getan werden sollte; weil die Geschichte erwiesen hat, daß die Übertreibung der negativen Eigenschaften eines Gegners – einschließlich der Bösartigkeit seiner Absichten und der Stärke, die er zur Verwirklichung dieser mutmaßlich bösen Absichten besitzt – gern zu einer sich selbst erfüllenden Prophezeiung („self-fulfilling prophecy") wird und das Eintreffen der eigentlichen Gefahren begünstigt, die sie versucht zu schildern. Wir haben im Weltgeschehen heute schon genug schwere Probleme, ohne uns noch von der Existenz derjenigen überzeugen zu müssen, die es in Wirklichkeit gar nicht gibt.

# Die Sowjetunion – Die Realität

# XII

Es soll jetzt versucht werden, das Problem zu beschreiben, das die Sowjetunion Ende der 70er Jahre für amerikanische Politiker darstellt.

## 1. „Weltherrschaft"

„Nun – ihre Ziele haben sich nicht geändert, oder etwa doch? Wollen sie immer noch die Weltherrschaft erlangen?" Diese Frage ist mir in den letzten Jahren bestimmt hundertemal gestellt worden.

Als Ende 1917 Lenin und seine Genossen in Rußland die Macht übernahmen, träumten sie tatsächlich von einer baldigen Weltrevolution – im Sinne eines revolutionären Sturzes der großen kapitalistischen Mächte Westeuropas, was, wie man meinte, die Zerstörung der europäischen Kolonialmächte zur Folge haben und den Weg frei machen würde für den Aufstieg der befreiten Kolonialvölker, die unter kommunistischer Förderung und Führung wirtschaftlich entwickelt werden wollten. (Ob sie die Vereinigten Staaten ursprünglich für eine Hauptmacht des Kapitalismus und Imperialismus hielten, ist ungewiß. Jedenfalls sollte das bald der Fall sein.)

Diese Hoffnungen gründeten sich auf den gewaltigen geistigen und wirtschaftlichen Todeskampf, der die europäische Gesellschaft in jenem vierten Jahr des I. Weltkriegs erfaßt hatte. Große Unruhe und äußerste Verzweiflung waren damals entstanden.

Die meisten Menschen waren verbittert über das schreckliche und sinnlose Blutvergießen. Imperien gerieten ins Wanken. Klassenstrukturen wurden ausgehöhlt. Vom Standpunkt derjenigen, die die Macht in Petersburg an sich gerissen hatten, schienen die Aussichten für eine Revolution im restlichen Europa glänzend zu sein. Und sie nahmen sich tatsächlich vor nachzuhelfen, wo immer sie konnten.

Damit soll nicht gesagt sein, daß diese ersten russischen Kommunistenführer die Revolution allein durch eine Aktion ihrer in Rußland aufgestellten Streitkräfte zustandebringen wollten – dadurch also, daß sie sich vornahmen, in andere Länder einzudringen und kommunistische Regime widerstrebenden Völkern aufzuzwingen. Gab es doch einen Unterschied zwischen Revolution und Eroberung. Revolution, wie sie sie verstanden, mußte primär aus der Aktion des im jeweiligen Land ansässigen revolutionären Proletariats hervorgehen. Wohl mochte das revolutionäre Rußland diesen proletarischen Kräften in anderen Ländern mit brüderlicher Hilfe moralischer, materieller und militärischer Art beistehen, so weit dies in seiner Macht lag. Nie war jedoch daran gedacht, daß solch eine Unterstützung die revolutionäre Aktion des einheimischen Proletariats der fraglichen Länder ersetzen sollte. Die Rolle des russischen Kommunismus bestand darin, die Weltrevolution zu unterstützen, nicht sie zu schaffen. Die von Lenin – und später von Stalin – lauthals verkündeten Prophezeiungen über die Unvermeidbarkeit eines letzten apokalyptischen Konflikts zwischen Kapitalismus und revolutionärem Sozialismus waren in diesem Sinn zu verstehen, auch wenn die westlichen Gemüter viel eher an eine Art bewaffneten Endkampf zwischen einem kommunistischen Rußland und der Gesamtheit der nichtkommunistischen Welt dachten.

In Wirklichkeit brauchten die Führer des neuen kommunistischen Regimes in Rußland nicht länger als drei bis vier Jahre, um zu erkennen, daß die Weltrevolution, wie sie sie sich vorstellten, nicht bevorstand – daß die Aussicht darauf in eine Zukunft verwiesen werden mußte, die zu fern lag, um in eine ernsthafte politische Planung einbezogen zu werden. Auch war es in Wirklichkeit nie ihre Absicht, ihre schwer errungene Macht in Rußland einem wirklichkeitsfremden Versuch zu opfern, der darin bestand, den Lauf der Geschichte in diesem Sinn zu beschleunigen. Freilich hat Lenin einmal gesagt, daß wenn es eine reale Chance für Revolution in Deutschland gäbe, das kommunistische Rußland zu Opfern bereit sein sollte, um diese zustande zu bringen. Damit war aber erstens auf eine *reale* Chance für Revolution in Deutschland abgehoben; und zweitens wurde es mit der Zeit und vor dem Hintergrund des Bürgerkriegs in Rußland immer unrealistischer, davon zu sprechen, daß zugunsten der Kommunisten anderswo Machtpositionen geopfert werden sollten, die mit so viel Mühe und Heldenmut gewonnen waren. Bis 1921 war die Erhaltung und Entwicklung der kommunistischen Macht innerhalb Rußlands eindeutig zur obersten Aufgabe des Regimes geworden. Sie sollte es für das nächste halbe Jahrhundert bleiben.

Das Gerede über „Weltrevolution" verstummte natürlich nicht. Es war die Grundlage der Ideologie. Der Gedanke des universalen Triumphs der marxistischen Weltanschauung mit ihren naheliegenden politischen Nebenbedeutungen blieb die tausendjährige Hoffnung, ohne die keine säkulare Religion bestehen könnte (und so etwas war ja der russische Kommunismus in Wirklichkeit). Er wurde jedoch nicht länger als ernstzunehmendes, unmittelbares Ziel der Politik aufgefaßt. Von da an sollten Verteidigungsüberlegungen, die aus Rußlands relativer Schwäche und Verwundbarkeit herrührten und sich nicht nur auf den Schutz des Landes Rußland bezogen, sondern auch auf den Schutz des Regimes gegenüber dem restlichen Rußland, wichtiger sein als alle aggressiv-revolutionären Impulse in den Köpfen derjenigen, die über das Schicksal dieses Landes bestimmten.

Der II. Weltkrieg brachte bedeutende Veränderungen. Einerseits untergrub das Schauspiel, das eine große kommunistische Macht Seite an Seite mit verschiedenen kapitalistischen Mächten gegen eine andere kapitalistische Macht kämpfen sah, noch weiter den Traum vom letzten Konflikt zwischen Kommunismus und Kapitalismus. Andererseits ergaben sich durch den jähen Zusammenbruch von Deutschland und Japan am Ende des Krieges beispiellose Gelegenheiten, die Macht des russischen Staates in weiten angrenzenden Gebieten zu etablieren, wo die jüngste Herrschaft der Deutschen und Japaner die einheimischen Widerstandskräfte zerstört oder entscheidend geschwächt hatte. Aus all dem schlug Stalin nach besten Kräften Kapital; und das Ergebnis war bekanntlich die Schaffung des Satellitengürtels von Ost- und Mitteleuropa. Während man dies verschleiernd als Gewinn für den „Kommunismus" ausgab, war es in Wirklichkeit ein Wiederaufleben traditioneller russischer Macht in jener Region – mehr ein nationalistischer Gewinn als ein ideologischer im ursprünglichen Sinn. Es war mehr die Erfüllung regionaler als globaler Bestrebungen der stalinistischen Führung. Während es dadurch ferner zu einer in der Tat neuen militärischen Bedrohung für Westeuropa kam – in dem Sinn, daß die Errichtung eines russischen Brükkenkopfes im Herzen Europas eine fundamentale Verlagerung des militärischen Gleichgewichts auf dem Kontinent darstellte –, ergaben sich für die Sowjetunion selbst auch neue Aspekte der Verwundbarkeit, die das Gewicht der Verteidigungsüberlegungen im strategisch-politischen Gesamtdenken der Sowjetführung eher erhöhten als verringerten.

Zur selben Zeit untergruben einige Nachkriegserscheinungen noch weiter den Traum von einer möglichen Weltrevolution unter sowjet-kommunistischem Vorzeichen – wozu die Konsolidierung der nicht-kommunistischen Staaten im restlichen Europa gehörte, die Ausbreitung gemäßigt sozialistischer oder wohlfahrtsstaatlicher Praktiken im nördlichen Teil dieses Kontinents und der Erfolg abweichender kommunistischer Strömungen in Jugoslawien und China. Von da an sollte sich die Sowjetunion im wesentlichen wie eine normale Großmacht verhalten, wobei in den Köpfen der Sowjetführer die traditionellen Interessen und Ziele der russischen Herrscher Vorrang vor den ideologischen hatten.

Das heißt nicht, daß die ideologischen Konzepte im Verhalten dieser Männer – und vor allem in ihren Worten und politischen Gesten – überhaupt keine Rolle spielten. Im Gegenteil, die bloße Existenz des chinesischen Rivalen, der Moskau konstant Verrat an den wahren kommunistischen Prinzipien vorwarf, zwang Moskau in seiner Selbstverteidigung zum Lippenbekenntnis und manchmal sogar zu Gesten des revolutionären Marxismus. Doch hinter diesem Nebelvorhang von Worten verhielten sich die Kreml-Herren im Bereich der internationalen Beziehungen fast ausschließlich so wie traditionellerweise die russischen

Herrscher früherer Perioden. Ihre hervorstechenden und entscheidenden Sorgen galten dem Schutz ihrer eigenen Herrschaft innerhalb Rußlands und auch der Sicherheit des russischen Kernlandes, das als unverzichtbare Grundlage ihrer Macht diente und mit dem sie trotz all ihrer ideologischen Vorurteile durch mächtige Bande des Nationalgefühls verbunden waren.

Man wird natürlich sagen: ja sicher, doch Träume von Weltherrschaft und eine beharrliche Neigung zur Expansion als Charakteristika russischer Zielsetzungen und Handlungen gab es in Rußland nicht erst in kommunistischer Zeit; sie ließen sich seit Jahrhunderten im Verhalten zaristischer Staatsmänner beobachten. Und, so wird weiter gefragt werden, wenn sich die kommunistischen Führer enger an die traditionellen Muster russischer Staatsführung anlehnen, werden dann nicht die ursprünglich ideologischen Motive für eine aggressive Politik lediglich durch mehr traditionelle ersetzt?

Dies ist tatsächlich ein entscheidender Punkt, der sich nicht mit einem einzigen Wort beantworten läßt. Zur Zeit des moskowitischen Großherzogtums hatte die intolerante religiöse Orthodoxie, auf die die Großherzöge teilweise den Legitimitätsanspruch ihrer Herrschaft gründeten, globale Bedeutung. Und ebenfalls gilt, daß in beiden Perioden der zaristischen Geschichte — der moskowitischen und der Petersburger — der russische Staat eine anhaltende Tendenz in Richtung dessen zeigte, was man als Grenzausdehnung bezeichnen kann — als nach und nach erfolgte Erweiterung seiner Macht in neue Bereiche hinein, die sich an die bestehenden Grenzen anschlossen.

Das erste dieser Phänomene hatte wirkliche Bedeutung nur in der Moskowiter-Periode. Es war vergleichbar der ideologischen Orthodoxie der Sowjet-Periode, doch ebenso weit entfernt von jeder Möglichkeit einer Realisierung. Deshalb war es — wie sein späteres marxistisches Gegenstück — als Richtschnur des Handelns nicht weiter wichtig.

Das zweite der beiden Phänomene — die Tendenz zur Grenzausdehnung — betraf die moskowitische wie auch die Petersburger Führung und hat sich in der Sowjet-Periode ebenfalls wieder gezeigt. (Stalin war davon in hohem Maße beeinflußt.) Es ist damit die schwierigere Frage. Wenn es in der Motivation der Sowjetführer heute keine hervorstechende Rolle spielt, so darf man annehmen, daß das mehr dem Zwang der Umstände als natürlicher Neigung zuzuschreiben ist.

Im Westen befrachtete Stalin Rußland mit einem so weiten Glacis, einem so ausgedehnten Schutzgürtel in Form des Satellitenbereichs – an sich schon eine überaus schwere Verantwortung und in mancherlei Hinsicht eine Bürde –, daß für seine Nachfolger keinerlei Anreiz mehr bestand, diesen noch weiter auszudehnen (West-Berlin bildete die große Ausnahme), daß jeder derartige Versuch vielmehr eine erhebliche Gefahr heraufbeschworen hätte. An der asiatischen Grenze machten das Unentschieden in Korea (nach 1952) und die besorgte Wachsamkeit der Chinesen weitere Expansion unmöglich – es sei denn, man hätte das Risiko eines großen Krieges in Kauf genommen. Somit blieben nur drei Grenzbereiche von wirklicher Bedeutung: Afghanistan, wo die Situation im Augenblick nicht so war, daß sie zu expansionistischen Bewegungen russischerseits eingeladen oder diese gerechtfertigt hätte*; Iran, wo die Risiken wiederum größer waren und der mögliche Gewinn sehr klein; und schließlich der skandinavische Norden, wo durch NATO-Aktivität und Flotten-Rivalität tatsächlich neue Verteidigungsanstöße für eine Ausweitung der russischen Macht geliefert wurden, wo aber die Anwesenheit der NATO wiederum bedeutete, daß jeder Versuch, solch eine Ausweitung vorzunehmen, mit höchsten Risiken eines großen Krieges verbunden wäre.

Unter diesen Umständen kam die traditionelle russische Tendenz der Grenzausdehnung in den letzten Jahren kaum mehr zum Zuge und blieb – bis auf Asien – wenig verlockend. In fernerer Zukunft könnte sich das wieder ändern. Im Moment wird sowjetisches Handeln nicht wesentlich davon bestimmt. Sie ist jedenfalls eine Triebkraft, die ihrem Wesen nach regional, nicht universal ist.

---

* Das könnte sich nach dem Staatsstreich vom April 1978 durch linksgerichtete Militärs geändert haben, A.d.Ü.

Es gibt einen letzten Gesichtspunkt sowjetischer Politik, der sich vielleicht als Beweis für den angeblichen Wunsch nach Erlangung der „Weltherrschaft“ anführen läßt. Das ist das Ausmaß, in dem sich Moskau jüngst auf die Seite der Widerstandsbewegungen im südlichen Afrika und linksgerichteter Parteien in anderen Ländern der Dritten Welt geschlagen hat.

Ich fürchte, ich kann in diesem Phänomen nichts eigentlich Neues erkennen, nichts, was dem normalen Verhaltensschema einer Großmacht zuwiderläuft, nichts, was sich aus rein aggressiven Motiven – die von defensiven zu unterscheiden sind – ableiten läßt, nichts, was den Glauben widerspiegelt, daß durch solche Verwicklungen größere Aussichten auf sowjetische Machterweiterung bestünden.

Der Versuch, in entlegenen Ländern jenen Parteien zur Macht zu verhelfen, deren Ziele mit den eigenen im großen und ganzen vereinbar erscheinen, ist – wie schon bemerkt – der normalen Praxis von Großmächten – USA eingeschlossen – nicht fremd. Warum er so große Überraschung oder Alarm auslösen sollte, wenn er von der Sowjetunion ausgeht, vermag ich nicht einzusehen. Der hohe Grad, in dem afrikanische Widerstandsführer empfänglich sind für pseudo-marxistische Ideen und Methoden, die ihrerseits als Rechtfertigung für das schwere Blutvergießen zwecks Machterlangung und für die Errichtung einer rücksichtslosen Diktatur zur Machterhaltung genommen werden, stellt eine wirksame Aufforderung für sowjetisches Eingreifen dar, eine, die sie übrigens kaum zurückweisen können, ohne in die Hände ihrer chinesischen Kritiker und Rivalen zu spielen. Zu oft bedeutete das Ausbleiben einer sowjetischen Antwort auf solche Hilfsgesuche, daß die betreffenden Parteien in die Arme der Chinesen getrieben wurden.

Jedenfalls dürften sich die jüngsten sowjetischen Anstrengungen diesbezüglich in einem Ausmaß bewegt haben, das kaum mit unserem eigenen vergleichbar ist und nicht größer als das der Chinesen. Die Russen haben in den letzten Jahren keine Vietnams gekannt. Sie haben nicht einmal eigene Truppen ins Ausland entsandt (mit Ausnahme Osteuropas, das wir ihnen mit stillschweigendem Einverständnis 1945 überließen), was einem Maß an Zurückhaltung entspricht, das wir Amerikaner für uns kaum in Anspruch nehmen können. Und das, was sie an Unterstützung denjenigen Parteien in Ländern der Dritten Welt zukommen ließen, die mit ihren Vorstellungen und Absichten übereinstimmten, geht meines Erachtens weder in der Art noch im Umfang über das hinaus, was ihre kommunistischen Vorgänger in früheren Jahrzehnten an Anstrengungen unternahmen, ohne daß es großen Alarm in der amerikanischen Öffentlichkeit auslöste.

Diese Besorgnis hinsichtlich eines russischen Strebens nach „Weltherrschaft", die als Rechtfertigung benutzt wurden für die Forderung nach einer total negativen, feindseligen und militaristischen Haltung gegenüber der Sowjetunion, entbehren somit der wirklichen Grundlage und gehen am eigentlichen Problem vorbei, das sich mit der Existenz der kommunistischen Macht in Rußland für die amerikanische Staatsführung stellt.

## 2. Die innere Lage

Westliche Politik gegenüber der Sowjetunion kann nur dann vernünftig sein, wenn sie das Wesen und den Zustand der gegenwärtigen sowjetischen Führung mit in Betracht zieht. Vieles, was man über die sowjetisch-amerikanischen Beziehungen von denen hört, die Alarm schlagen, läßt sich dem Wortlaut nach kaum unterscheiden von dem, was auf dem Höhepunkt des Kalten Krieges – zur Zeit des Todes von Stalin – in die Diskussion gebracht wurde. Liest man entsprechende Äußerungen, müßte man annehmen, daß keine wesentliche Veränderung seit Stalins Tod eingetreten ist – daß die Männer, die jetzt an der Macht sind, für uns genau dasselbe Problem darstellten wie ihre Vorgänger ein Vierteljahrhundert zuvor. In Wirklichkeit verhält es sich völlig anders.

Die gegenwärtige Sowjetführung ist – was bei herrschenden Gruppen in großen Ländern durchaus vorkommen kann – außergewöhnlich alt. Das Durchschnittsalter der 5 oder 6 Spitzenpersönlichkeiten liegt gut über 70. Ungefähr die Hälfte der Mitglieder des allmächtigen Politbüros (Vollmitglieder und Stellvertreter) bewegt sich altersmäßig von 66 Jahren an aufwärts. Die Hälfte der Mitglieder des Präsidiums des Ministerrats (der auf Regierungsebene das Gegenstück zum Politbüro als dem höchsten *Partei*organ ist) ist über 60. Das hohe Alter der maßgeblichen Führungsschicht in der Sowjetunion ist eine Tatsache, die all denen wohlbekannt ist, die sich mit Sowjetangelegenheiten befassen.

Das bedeutet jedoch nicht, daß die betreffenden Männer untauglich sind oder zu harter Arbeit schon nicht mehr fähig. Es bedeutet, daß sie sich auf lange und gründliche Regierungserfahrung stützen können. Männer solchen Alters und solcher Erfahrung neigen normalerweise nicht zu abenteuerlicher Politik oder zu Schritten, die ihnen selbst und dem von ihnen geleiteten Herrschaftssystem zusätzliche Strapazen und Unsicherheiten bescheren würden.

Die Zusammensetzung des Politbüros und anderer ranghoher Regierungsinstanzen ist seit über einem Jahrzehnt bemerkenswert stabil geblieben. Und diese Stabilität hat sich auf die gesamte obere Bürokratie im politischen, militärischen und wirtschaftlichen Bereich übertragen – einen Kreis, der mehrere hundert Menschen umfaßt. Auf dem letzten Parteitag der KPdSU, der im März 1976 stattfand, wurden 90% der ins Zentralkomitee gewählten Mitglieder wiedergewählt (wobei das ZK ein Organ ist, in dem alle mächtigen Persönlichkeiten des Regimes vertreten sind), was bedeutet, daß sie diesem Organ schon seit mindestens 5 Jahren angehört hatten. Die meisten von ihnen waren tatsächlich schon länger darin vertreten.

Der Beitritt zu dieser oberen Bürokratie aus niedrigeren Rängen ist unter solchen Umständen ein seltenes Privileg und schwer zu erreichen. Kandidaten für eine derartige Beförderung werden, wie sich denken läßt, von Spitzenleuten mit äußerster Sorgfalt geprüft; und alles, was man über ihre Persönlichkeit weiß, läßt darauf schließen, daß unter den Eigenschaften, die sie für ein solches Amt empfehlen, Stetigkeit, rechtes Augenmaß, Eignung für den bürokratischen Apparat und unauffällige Loyalität und Verläßlichkeit zu finden sind, die Eigeninitiative und selbständiges Urteil nicht ausschließen.

Die Methoden, mit denen die Führungsspitze in diesen höheren Rängen der Bürokratie für Linientreue sorgt, unterscheiden sich radikal von denen Stalins. Er kontrollierte sie durch bloßen Terror und durch gegenseitiges Ausspielen in ihrem Kampf um seine Gunst, wo der geringste Fehltritt eine persönliche Katastrophe bedeutete. Das verbürgte zwar ihre sklavische Untertänigkeit, lähmte jedoch ihre Kräfte zur Initiative und ihre Wirksamkeit in der Verwaltung. Die gegenwärtige Führung vertraut demgegenüber mehr traditionellen und konventionellen Mitteln der Kontrolle: wozu hervorstechend die äußerst gewissenhafte und wohlüberlegte Verteilung von Autorität, Prestige und Privileg gehört.

Nun kann eine so gewählte und geleitete ranghohe Bürokratie von der politischen Führung nicht einfach mißachtet oder nach ihrem Willen herumgestoßen werden. Die wechselseitige Abhängigkeit ist zu groß. Sie muß sorgfältig „gemanagt" werden (im Sinne des französischen „menagé", d. h. gut benutzt). Es gibt Grenzen für das Ausmaß, in dem sie gefahrlos durch plötzliche Entscheidungen der Führungsgruppe überrascht werden kann – oder durch Veränderungen der Politik, auf die sie nicht vorbereitet ist und für die sie kein Verständnis hätte.

Ich unterstreiche das, weil viele der alarmierenden Vorstellungen von sowjetischem Verhalten, die jetzt in den Vereinigten Staaten zu hören sind, die sowjetische Führung als eine Gruppe von Männern erscheinen lassen, die – nach Lösung aller internen Probleme auf nichts anderes als unsere Zerstörung bedacht – an der Spitze einer Machtstruktur stehen, deren blinder und bedingungsloser Gehorsam dem einer enorm disziplinierten Streitmacht ähnelt, die zum Angriff gehalten wird und bloß auf höhere Befehle wartet. Das ist schon vom Standpunkt der gegenwärtigen Beziehungen zwischen der Führung und ihrer eigenen Bürokratie aus unrealistisch. Noch unrealistischer ist es, wenn man es auf das Verhältnis dieser Führung zu den Führern der osteuropäischen Satellitenregime bezieht. Und es läßt einen anderen Faktor außer acht, der im Westen bezüglich Rußlands allgemein als unwesentlich betrachtet wird, nämlich: die öffentliche Meinung innerhalb des Landes. Natürlich spielt die öffentliche Meinung in Rußland nicht dieselbe Rolle wie in einem demokratischen System; sie ist jedoch in den Augen des Regimes nicht ganz ohne Bedeutung – und sei es nur deshalb, weil sie die politische und Arbeitsmoral beeinflußt. Die Reaktionen der breiten Bevölkerung sind auch etwas, woran das Regime denken muß, bevor es abrupte und drastische Veränderungen der Politik in Gang setzt. All das ist natürlich von Bedeutung, wenn im Westen Befürchtungen über einen plötzlichen sowjetischen Angriff auf Westeuropa geäußert werden, beeinträchtigt es doch die Fähigkeit des Regimes, vom Überraschungselement voll Gebrauch zu machen.

Die sowjetische Führung muß demnach als eine alte und alternde Gruppe von Männern betrachtet werden, die über eine sehr große und stabile Bürokratie verfügt, mit ihr aber auch aufs engste verknüpft ist. Diese Bürokratie ist in hohem Maße ein Werkzeug der Gewohnheit. Sie ist wirksam in der Regierung des Landes, aber sie wäre kein sehr bewegliches Instrument für plötzliche und abrupte Veränderungen. Das schließt ein gewisses Maß an konspirativer Tätigkeit seitens der Geheimdienste und derjenigen Teile der Partei nicht aus, die mit geheimen Operationen im Ausland befaßt sind. Es bedeutet, daß der sowjetische Machtapparat nicht plötzlich innerhalb weniger Tage von der normalen Regierung des Landes auf die riesigen und völlig anormalen Anstrengungen eines großen Krieges umgestellt werden kann.

All das oben Gesagte würde auch gelten, wenn die Hauptsorgen dieser Spitzenführer hauptsächlich auf auswärtige Angelegenheiten – und insbesondere den Gedanken einer aggressiven Expansion auf Kosten anderer Mächte – gerichtet wären. In Wirklichkeit spricht nichts dafür, daß letzteres der Fall ist. Es zeigt sich in überwältigendem Maß, daß es seit den Nachwirkungen des letzten Krieges keine Zeit gab, wo die Sowjetführer nicht hauptsächlich um die inneren Probleme besorgt waren, die sich ihnen unmittelbar stellten: Erstens die Bewahrung der Sicherheit ihrer eigenen Herrschaft innerhalb des Landes und zweitens die Entwicklung der wirtschaftlichen Stärke eines Landes, das – obwohl räumlich und bevölkerungsmäßig wesentlich größer als die Vereinigten Staaten – nur annähernd die Hälfte von deren Bruttosozialprodukt erreicht.

Im Hinblick auf die erste dieser Sorgen sieht sich die Führung vor einer Reihe von Problemen – keinen unmittelbar entscheidenden zwar, aber doch solchen, die einige Verwirrung und Unruhe stiften. Eines davon ist die allgemeine Gleichgültigkeit der Bevölkerung gegenüber den ideologischen Ansprüchen des Regimes – und die sonderbare Art von Langeweile und Lustlosigkeit, die einen Großteil der Sowjetgesellschaft überkommt durch das Beharren des Regimes darauf, daß nichts außer der immer wieder gleichen, mittlerweile abgedroschenen und überholten Ideologie in öffentlichen Äußerungen oder organisierten Aktionen zum Ausdruck kommen darf. Daraus ergeben sich zahlreiche negative Konsequenzen, die das Regime nicht ignorieren kann. Überhaupt nicht zu unterschätzen ist der erschreckende Anstieg von Alkoholismus in allen Teilen der Bevölkerung, besonders aber unter der arbeitenden Jugend. Auffallend ist weiterhin die fortbestehende Lebendigkeit des religiösen Glaubens unter einem Regime, das für Religion immer nur Verachtung übrig hatte und seine eigene Ideologie an deren Stelle setzte.

Diese Lage, in der das breite Volk einfach nicht zu begeistern ist und nur Gleichgültigkeit empfindet gegenüber dem, was das Regime als Quelle seiner eigenen Legitimität und als einzig akzeptable Triebkraft politischen und sozialen Handelns angibt, ist für die Führung beunruhigend. Noch beunruhigender ist die Sachlage im Satellitenbereich Osteuropas, wo der Mangel an Interesse für das offizielle Dogma noch weiter verbreitet ist, noch deutlicher ausgesprochen und weniger verheimlicht wird. In normalen Zeiten läßt sich das alles mit den üblichen Kunstgriffen autoritärer Macht kontrollieren und teilweise verbergen. Es bedeutet aber, daß die geistige und politische Grundlage der Sowjetmacht nicht mehr ganz gesund ist; daß Grenzen für deren Belastbarkeit gesetzt sind.

Dann gibt es natürlich noch das Problem der Dissidenten unter den Intellektuellen. Es ist wahrscheinlich kein so großes Problem, wie uns die amerikanische Presse glauben machen möchte. Die Reporter in Moskau stehen in enger Berührung mit den Dissidenten, und deren Kämpfe und Leiden lassen sich gut wiedergeben. Tatsächlich haben die Dissidenten nur wenig Möglichkeiten, innerhalb des Landes um breite Unterstützung zu werben. Und ihre

Ziele sind leider etwas unklar geworden dadurch, daß man sie vor der Öffentlichkeit in Verbindung brachte mit dem Anliegen der jüdischen Emigration – eine Verwirrung, an der wiederum die westliche Presse weitgehend schuld ist. Nichtsdestoweniger stellen sie ein beunruhigendes Problem dar – besonders für ein Regime, das – so ungerecht viele seiner Methoden in der Unterdrükkung der Dissidentenbewegung auch sein mögen – nicht an eine Rückkehr zu den rücksichtslosen und brutalen Maßnahmen der Stalin-Ära denkt. Die Dissidenten bilden ein Problem, ob sie nun zu Hause gehalten werden oder emigrieren dürfen; und das Regime scheint – in großer Unsicherheit – zwischen beiden Behandlungsmethoden zu schwanken. Während ihre Aktivitäten keine ernsthafte direkte Bedrohung darstellen, sind noch keine voll zufriedenstellenden Mittel gefunden worden, wie man sie behandeln soll. Und wenn ihre Botschaft mit der Zeit allmählich zur studentischen Jugend durchdringt und an die geheimnisvollen Quellen der Studentenrevolte rührt, die so plötzlich und scheinbar unerklärlich in allen Ländern hochsprudeln, dann könnte die Gefahr noch größer werden. Es war im Grunde genommen also dem sehr ähnlich, was man in den letzten Dekaden des vergangenen Jahrhunderts erlebte und was zum Fundament für das schließliche Ende des zaristischen Regimes wurde.

Die gerade erwähnten Sorgen beziehen sich auf die Geistesverfassung der Sowjetbevölkerung insgesamt. Es gibt aber eine spezielle Dimension dieses Problems in Gestalt der betont nationalistischen Gefühle, die in bestimmten nicht-russischen Sowjetrepubliken vorherrschen. Der ursprüngliche Anspruch des Regimes ging dahin, daß die marxistisch-leninistische Ideologie die brüderlichen Bande liefern würde, die diese Völker mit dem russischen Volk vereinen und ihre Einbeziehung in die Sowjetunion rechtfertigen würden. Eines der großen tragischen Probleme, denen sich die Sowjetführung seit Beginn des kommunistischen Rußland ständig gegenübersah, ist die Tatsache gewesen, daß sich nationale Gefühle in diesem Jahrhundert als mächtigere politisch-emotionale Kraft erwiesen haben denn solche, die sich – wie die marxistische Ideologie – mehr auf die Klasse als auf die Nation bezogen. So sind viele Menschen in den nicht-russischen Republiken, die gegen die Konzepte und Praktiken des marxistischen Sozialismus an sich gar keine großen Einwände haben, doch stark beunruhigt von der Unterwerfung unter russische Herrschaft, die ihre Einbeziehung in die Sowjetunion – für sie – bedeutet. Erschwerend kommt noch hinzu, daß diese Menschen in einigen Fällen eine stärkere Tradition des Individualismus im allgemeinen und der privaten wirtschaftlichen Initiative im besonderen als die Russen haben. Und der Ernst dieses Problems für die Sowjetführung wird noch erhöht durch die Tatsache, daß in einigen dieser Republiken die Bevölkerung schneller als im eigentlichen Rußland anwächst, so daß sich das Gleichgewicht zwischen Russen und Nicht-Russen in der Sowjetunion, das sich jetzt schon etwa die Waage hält, ständig weiter zuungunsten der russischen Bewohner des zentralen Kernlandes verändert.

Wie das Problem der Dissidenten, so ist auch die nationale Ruhelosigkeit kein Problem, das nur kurzfristig von Bedeutung ist, sondern eines, das dem Regime auf Dauer zu schaffen machen wird; denn sowohl Nachsicht als auch Unterdrückung machen es eher größer als daß sie es beseitigen. Wenn das Regime es daher nicht übermäßig im kurzfristigen Rahmen zu fürchten hat, so muß ihm doch bewußt sein, daß die richtige Antwort darauf noch nicht gefunden ist. Und auch das ist beunruhigend für jemanden innerhalb des Regimes, der ein historisches Empfinden hat; erwies sich doch die schon in zaristischer Zeit unter einigen völkischen Minderheiten vorherrschende, ähnlich gelagerte nationalistische Ruhelosigkeit als einer der Hauptfaktoren beim Untergang des Regimes, als dieses unter schweren Druck geriet.

Zu diesen Sorgen muß man das hinzufügen, was wahrscheinlich wichtiger ist und die Aufmerksamkeit der Führer entschieden mehr beansprucht – die diversen, weiterhin bestehenden Probleme der wirtschaftlichen Entwicklung des Landes. Ein enormes Ergebnis wurde diesbezüglich in den letzten Jahrzehnten erreicht; aber es bestehen immer noch Problembereiche, die Anlaß zu ernster Sorge geben. Hauptsächlich geht es natürlich um die anhaltende Unzulänglichkeit der sowjetischen Landwirtschaft, die die Bedürfnisse einer wachsenden Bevölkerung befriedigen muß. Das ist nicht alles durch die Fehler der Kollektivierung verschuldet; einiges läßt sich auch auf die unglückseligen Eigenheiten von Klima und Geographie zurückführen, die der sowjetischen Landwirtschaft zusetzen. Doch was auch immer die Ursachen sein mögen, es ist eine Lage, die nach wie vor große Besorgnis bei denen hervorruft, die vor die Aufgabe gestellt sind, das reibungslose Funktionieren des Sowjetsystems zu gewährleisten. Und darüber hinaus gibt es noch die anderen Probleme: technologische Rückständigkeit (im Vergleich zum fortschrittlicheren Westen) in zahllosen Schlüsselbereichen; die Unfähigkeit des Systems, ein Verteilungssystem für Konsumgüter zu schaffen, das sich mit dem westlicher Länder vergleichen läßt; der Mangel an Eigenheimen; und die fortbestehende relativ unrationelle Arbeitsweise.

All diese Faktoren verdienen Beachtung, weil sie bedeuten, daß selbst wenn die Sowjetführer sehnlichst auf irgendeine Art von militärischem Kampf oder die letzte entscheidende Kraftprobe dringen sollten, sie keinen Verlauf in dieser Richtung wünschen oder gar das Eintreffen einer derartigen Situation beschleunigen würden, solange nicht wesentlich größere Fortschritte in der Überwindung dieser verschiedenen Mängel, Leistungsschwächen und Gefahrenherde im Inneren gemacht sind.

### 3. Die äußere Lage

So wie die Sowjetführer hauptsächlich auf die Sicherstellung (nicht Ausdehnung) ihrer eigenen Macht bedacht sind, wenn sie sich ihrem eigenen Land zuwenden, genauso verhält es sich, wenn sie der Außenwelt gegenübertreten.

Das bedeutet für sie in erster Linie den Verzicht auf eine vorzeitige, zu Unruhen führende Abschwächung des sowjetischen Einflusses auf den osteuropäischen Satellitenbereich. Die sowjetische Führung könnte sich möglicherweise zu gegebener Zeit an ein größeres Maß von Unabhängigkeit seitens des einen oder anderen betroffenen Landes gewöhnen (was in gewissem Umfang schon geschehen ist) – allerdings nur, wenn das militärisch-politische Gleichgewicht in Europa dadurch in keiner für die Sowjetunion, ihre militärische Sicherheit oder ihr Prestige, zu ungünstigen Weise verändert würde, und nur, wenn dadurch keine Wellen der Befreiung ausgelöst würden, die in die Sowjetunion selbst hinübergetragen werden könnten. Letzteres ist eine größere Gefahr als vor 1939, weil die während des II. Weltkrieges erfolgte Ausdehnung der sowjetischen Grenzen weit nach Westen Menschen in die Sowjetunion gebracht hatte, die empfindsamer für die Geschehnisse anderswo in Ost- und Mitteleuropa sind als die Russen selbst.

Die erste Forderung der sowjetischen Außenpolitik besteht somit in der Erhaltung des gegenwärtigen, fein ausgewogenen Kräftegleichgewichts in Europa und – solange befriedigende Abmachungen mit den Westmächten über ein gegenseitiges Disengagement oder einen Rückzug aus Mitteleuropa fehlen – in der Absicherung der Unverletzlichkeit sowjetischer Hegemonie in jener Region. Das ist, wie der Leser bemerken wird, eine stark defensive Erwägung.

Die zweite Forderung, die zwar nicht auf die Beziehungen zu den „kapitalistischen" Ländern gemünzt ist, aber dennoch in die Kategorie der Außenpolitik gehört, besteht im Schutz des Bildes von der Sowjetunion als dem zentralen Bollwerk des revolutionären Sozialismus auf der Welt – und von der sowjetischen Parteiführung als dem einzig weisen und mit Prestige versehenen Gremium von Männern, das über ein tiefes Verständnis marxistischer Prinzipien verfügt und auf große Erfahrung in deren Anwendung zurückblicken kann – einer von daher unentbehrlichen Führungsquelle für kommunistische und nationale Befreiungskräfte überall.

Das ist natürlich das Ideal, nicht die vollständige Realität des heutigen Tages. Es ist ein Ideal, an dem in den letzten Jahren ständig gebohrt wurde und das noch immer unter heftigen Angriffen der Chinesen und anderer steht. Es ist aber nicht ganz ohne Inhalt. Es ist – wenn schon nicht Realität – so doch der Anspruch, der nach Ansicht der Kreml-Herren um jeden Preis verteidigt werden muß.

Warum verteidigt? Weil der Verlust oder die ernsthafte Aushöhlung dieses Bildes für die Führung gefährlichste Isolation und Unsicherheit bedeuten würde: Isolation zwischen einer kapitalistischen Welt, die sie nicht voll anerkannt hat und nicht voll anerkennen konnte, und einer kommunistischen Welt, die das Vertrauen in sie verloren und sie zurückgewiesen hatte; Unsicherheit, weil der Verlust dieses Bildes die Legitimität des Regimes daheim in Frage stellen würde. Die Haltung der moralischen und politischen Überlegenheit unter den marxistischen Kräften sowie den nationalen Befreiungsbewegungen auf der Welt ist wesentlich für die Rechtfertigung der Diktatur, die seit über einem halben Jahrhundert über die Menschen der Sowjetunion ausgeübt wird, wie auch für die Rechtfertigung der Opfer, die ihnen seither abverlangt werden. Wäre erst einmal die Glaubwürdigkeit dieser Haltung nach außen verspielt, würde sich auch die Stellung im Inneren nur noch schwer aufrechterhalten lassen.

Das ist eine Lage, die voll verständlich vielleicht nur denjenigen wird, die eine gewisse Vorstellung von der Bedeutung haben, die man Theorie und Anspruch in Rußland beimißt – eine Bedeutung, die nach russischem Empfinden normalerweise noch über die zugrundeliegende Realität hinausgeht. Das jedenfalls ist der Grund, warum die Führer der Sowjetunion die Rolle einer von hohen Grundsätzen getragenen, engagierten Kraft – tatsächlich der führenden Kraft – für die Verwirklichung der Ideale des sozialistischen Marxismus nicht aufgeben können und warum ihnen gar nichts anderes übrig bleibt als zu versuchen, sich durch Hervorkehrung des orthodoxen Kommunismus und entsprechender Taten in der Dritten Welt gegen die Angriffe der Chinesen und anderer abweichender kommunistischer Kräfte zu schützen, die genau auf das Bild zielen, das sie erhalten müssen.

Diese Motivation steht hinter den zahlreichen Aspekten sowjetischen Verhaltens in bezug auf die Länder der Dritten Welt. Es ist nicht die einzige Motivation, die dieses Verhalten beeinflußt. Militärische und wirtschaftliche Überlegungen kommen hinzu. Es ist aber in der Hauptsache das, was sowjetische Politik und Aktion im Hinblick auf die südlichen Kontinente ausmacht, was so viel Entrüstung und Alarm in Washington auslöst.

Die Gefahr, die für die sowjetische Führung darin liegen würde, nicht mehr Mittelpunkt der kommunistischen Welt zu sein, ist nicht nur politisch und psychologisch zu sehen. Sie hat auch militärisch-strategische Auswirkungen ernstester Art. Der Verlust dieser Position würde, wie wir gerade gesehen haben, bedeuten, daß Sowjetrußland zwischen zwei Stühle fallen müßte: zwischen eine kommunistische Welt, die sich abgewandt hat, und eine kapitalistische Welt, die sie nicht akzeptieren würde. Und da trifft es sich, daß die hervorstechenden Mächte dieser zwei Kraftfelder – der abweichenden kommunistischen und der verabscheuten kapitalistischen Welt – auch diejenigen Mächte sind, die nach heutigem Stand der Dinge für die Sowjetunion die größten militärischen Bedrohungen darstellen: China und die Vereinigten Staaten. Der Verlust der Führungsposition unter den kommunistischen Kräften der Welt würde die Sowjetunion somit in eine militärische ebenso wie eine politische Isolation bringen.

Es wurde bereits erwähnt, wie die sowjetische Militärmacht den Amerikanern erscheint. Wie aber erscheint die amerikanische Militärmacht zusammen mit der der NATO den Persönlichkeiten im Kreml?

Zuerst sei daran erinnert, daß sich die Sowjetunion seit dem Korea-Krieg einer amerikanischen bzw. NATO-Verteidigungsmacht gegenübergestellt sah, die ihrer eigenen in den meisten Punkten überlegen war. Sie übertraf sie vor allem im Bereich der Nuklearstrategie, was immer noch gilt. Sie besaß eine Überlegenheit an Sprengköpfen, an Zielgenauigkeit der Raketen und an strategischen Bombern. Sie hat die Sowjetunion mit Raketenbasen eingekreist: in Westeuropa, in Griechenland und der Türkei, in Okinawa und Korea, und wo sonst noch überall. Sie hat – namentlich wenn man die Flotten der europäischen NATO-Mächte hinzunimmt – eine klare Überlegenheit im Bereich der Marine gehabt. Nur in der Stärke der Bodentruppen in Mitteleuropa war sie dem unterlegen, was die Sowjetunion gegen sie ins Feld führen konnte – und selbst da nicht in dem Maße, das gemeinhin unterstellt wird.

So standen die Dinge also wirklich. Man bedenke jedoch, daß so, wie die Dinge sind, sie keineswegs immer erscheinen. Man darf wohl annehmen, daß die sowjetischen Strategen die Stärke ihrer eigenen Macht nicht übertreiben, wie wir es tun, sondern daß sie wahrscheinlich umgekehrt unsere Stärke übertrieben. Das Bild, das ich gerade gezeichnet habe, sollte also um einiges vergrößert werden, um dieser Verzerrung Rechnung zu tragen. Ich bezweifle, daß selbst in Mitteleuropa das Gleichgewicht der Kräfte sich für die Russen so überaus günstig ansieht, wie wir vermuten. Die Schwächen der Satellitenkräfte sind ihnen besser bekannt als uns, und zweifellos erscheinen sie aus ihrer Sicht noch größer. Und ich sehe keinen Grund, warum ihnen 29 NATO-Divisionen – 11 von ihnen mit Panzern ausgerüstet und einige von ihnen deutsch, unterstützt von nahezu 7000 sog. taktischen Nuklearwaffen – wie eine kläglich und hoffnungslos unterlegene Streitmacht vorkommen sollten, als die sie der westeuropäischen und amerikanischen Öffentlichkeit dauernd beschrieben werden. Das dürfte insbesondere gelten, wenn die Stärke der Warschauer Pakt-Truppen substantiell – wie ich vermute – tatsächlich das sein sollte, was die kommunistischen Unterhändler im Rahmen der MBFR-Gespräche jüngst erstmals ihren Gegenspielern offenbarten. Die westlichen Unterhändler, die diese Zahlen lange gefordert hatten, nahmen sie mit spöttischer Skepsis entgegen, als sie schließlich verfügbar gemacht wurden. Doch können wir uns so sicher sein, daß der Irrtum nicht in unseren eigenen Übertreibungen lag?

Ich weiß, man wird sagen, dies alles kann keine Quelle ernsthafter Sorge für sie sein, da sie wissen, daß unsere Absichten gut sind. Wirklich?

Wir sollten uns vor Augen halten, daß es auch hier – wie auf militärischem Sektor – zu einer verzerrten Optik kommt, die eine kapitalistische Regierung in ihren Absichten gegenüber dem Bollwerk des Weltkommunismus feindlich und bedrohlich erscheinen läßt, ja darauf besteht, sie müsse es sein. Diese These wurde vom sowjetischen Propagandaapparat seit einem Vierteljahrhundert vorgetragen. Es kann nicht erwartet werden, daß sie überhaupt keinen Platz im Denken der Sowjetführer einnimmt. Das Ausmaß, in dem diese an ihre eigene Propaganda glauben, läßt sich zwar nie mit Sicherheit abschätzen; ganz sicher aber ist, daß sie stets bis zu einem *gewissen Grad* daran glauben.

Darüber hinaus aber sind sich die Sowjetführer durchweg bewußt, daß in der politischen Gesellschaft Amerikas – wie auch der der westeuropäischen Länder – Kräfte am Werk sind, die von Bitterkeit und Feindseligkeit ihnen gegenüber erfüllt sind und ohne weiteres militärische Mittel gegen sie einsetzen würden, wenn dabei die geringste Aussicht auf Erfolg bestünde. Sie haben nicht die *Captive Nations Resolution* vergessen, die theoretisch immer noch gilt und die die Legislative der USA verpflichtet, die kommunistische Macht überall in Rußland und Osteuropa zu vernichten. Sie vergessen nie, daß der stärkste kontinentale Bestandteil der NATO Westdeutschland ist, wo Millionen von Menschen leben, die von ihnen – den Russen – aus ihrer Heimat vertrieben wurden – ein Westdeutschland, wo diese Flüchtlinge und Millionen von Nicht-Flüchtlingen verbittert sind über die Teilung des Landes und insbesondere jene Maßnahmen verübeln, die ergriffen wurden (am sichtbarsten die Berliner Mauer), um Ostdeutschland gegen westliche Einflüsse zu schützen. Die Tatsache, daß diese Maßnahmen von großer politischer Schwäche auf kommunistischer Seite zeugten, macht die Sachlage von sowjetischem Standpunkt aus nicht besser; im Gegenteil – sie erhöht das Gefühl der Unsicherheit, das sie erfaßt bei dem Versuch, politische Realitäten ins Militärische zu übertragen. Schließlich erinnern sie sich an das, was die meisten Westeuropäer vergessen zu haben scheinen: daß es noch gar nicht lange her ist, daß ein vereinigtes Deutschland – ein Deutschland, das um etwa ein Drittel stärker war als das heutige Westdeutschland – fähig war, ihr Land weitgehend zu zerstören und bis zur Wolga und dem Nordkaukasus vorzudringen, während es gleichzeitig die kombinierten Streitkräfte von Frankreich und England im Westen fernhielt. Sollten sie dann die mögliche Macht des westdeutschen Zweidrittel-Deutschlands gering veranschlagen, wenn die Streitkräfte nicht nur zahlreicher westeuropäischer Länder – einschließlich Frankreichs und Großbritanniens – sondern auch der USA mit ihm verbündet, nicht mehr verfeindet sind? Um die Reaktionen der Russen zu verstehen, müssen wir ihnen ein viel längeres Gedächtnis als der westlichen Presse zutrauen – eines, das potentielle deutsche Macht nicht auf die leichte Schulter nimmt.

Es mag der Einwand kommen, daß sich die Russen nicht ablenken lassen sollten durch Kräfte, die ihnen kämpferisch feindselig in westlichen Gesellschaften gegenüberstehen – daß sie sich ruhiger und gründlicher das Gleichgewicht der politischen Kräfte in Westeuropa anschauen sollten; daß sie aus solch einer genaueren Prüfung heraus dann bestätigen könnten, daß die Extremisten nie den Sieg davongetragen haben, daß die öffentliche Meinung im Westen zum überwiegenden Teil entschieden gegen einen neuen Krieg ist und daß es nie eine Zeit gegeben hat, zu der die NATO-Regierungen – gemeinsam oder einzeln – geneigt waren, einen Krieg gegen sie anzuzetteln. All das läßt sich nicht bestreiten. Doch der Vorwurf an die Russen, sie würden die Dinge so nicht betrachten, würde einer westlichen Gemeinschaft besser anstehen, die ihrerseits bereit wäre, Rußland in derselben Weise zu sehen und dieselben Dinge im politischen Verhaltensschema der Sowjets wahrzunehmen.

Mit all dem soll nur unterstrichen werden, daß die sowjetische Ansicht von militärischem Gleichgewicht und von westlichen Fähigkeiten und Absichten nicht identisch mit unserer ist, und daß sie nicht mit Wohlbehagen auf die große Anhäufung von Soldaten und Waffen schauen, die gegen sie gerichtet sind – so unangemessen diese Anhäufung vielen von uns auch erscheinen mag.

Es stehen mir keine Mittel zur Verfügung, um genau zu beurteilen, wie die Sowjetführer die militärische Stärke des kommunistischen China einschätzen, mit dem sie es an ihrer langen sibirischen Grenze zu tun haben. Ich weiß nur, daß sie sie für groß genug halten (wenn man den Zahlen, die natürlich aus amerikanischen Geheimdienstquellen stammen, Glauben schenken darf), um sich zur Aufstellung einer gewaltigen Streitmacht an dieser Grenze genötigt zu sehen: um die 40 bis 45 Divisionen und nahezu 1 Million Mann.

Das ist eine Tatsache von überragender strategischer Bedeutung. Wie irgendjemand die naheliegende Bedeutung übersehen kann, ist mir unverständlich. Seit vielen Dekaden ist ein Grundzug russischen – zaristischen wie sowjetischen – strategischen Denkens die Entschlossenheit gewesen, nach Möglichkeit einen Zwei-Fronten-Krieg zu vermeiden, der die Aufsplitterung der sowjetischen Streitkräfte zwischen dem europäischen und dem fernöstlichen Schauplatz verlangen würde. Man braucht kein Russe zu sein, um nachzuempfinden, welche Kraft solch eine Überlegung auslöst. Die Militärplaner jedes großen Landes würden in derselben Weise reagieren.

Die Besorgnis gegenüber der chinesischen Bedrohung wird erhöht durch die extreme Verwundbarkeit der langen russischen Nachschublinie, die sich entlang der Südgrenze Sibiriens bis hin zum Pazifik erstreckt. Auf Tausende von Meilen seitlichen Angriffen aus dem Süden ausgesetzt, an einem Punkt gefährlich eingeengt zwischen der mongolischen Grenze und dem Baikal-See, stellt diese Verbindungslinie für sowjetische Militärplaner ein enormes Problem dar.

Die Besorgnis wird weiter verschärft durch den sehr hohen Grad von Spannung und Gereiztheit, der beide Seiten in diesem sonderbaren Verhältnis auszeichnet und kleine Zwischenfälle in Windeseile zu einem großen Flächenbrand werden lassen kann.

Vor solch einem Hintergrund sind die Befürchtungen, die man in Amerika und Westeuropa bezüglich der gegenwärtigen Gefahr eines sowjetischen Überraschungsangriffs auf die westeuropäischen NATO-Länder hört, fast zu grotesk, um ernst genommen zu werden. Abgesehen von all den anderen Gründen, die die Sowjetführer weder dazu anspornen noch in die Lage versetzen, einen derartigen Angriff auf diese Region vorzunehmen, wäre allein die Lage an der chinesischen Grenze schon mehr als genug, um alle Gedanken in dieser Richtung auszuschließen. Wie, so fragt man sich, stellen sich die, die solche alarmierenden Phantasiebilder verbreiten, die Sowjetführer eigentlich vor? Sehen sie sie völlig frei von jeglichem Gespür für politischen und strategischen Realismus, oder als Männer, die aus unerklärlichen Gründen nicht mehr ganz ernst zu nehmen sind? Es dürfte das eine oder andere sein.

Die gegenwärtige Spannung zwischen der Sowjetunion und China – so mag eingewandt werden – kann nicht für immer andauern. Der Streit könnte beigelegt werden. Dann hätte der Kreml freie Hand, sich seinen angeblichen Wunsch zu erfüllen und einen neuen Weltkrieg vom Zaun zu brechen.

Nichts ist unmöglich in der Politik (wie ein hoher sowjetischer Beamter mir gegenüber einmal bemerkte). Doch einige Dinge sind unwahrscheinlich, sogar höchst unwahrscheinlich; und zu diesen gehört eine baldige Lösung des sowjetisch-chinesischen Konflikts

– d. h. eine Lösung von solcher Tragweite, daß die Sowjetregierung es sich leisten könnte, die jetzt an der chinesischen Grenze stationierten Truppen abzuziehen und sich in eine militärische Aktion gegen den Westen zu stürzen – voll darauf bauend, daß die Chinesen diese Aktion wohlwollend betrachten und keinen eigenen Nutzen daraus ziehen würden. Eine oberflächliche Wiederannäherung zwischen Moskau und Peking, die Abmachungen über Grenzprobleme und Handelsfragen mit sich brächte und von zahlreichen freundlichen Gesten und höflichen Worten begleitet wäre, liegt durchaus im Bereich des bald schon Möglichen. Aber die Schaffung einer Atmosphäre völligen Vertrauens – basierend auf einem allgemeinen gegenseitigen Verständnis hinsichtlich der Weltprobleme und einem Wissen um weitgehende Identität der politischen Interessen – ist etwas, das sich kaum in wenigen Jahren erreichen ließe, das vielleicht Jahrzehnte braucht, wenn es überhaupt je zustande gebracht werden kann.

Tatsache ist, daß sich die Interessen dieser zwei großen Länder materiell in wesentlichen Punkten unterscheiden. Und die Gewohnheiten zur extremen Geheimhaltung ihrer Überlegungen zusammen mit einer übertriebenen Empfindlichkeit in Fragen der inneren Sicherheit, die beiden Parteien eigen ist, sprechen gegen die baldige Erreichung einer dauerhaften und verläßlichen Verständigung zwischen ihnen. Eine kluge westliche Diplomatie wird weder von der Aussicht eines sowjetisch-chinesischen Krieges ausgehen noch erschrecken, wenn sich chinesische und sowjetische Vertreter plötzlich freundliche Dinge sagen und auf Banketten Trinksprüche wechseln.

Es gibt tiefere und beständigere Elemente in diesem Verhältnis, solche, die gegen das kostspielige Abenteuer eines großen Krieges sprechen – und zwar für beide Seiten –, die es aber eigentlich auch undenkbar machen – jetzt und auf viele Jahre hin –, daß jede von ihnen in ihrer Wachsamkeit nachläßt. So wie die Dinge sich bisher entwickelt haben, leben diejenigen, die im Westen Alarm schlagen, indem sie uns davon zu überzeugen suchen, daß mit einem sowjetischen Überraschungsangriff gegen Westeuropa zu rechnen ist, wenn wir nicht unser Abschreckungspotential in großem Umfang erhöhen, in ihrer eigenen Traumwelt und sprechen von einer sowjetischen Führung, von der wir übrigen nie gehört haben.

Wenn die Sowjetführer ostwärts blicken, sehen sie nicht nur China. Sie sehen auch Japan und sind sich der überragenden Bedeutung dieses Landes wohl bewußt. Sie würden natürlich gern eine Sicherheit gegen eine zu enge Verbindung zwischen Japan und China haben – besonders auf militärischem Sektor. Sogar die amerikanische Präsenz ist *dem* ihrer Ansicht nach vorzuziehen. Sie streben auch danach, japanische Unterstützung bei der Erschließung der Bodenschätze des sowjetischen Fernen Ostens zu erhalten, was teilweise schon geschehen ist.

Es gibt jedoch zwei ernstzunehmende Hindernisse für jeglichen weiter reichenden Ausbau der sowjetisch-japanischen Beziehungen. Das eine ist materiell nicht greifbar: der seltsam gefühlsmäßige Vorzug, den die Japaner – teils aus einem Schuldkomplex, teils aus kultureller Bewunderung heraus – den Chinesen vor den Russen geben. Das zweite – präzisere – ist die Frage der vier südlichsten Inseln jener Kette, die sich vom japanischen Hokkaido zur Halbinsel Kamtschatka erstreckt – Inseln, die die Russen, wie sie immer wieder betonen, als zu den Kurilen gehörig betrachten, die unter ihrer Kontrolle stehen, während die Japaner sie als eigentlichen Teil Japans ansehen.

Moskau könnte seine Beziehungen zu Japan zweifellos merklich verbessern, wenn es fähig wäre, in diesem Punkt nachzugeben. Doch da besteht auf seiten der Führung offenbar eine Furcht, daß solches Verhalten sie anfällig machen würde gegenüber ähnlichen Forderungen nach Grenzkorrekturen in Europa, wo sich die Sowjetunion ebenfalls verschiedene Gebiete angeeignet hat, die andere Regierungen nicht als historisch gewachsene oder natürliche Teile Rußlands betrachten und gerne zurückgewinnen würden. Besonders gefährdet sind in dieser Hinsicht die Gebiete Bessarabiens, wo wahrscheinlich die kommunistische Regierung Rumäniens eine Rückgabe verlangen würde, und die ehedem rein deutsche Provinz Ostpreußen, die 1945 zur Hälfte von der Sowjetunion einverleibt wurde und deren Schicksal sowohl für Ost- als auch für Westdeutschland von Interesse wäre. In seinen Beziehungen zu Japan wird Moskau gegenwärtig noch gehemmt durch die Konsequenzen von Stalins Gier nach immer mehr Land gegen Ende des letzten Krieges. So werden sogar in internationaler Politik die Sünden der Väter an den Söhnen vergolten.

Unter den gegenwärtigen Umständen – angesichts der vergleichsweise geringen Stärke und relativ schwachen Abwehrhaltung der japanischen Streitkräfte und der engen Verbindung Japans zu den Vereinigten Staaten – kann die Moskauer Führung ihre Beziehungen zu diesem Land mit vorsichtiger Billigung, wenn nicht gar Genugtuung betrachten. Doch ist sie sich auch der möglicherweise explosiven Situation in Korea bewußt und weiß, daß ein erneuter militärischer Konflikt zwischen den beiden koreanischen Regimen auf dieser Halbinsel zu unkalkulierbaren Verwicklungen führen könnte, die China, die Vereinigten Staaten und Japan – ebenso wie sie selbst – miteinbeziehen würden.

Auch das müssen die Kreml-Herren bedenken, wenn sie ihre Politik gegenüber den USA und dem Westen entwerfen. Sie müssen erkennen, daß ein großer Krieg zwischen Sowjetrußland und der NATO-Allianz aller Wahrscheinlichkeit nach diese heikle Situation in und um Korea zum Platzen bringen ließe und Konsequenzen hätte, die – gegenwärtig noch gar nicht absehbar – die sowjetische Sicherheit aufs engste berühren könnten.

Dann ist da natürlich noch der Nahe und Mittlere Osten.

Wir sollten uns vor Augen halten, daß dies eine Region ist, die viel näher an den sowjetischen Grenzen als an unseren eigenen liegt. Es wäre verfehlt, wollte man annehmen, daß die Sowjetführer ihre Interessen nicht ernsthaft berührt sehen durch das, was in jener Region geschieht.

Andererseits sollte auch erkannt werden, daß sie – wie schon oben bemerkt – keine wirklichen politischen Interessen in jenem Raum haben – d. h. keine anderen als die, die von strengsten Rücksichten auf ihre eigene nationale Verteidigung diktiert sind –, die die vorhersehbaren Katastrophen eines Krieges mit den Vereinigten Staaten rechtfertigen könnten. Unter solchen Voraussetzungen haben sie – genauso wie wir – ein vitales Interesse daran, daß die internen Konflikte in diesem Raum keine

Formen annehmen, die beiden Supermächten einen Krieg auferlegen würden.

Da diese Region besonders empfindlich für die militärischen Interessen der Sowjetführer ist, würden sie natürlich gerne ein Höchstmaß an Einfluß dort haben; sie taten ihr Bestes, um ihn zu erlangen. Die Methoden, die sie dafür wählten, waren nicht immer klug und auch nicht immer erfolgreich. Im Gegenteil – sie müssen sich heute stark desillusioniert und frustriert vorkommen, wenn sie in diese Richtung blicken. Und diese Gefühle müssen ergänzt werden um ein neues alarmierendes Element – sind sie doch Zeugen dessen, wie unzumutbare Mengen an amerikanischen Waffen nach Saudi-Arabien und, für sie noch verwirrender, in den benachbarten Iran einströmen. Die Vereinigten Staaten können sich glücklich preisen, daß die sowjetische Führung gegenüber diesem rücksichtslosen Vorgehen solche Geduld gezeigt und es vorgezogen hat, zu warten und sich weitere Schritte offenzuhalten anstatt aktiv dagegen vorzugehen, wie wir es im Falle Kubas taten. Doch diese Geduld kann durchaus einmal am Ende sein, wenn sich keine Beruhigung in Form einer allgemeinen Übereinkunft mit den Vereinigten Staaten über dieses Gebiet generell finden läßt.

Sowjetische Politik im Hinblick auf den arabisch-israelischen Konflik ist offensichtlich das Ergebnis starker Meinungsverschiedenheiten innerhalb der politischen Führung Moskaus gewesen. Da dürfte es diejenigen gegeben haben, die nicht gezögert hätten, Israel zugunsten eines engeren arabisch-sowjetischen Verhältnisses zu opfern, wenn sich letzteres so hätte erreichen lassen; und es gab Zeiten, da es bei speziellen Entscheidungen so aussah, als ob diese Leute gesiegt hätten. Bestenfalls kann gesagt werden, daß ihr Einfluß genügte, um eine beträchtliche Schwankung und Verwirrung in die sowjetische Politik zu bringen. Im großen und ganzen aber hat man den Eindruck, daß sich die Sowjetführer immer mehr darüber klargeworden sind, daß die Zerstörung des Staates Israel nicht nur dem ein Ende setzen würde, was ihnen an Einfluß in der arabischen Welt verblieben ist, sondern wahrscheinlich einen Grad von Unbeständigkeit in diese Region bringen würde – ganz zu schweigen von der größeren Einbeziehung der Vereinigten Staaten –, der sowjetische Interessen ebenso leicht gefährden wie ihnen dienen könnte.

Nachdem das der Fall ist, darf man annehmen, daß die Sowjetführer heute gar nicht abgeneigt wären, eine Übereinkunft mit den Vereinigten Staaten und anderen über die Angelegenheiten dieser Region zu erreichen, wenn mit ihr sichergestellt wäre, daß sie nicht gegen sie ausgenutzt würde und zur Stärkung der Sicherheit ihrer empfindlichen Südgrenze beitrüge.

Wir können sicher sein, daß die Sowjetführer beunruhigt und unglücklich auf Westeuropa schauen. Dessen enge militärische Bindung an die Vereinigten Staaten hat sie immer gestört. Der dort erreichte hohe Lebensstandard läßt das trübe und bedrückende Einerlei des persönlichen Lebens in weiten Teilen Osteuropas nur um so unangenehmer hervortreten. Die geradezu unheimliche Art, wie man dort im Überfluß lebt – in der Tat die eigentliche Dekadenz –, neigt dazu, die kommunistische Jugend in solchem Maße aus der gewohnten Bahn zu bringen, daß sie fähig ist, daraus zu lernen. Und daß sich die kommunistischen Parteien Frankreichs und Italiens bereits so nah an der Macht befinden, ist von sowjetischem Standpunkt aus – wie wir gesehen haben – ein sicherlich zweifelhaftes Phänomen. Die Mißerfolge dieser Parteien sind geeignet, in der Weltmeinung als Mißerfolg des Kommunismus generell zu gelten; während ihre Erfolge, die zwangsläufig ihre Unabhängigkeit anwachsen lassen, nur dazu dienen können, russischen Einfluß auf die kommunistische Weltbewegung zu verringern und den Teil in ihr noch weiter zu vergrößern, der einen eigenen Weg geht.

Wohl wissend, daß große Unordnung in Westeuropa wahrscheinlich ähnliche Unordnung in Osteuropa bedeuten könnte und würde, wünschen die Kreml-Herren sich nicht, daß die Stabilität der Lage dort ernsthaft gefährdet wird. Unter diesen Umständen erscheinen NATO und EG wahrscheinlich als geringere Übel denn die sichtbaren Alternativen, obwohl das nicht zugegeben werden kann. Am allerwenigsten würden diese Männer den ganzen europäischen Kontinent in das extreme und höchst unkalkulierbare Chaos eines großen Krieges stürzen wollen. Sicher wäre allein, daß der aus solch einem Krieg hervorgehende Status quo

– auch in Osteuropa – nur noch wenig Ähnlichkeit mit dem hätte, der vorher bestand – selbst für den Teil der europäischen Bevölkerung, der die Katastrophe überlebt hätte. Was folgte, dürfte von sowjetischem Standpunkt aus schlechter sein; es wäre nur schwer vorstellbar, daß es viel besser sein könnte.

Ostdeutschland bleibt aus verschiedenen Gründen der Angelpunkt der gesamten Sowjetposition in Ost- und Mitteleuropa. Aus diesem Grund ist Moskau gezwungen, in bezug auf Berlin, die Mauer und die Teilung Deutschlands allgemein an Positionen festzuhalten, die unvermeidlich Hindernisse darstellen für jede voll zufriedenstellende Beziehung zu Westdeutschland und zu Westeuropa. Viele der einzelnen Haltungen und Reaktionen, die das erfordert, müssen nach westlicher Auffassung zwangsläufig ärgerlich und unannehmbar sein – und eine Belastung für sowjetisch-deutsche Beziehungen insbesondere. Sie nehmen das in Kauf. Es sollte nicht verwechselt werden mit einem Wunsche ihrerseits, Westeuropa und einen Großteil der restlichen Welt durch Entfesselung eines neuen Weltkrieges in unvorstellbaren Aufruhr zu stürzen. Das würde selbst dann gelten, wenn es nukleare Abschreckung – strategisch oder taktisch – überhaupt nicht gäbe.

Obige Bemerkungen bezogen sich auf die sowjetische Einstellung zur Lage in den geographischen Zonen, die für die Sowjetunion am wichtigsten sind. Es bleiben natürlich die vielen und ständig wechselnden Probleme der Dritten Welt. Hier ist Moskau politisch gezwungen, seine Hand im Spiel zu behalten als unterstützende Kraft für linksgerichtete und auf nationale Befreiung gerichtete Anstrengungen jeder Art. Doch Gelegenheiten dafür gibt es heute nur noch wenige. Die Sache des Antikolonialismus ist bereits so weit fortgeschritten, daß es nicht mehr viele Bereiche gibt, die man als echter Beschützer unterdrückter und für die Befreiung von kolonialistischem Joch kämpfender Völker erobern kann. Abgesehen von ein oder zwei Stellen – wie Chile, wo es einheimische Regime gibt, denen man mit altmodischen ideologischen Begründungen gegenübertreten kann, bleibt nicht viel außer den Widerstandsbewegungen, die sich auf den Sturz der weißen Herrschaft in Südafrika richten. Unter diesen Umständen darf angenommen werden, daß Moskau das Beste daraus macht. Der

Versuch ist bedauerlich und nicht leicht zu nehmen. Er trägt natürlich zu dem bei, was mit schrecklichem Blutvergießen und Unglück in der Gesamtregion enden könnte. Daß er zu irgendeiner Art von wirksamer sowjetischer Hegemonie über die nicht-weiße Bevölkerung dieses Gebiets führen wird, wenn es zu einer Vernichtung oder Vertreibung der Weißen gekommen sein sollte, ist jedoch nicht zu erwarten. Und es ist unwahrscheinlich, daß Moskau selbst davon ausgeht. Es unternimmt dort das, wozu aufgrund der chinesischen Herausforderung nach seinem Empfinden keine andere Wahl bleibt. Ob es daran Gefallen findet oder hofft, daß viel dabei herauskommt im Sinne einer positiven politischen Leistung, kann bezweifelt werden.

### 4. Zusammenfassung

Wenn diese Überlegungen irgendeinen Wert haben, läßt sich die Position der sowjetischen Führung etwa wie folgt zusammenfassen:

Es handelt sich um eine alternde, auf reiche Erfahrung zurückblickende und sehr beständige Führung, die sich keiner hastigen oder abenteuerlichen Politik hingibt. Sie verfügt über eine Machtstruktur, mit der sie selbst eng verknüpft ist, und insbesondere über eine höhere Beamtenschaft, die sich nicht gut für die Ausführung einer derartigen Politik eignen würde. Sie sieht sich schwierigen inneren Problemen gegenüber, die ihre Hauptsorge ausmachen.

Blickt diese Führung nun ins Ausland, sieht sie mehr Gefahren als verlockende Gelegenheiten. Ihre Verhaltensweisen und Absichten sind daher viel eher defensiver als aggressiver Natur. Sie wünscht sich keinen großen Krieg, am allerwenigsten einen Nuklearkrieg. Sie fürchtet und respektiert die amerikanische Militärmacht, auch wenn sie versucht, ihr den Rang abzulaufen, und hofft, einen Konflikt mit ihr zu vermeiden. Unter derartigen Umständen einen Angriff gegen Westeuropa zu planen, wäre das letzte, was ihr einfallen würde.

Die größten Sorgen dieser Führung im auswärtigen Bereich beziehen sich heute auf die Herausforderung ihrer Position innerhalb der kommunistischen Weltbewegung durch die Chinesen und andere. Sie würde sich angesichts dieser Herausforderung glücklich preisen, wenn sie darin erfolgreich wäre, ihre Vorrangstellung im Weltkommunismus zu bewahren, einen Krieg zu vermeiden, der – wie sie klar erkennt – den Ruin für alle Beteiligten, sie eingeschlossen, bedeuten würde, und ihre eigenen Tage friedlich zu Ende zu bringen – wobei ihre Mitglieder als konstruktive Führer in die Geschichte eingehen könnten, die viel mehr als Stalin und mindestens so viel wie Chruschtschow zum größeren Ruhm der Sowjetunion und der Sache des Weltkommunismus beigetragen haben.

# Sowjetisch-amerikanische Beziehungen

XIII

Die Auswirkungen der von mir angeführten Gesichtspunkte auf die amerikanische Außenpolitik sind in ihren groben Umrissen wahrscheinlich schon deutlich geworden; ich werde sie jedoch in aller Kürze nochmals zusammenfassen.

## 1. Die militärische Gefahr

Zuerst sollten wir die weitverbreitete, feste Überzeugung aufgeben, wonach unsere Differenzen mit den Russen eines Tages in Krieg enden müßten oder jedenfalls militärische Stärke letztlich darüber entscheiden müßte. Ein Krieg zwischen den beiden Ländern ist nicht unvermeidlich. Die Sowjetführer – und ganz besonders Breschnew persönlich – wünschen ihn nicht. Es gibt nichts in den unterschiedlichen Interessen der zwei Länder, was ihn erfordern oder rechtfertigen könnte.

Wenn wir uns nicht davon abbringen lassen, militärische Überlegungen in den Mittelpunkt unserer Betrachtung und Diskussion der sowjetisch-amerikanischen Beziehungen zu stellen, laufen wir Gefahr, am Ende gerade den Krieg zustandezubringen, den wir nicht wünschen und für dessen Vermeidung wir eintreten sollten. Die Geschichte beweist, daß der Glaube an die Unvermeidbarkeit des Krieges mit einer bestimmten Macht praktisch zu einer Lähmung jeglichen konstruktiven politischen Umgangs mit ihr führt, daß er rein militärischen Zwängen das Feld überläßt und so leicht den Charakter einer sich selbst erfüllenden Prophezeiung annimmt. Ein Krieg, der als unvermeidlich oder gar wahrscheinlich betrachtet und deshalb entsprechend vorbereitet wird, hat alle Chancen, am Ende auch ausgefochten zu werden.

Lernen wir also, das Sowjetproblem als ein ernstes politisches zu betrachten, das in der Tat militärische Konsequenzen hat, aber bedenken wir gleichzeitig, daß diese Begleiterscheinungen sekundärer, nicht primärer Art sind; und lassen wir uns nicht von militärischen Werten so weit hypnotisieren, daß wir blind werden gegenüber anderen und dabei scheitern, hoffnungsvolle und konstruktive Möglichkeiten dieser Beziehung zu entwickeln.

Die größte Gefahr, die in der gegenwärtigen Konkurrenz zwischen der Sowjetunion und den Vereinigten Staaten auf militärischem Sektor liegt, ist nicht die Gefahr eines sowjetischen Angriffs auf uns oder die NATO; es ist die Gefahr, daß das Moment dieses gewaltigen und ungeheuer gefährlichen Rüstungswettlaufs unseren Händen entgleitet, völlig unkontrollierbar wird und durch Verbreitung oder Zufall uns alle zerstört. Schon beim heutigen Stand der Dinge ist der bloße Umfang nuklearen Sprengstoffs – die Megatonnenstärke – in unseren Händen und denen unserer sowjetischen Gegner eine Bedrohung für die gesamte Menschheit. Es übersteigt bei weitem, was sich für einen guten Zweck – gar Verteidigung – gebrauchen ließe. Es stellt, ich wiederhole es, durch seine bloße Existenz eine größere Gefahr dar als alles, was selbst vom schlechtesten politischen Stand der Ost-West-Beziehungen zu erwarten wäre. Unsere erste Aufgabe ist es, diese Situation unter Kontrolle zu bringen. Und diese Aufgabe beginnt mit der Neubestimmung unseres eigenen Denkens.

## 2. Die SALT-Gespräche

Beim Abfassen dieser Zeilen werden die SALT-Gespräche gerade wieder aufgenommen. So weit, so gut. Es kann über die betreffenden Probleme gar nicht genug Gedankenaustausch zwischen den beiden Regierungen geben.

Doch selbst die besten Ergebnisse, mit denen bei diesen Gesprächen zu rechnen ist, sind wahrscheinlich noch ungenügend.

Der Hauptgrund dafür ist, daß die Geschwindigkeit des Fortschritts im Bereich der Militärtechnologie größer ist als die voraussehbare Geschwindigkeit aller Verhandlungen dieser Art. Der technologische Hintergrund, vor dem die Anweisungen beider Delegationen aufgesetzt würden, wäre zum Zeitpunkt ihres Abschlusses schon nicht mehr maßgebend, so daß zwangsläufig alle erreichten Abkommen teilweise durch die Ergebnisse überholt sein müßten.

Aber es gibt noch eine andere und sogar ernstere Gefahr. Gespräche dieser Art haben sich in der Vergangenheit – fast unvermeidlich – zu Wettkämpfen dergestalt entwickelt, daß man sehen wollte, wie viel man selbst an nuklearer Rüstung behalten und wie weit man diesbezüglich die andere Seite zur Aufgabe bewegen konnte – als ob der ganze Zweck der Übung bloß darin bestünde, der anderen Partei den größtmöglichen Schaden zuzufügen. Dies ist wahrscheinlich unvermeidlich angesichts der üblichen Positionen und Verpflichtungen auf beiden Verhandlungsseiten. Im wesentlichen aber spiegelt es nur auf andere Weise die Annahme von dem absoluten Vorrang militärischer Werte im bilateralen Verhältnis wider – d. h. die bloße Annahme, die die eigentliche Gefahr ausmacht. Solange die Betrachtungsweise vorherrscht, daß die Partei in den SALT-Gesprächen gewonnen hat, die ein Maximum ihrer eigenen strategischen Nuklearmacht behalten und die andere Partei zwingen konnte, etwas mehr von der ihren aufzugeben, läßt sich meines Erachtens kein großer Fortschritt bei der Verringerung nuklearer Rüstungen erzielen.

Damit ist auf andere Weise ausgedrückt, daß keine große Wahrscheinlichkeit für einen angemessenen Fortschritt bei den SALT-Gesprächen besteht (angemessen heißt hier: in bezug auf Umfang und Bedeutung des Problems) – es sei denn, diese Gespräche wären flankiert wenigstens von *einigen* Maßnahmen der Zurückhaltung in der Waffenentwicklung auf jeder der beiden Seiten. Das sollte wirklich nicht zu schwierig sein. Das jetzt in amerikanischen Arsenalen befindliche nukleare Zerstörungspotential soll nach Aussagen von Experten schon etwa das zehnfache dessen betragen, was man ursprünglich für ausreichend hielt, um die Sowjetunion vom Gedanken an einen Krieg abzubringen. Es besteht einfach keine Notwendigkeit für dieses ganze Übermaß an

Zerstörungskraft. Beide Seiten könnten es sich leisten, schon morgen vier Fünftel davon aufzugeben – sie würden immer noch genug behalten, um alle nützlichen Zwecke zu erfüllen. Eine einseitige Verringerung um 10% – sofort und in ehrlicher Absicht vorgenommen – könnte keiner Seite schaden.

Es gibt aber noch andere Bereiche, die nichts direkt mit den SALT-Gesprächen zu tun haben, wo es sich die Vereinigten Staaten durchaus leisten könnten, ihre eigene Haltung im Interesse einer sichereren und hoffnungsvolleren Lage bezüglich der Kernwaffen zu ändern; ihnen wollen wir uns jetzt zuwenden.

## 3. Nukleartests

Es gibt überhaupt keinen Grund, warum die Vereinigten Staaten – auf der Grundlage der Gegenseitigkeit mit der Sowjetunion – nicht das Angebot machen sollten, alle Versuche mit Kernexplosionen jeder Art einzustellen. Es würde dies keine ernsthafte Gefährdung für unsere Verteidigung bedeuten, es würde uns auch in eine weit bessere Position versetzen, um die Mitglieder der sich rasch vergrößernden Gemeinschaft von Nuklearmächten zum selben Verhalten zu veranlassen.

Ich bin mir bewußt, daß es zahlreiche Leute in unseren militärischen und wissenschaftlichen Institutionen gibt, die sich ganz den unterirdischen Versuchen mit diesen Sprengstoffen verschrieben haben – und ich erkenne, daß wissenschaftliche Neugier bei ihrem Engagement mitspielt. Mit Sicherheit aber besteht der Hauptzweck dieser Versuche, wie sie jetzt unternommen werden, darin, irgendeinen „Dreh“ zu finden, durch den wir plötzlich den Russen gegenüber um eine „Nasenlänge“ voraus sind in Planung und Produktion derjenigen Waffen, die die fraglichen Sprengstoffe verwenden. Und das ist genau die Art von Denken, der ein Ende gesetzt werden muß, wenn diese verrückte Verbreitung von nuklearer Zerstörungskraft je aufgehalten und rückgängig gemacht werden soll. Wenn die Russen willens sind, solche Tests zu stoppen, sollten wir ebenso dazu bereit sein. Was jetzt nottut, ist nicht das Herausfinden noch raffinierterer Methoden, um diese Vorrichtungen zur Explosion zu bringen, sondern das Wissen darum, wie man ihre Detonation, durch die Tausende und Millionen von Menschen vernichtet werden, vereiteln und abwenden kann.

## 4. Das Prinzip der „Erstanwendung"

Ich habe in meinen Erinnerungen ausgeführt, wie ich vor vielen Jahren in einem an den Außenminister gerichteten Memorandum dringend darum ersuchte,

> vor einer Entscheidung für die Wasserstoffbombe und damit für eine endlose Steigerung der Zerstörungskraft und Kosten atomarer Waffen nochmals sehr ernsthaft und sehr gründlich das ganze Prinzip der „Erstanwendung" dieser und aller anderen Massenvernichtungswaffen zu überdenken; und ich machte es so deutlich, wie es mit Worten möglich war, daß ich bei einer solchen Überprüfung entschieden für das Aufgeben dieses Prinzips stimmen würde.*

Obwohl heute – 27 Jahre danach – die Bereitschaft zur Erstanwendung in Theorie und Praxis bei uns und unseren Alliierten weit tiefer verwurzelt ist als damals, sehe ich keinerlei Grund, dies Urteil rückgängig zu machen. Im Gegenteil – ich bin mehr denn je davon überzeugt, daß diese verderbliche Theorie nicht nur die Ursache für das nukleare Wettrüsten mit der Sowjetunion ist, das uns auf eine so gefährliche Bahn brachte, sondern auch für die globale Verbreitung von Kernwaffen, deren Zeugen wir jetzt sind.

Wir sollten natürlich darauf bedacht sein, zum frühestmöglichen Zeitpunkt die schließliche Beseitigung von Kernwaffen und allen anderen Massenvernichtungswaffen aus nationalen Arsenalen zu erreichen. Doch es ist klar, daß das nie zu schaffen sein wird, solange wir auf das Prinzip der Erstanwendung festgelegt sind – solange wir den Glauben haben und andere darin bestär-

---

* Vgl. George F. Kennan: Memoiren eines Diplomaten. Stuttgart 1968. Zit. S. 471.

ken, daß wir im Westen unsere eigene Verteidigung allein dadurch sicherstellen können, daß wir als erste den Einsatz dieser Waffen vornehmen oder zumindest unsere Verteidigungspläne darauf gründen, was auf dasselbe hinausläuft.

Erst jüngst schlug die sowjetische Regierung einen allgemeinen Pakt vor, um sicherzustellen, daß keiner der Unterzeichner als erster auf die Anwendung solcher Waffen zurückgreifen würde. Dieser Aufruf geschah am Vorabend einer NATO-Ministerratstagung. Er wurde von diesem Gremium sofort ohne die geringste interne Diskussion, geschweige denn eine Diskussion mit den Russen, zurückgewiesen. So tief verwurzelt ist jetzt schon die Festlegung auf die Idee, wonach die NATO ihre eigene Verteidigung ohne Rückgriff auf diese Waffen nicht mehr garantieren könne und deren Einsatz für die Verteidigung unabdingbar sei, daß der Vorschlag keiner weiteren Prüfung mehr für wert befunden wurde.

Diese Argumentation muß ich in Frage stellen. Ich sehe keinen Grund, warum die NATO, wenn sie nur wollte, ihre Verteidigung nicht in einer nur aus konventionellen Waffen bestehenden Umgebung sicherstellen könnte. Es mag mehr kosten; es mag ein etwas höheres Opfer von den betroffenen Menschen verlangen. Aber warum nicht? Überwiegt der kleinere Vorteil, der entstehen mag, wenn man diesen Belastungen entgeht, wirklich eine Gefahr, die für alle Völker der nördlichen Hemisphäre – die westliche Zivilisation schlechthin – größer ist als alles bisher Gekannte? Sind die Bequemlichkeiten dieser speziellen Generation so heilig, haben sie ein solches Gewicht in der großen Zeitspanne westlicher Zivilisation, von der wir nur einen kleinen und flüchtigen Teil ausmachen, daß der gesamte Fortschritt und Fortbestand dieser Zivilisation nur um ihretwillen gefährdet werden sollte? Welcher Egoismus!

Irgendwo in der Presse stieß ich neulich auf die Behauptung, daß wir sofort die NATO-Truppen in Europa verstärken müßten, weil wir beim augenblicklichen Stand der Dinge sonst leicht gezwungen sein könnten, uns im Falle eines russischen Angriffs zurückzuziehen, und weil unsere taktischen Kernwaffen mit begrenzter Reichweite dann bereits auf NATO-Territorium in die

Hände des Feindes fallen könnten und somit die Menschen der NATO-Länder gefährden würden anstatt die Bevölkerungen weiter östlich. Wie schändlich, solch ein Gedanke! Als ob die Menschen weiter östlich, die man sonst mit diesen Waffen hätte treffen können, keine Menschen wären – als ob es für sie, die Frauen und Kinder und alle, besser und erträglicher wäre, zu verbrennen, als für die Bürger eines NATO-Landes – als ob diejenigen Osteuropäer, denen angeblich unsere politische Sympathie galt, weniger litten oder so minderwertig seien, daß ihre Leiden vor Gott – und unserem eigenen Gewissen – weniger ausmachten. Gab es je ein besseres Beispiel für die Verdorbenheit menschlicher Ansichten und Annahmen als das von solch einer Denkgewohnheit über den Krieg unter nuklearem Vorzeichen zeugende – als das von solch einem Konzept über die Geiselhaltung ganzer Bevölkerungen zu dem Zweck, Vorteile von ihren Regierungen zu erpressen?

Das und noch viel mehr ist im Prinzip der Erstanwendung enthalten. Wir können uns nicht darüber hinwegsetzen: Entweder wir akzeptieren die Massenvernichtung als ein Mittel der Kriegführung ungeachtet der Katastrophen, die sie für einen Großteil der Menschheit – unsere eigene Zivilisation miteingeschlossen – bedeutet, und halten konsequent am Prinzip der Erstanwendung dieser Waffen fest, ob sie nun gegen uns eingesetzt werden oder nicht; oder wir mißbilligen sie, weshalb wir dann auch so tapfer sein sollten, die Folgen dieser unserer Gefühle zu tragen und uns zu entschließen, nicht als erste dieses Mittel der Kriegführung anzuwenden, sondern nach anderen Mitteln zu suchen, um unsere Verteidigung sicherzustellen.

Es ist klar, daß wir uns über das Prinzip der Erstanwendung nicht einfach hinwegsetzen können, ohne unsere NATO-Verbündeten zu konsultieren und ohne nach besten Kräften zu versuchen, sie von der Notwendigkeit unseres Handelns zu überzeugen. Sie haben sich – noch hoffnungsloser als wir (und leider nicht ohne unser Zutun) – in den Glauben verrannt, daß sie sich möglicherweise selbst nicht mehr verteidigen könnten ohne den Rückgriff auf eine Waffenart, die jede wirkliche Verteidigung zum Gespött machen würde. Wenn dem so ist – nun gut. Der Vorgang, sie von den falschen Lektionen, die wir ihnen beibrachten, zu befreien, wird natürlich einige Zeit in Anspruch nehmen. Doch ist der Augenblick nicht gekommen, damit zu beginnen?

Man beachte, daß bis hierhin nicht etwa empfohlen wurde, auf all das zu verzichten, was wir an Kernwaffen herstellten oder in unseren Arsenalen hielten (obwohl ich auch das gern erleben würde), sondern nur, daß wir bei einem militärischen Zusammenstoß nicht mit ihrem Einsatz beginnen sollten – nicht die ersten sein sollten, die sie anwenden. Und es gibt angesichts des jüngsten sowjetischen Vorschlags für einen Pakt in dieser Richtung keinen Grund, warum ein derartiger Verzicht einseitig sein sollte. Die Sowjetunion hat doch schließlich schon angeboten, sich uns in solch einem Schritt anzuschließen.

## 5. Konventionelle Waffen

Die obigen Bemerkungen laufen natürlich auf den Verlust derjenigen Vorteile hinaus, die wir durch die Entwicklung nuklearer Rüstung und die Entscheidung zur Erstanwendung bei jedem ernsthaften Zusammenstoß zu haben glaubten. Der erste Einwand dagegen würde sein, daß wir im Hinblick auf konventionelle Rüstung hoffnungslos unterlegen und insbesondere nicht mehr fähig wären, Westeuropa gegen einen russischen Angriff zu verteidigen.

Dazu kann ich nur folgendes sagen: Wenn eine Stärkung unserer Position auf konventionellem Rüstungssektor wirklich nötig ist – grundsätzlich oder im erforderlichen Umfang –, damit wir unseren Verpflichtungen Westeuropa und Japan gegenüber genügen können, dann ist es nun einmal so und die zusätzliche Stärke sollte verfügbar gemacht werden. Es gibt aber verschiedene Vorbehalte.

Als erstes würde man gerne sichergehen, daß die Schätzungen russischer Stärke, vor deren Hintergrund die Erfordernisse der NATO berechnet wurden, einleuchtend und realistisch sind und nicht aus solchen Übertreibungen bestehen, wie wir sie bei den verschiedensten Gelegenheiten beobachten konnten.

Zweitens wäre man gerne sicher, daß in den MBFR-Gesprächen und anderswo die äußerste Anstrengung unternommen wurde, eine allgemeine Verringerung der Warschauer-Pakt-Truppen in Ost- und Mitteleuropa ebenso wie der der NATO zu erreichen. Wenn in dieser Richtung irgendein Erfolg verbucht werden soll, wird es wahrscheinlich notwendig sein, ab einem gewissen Punkt den mehr oder minder öffentlichen MBFR-Verhandlungen mit privateren, weiter reichenden und flexibleren Gesprächen Nachdruck zu verleihen.

Drittens würde man gerne garantiert sehen, daß unsere eigene militärische Führung darauf eingestellt ist, den größten Teil unserer Ausrüstung jetzt bereitzustellen anstatt ihn als veraltet zu bezeichnen und auf die Schrotthaufen zu verweisen oder an irgendwen sonst zu verkaufen, um die Forderungen nach ausgefalleneren, neueren und noch raffinierteren Gegenständen zu rechtfertigen.

Viertens würde man gern das Gefühl haben, daß die größtmögliche Verbesserung in der Schlagkraft unserer konventionellen Streitkräfte – bei Heer, Luftwaffe und Marine – durch Anpassungen in ihrer Zusammensetzung und ihrer Aufstellung vorgenommen wurde. Es gab zahlreiche Erklärungen führender und sehr erfahrener militärischer Persönlichkeiten des Inhalts, daß die bestehenden Zusammensetzungen und Aufstellungen nicht voll geeignet seien: daß beispielsweise weder die Stationierung noch die Ausrüstung gewisser NATO-Divisionen optimal sei; daß die US-Marine weniger Flugzeugträger im Ausland stationiert haben und mehr für die Unterstützung amerikanischer Truppen in Übersee bereithalten sollte, usw. Der Laie kann die Wichtigkeit dieser Erfordernisse und Möglichkeiten nicht beurteilen. Er kann nur feststellen, daß die Kritiken von hochqualifizierten Leuten stammen; und er wäre gern sicher, daß alle Möglichkeiten für Verbesserungen nach diesen Grundsätzen erkundet und ausgeschöpft wurden, bevor die endgültige Rechnung für eine Stärkung der konventionellen Truppen präsentiert wird.

Sind diese Bedingungen einmal zufriedenstellend erfüllt, sehe ich nichts, was sich gegen eine notwendige Stärkung der konventionellen Streitkräfte einwenden ließe – vorausgesetzt, die Feststellung der Notwendigkeit ist ehrlich und realistisch. Und wenn das wirklich bedeutet, daß das Verteidigungsbudget nicht nennenswert verringert werden kann, so mag es damit sein Bewenden haben.

Aber dann ist es auch wichtig, daß diese Notwendigkeit einer Stärkung vor Kongreß und öffentlicher Meinung nicht mit alarmierenden Verzerrungen von sowjetischen Absichten und der Wahrscheinlichkeit feindseliger sowjetischer Handlungen begründet wird. Wenn eine geeignete amerikanische Verteidigungsposition nur durch den Gebrauch solcher Verzerrungen aufrechterhalten werden kann, dann ist es für den Augenblick besser, sie nicht zu haben; denn solche falschen Angaben rächen sich später in jedem Fall durch den Mißbrauch, zu dem sie in der öffentlichen Meinung führen. Vor allem dürfen die Erfordernisse nationaler Verteidigung der amerikanischen Öffentlichkeit nicht in der Weise dargestellt werden, daß sie darauf schließen lassen, unsere Meinungsverschiedenheiten mit den Russen seien mit größter Wahrscheinlichkeit nur militärisch zu lösen und militärische Überlegungen seien in den sowjetisch-amerikanischen Beziehungen ausschlaggebend. Wenn eine angemessene Verteidigungsstärke der NATO in Europa nur dadurch geschaffen werden kann, daß man den Leuten einredet, daß ein bewaffneter Konflikt letztlich unvermeidlich sei oder daß im Ost-West-Verhältnis bestenfalls ein militärisches Unentschieden von unbegrenzter Dauer in einer Atmosphäre voller Mißtrauen und Feindseligkeit erwartet werden könne, dann bin ich nicht sicher, ob der Versuch, solch eine Stärke zu erlangen, nicht zu einer Selbstzerstörung führen würde; denn echte Sicherheit läßt sich auf solch einer Grundlage nie erreichen.

### 6. Nachrichtenwesen

So wie die militärische Rivalität und das gegenseitige Mißtrauen im sowjetisch-amerikanischen Verhältnis angelegt sind, wird niemand mit letzter Sicherheit sagen können, welche Rolle die Aktivitäten der geheimen Nachrichtendienste auf beiden Seiten spielten; daß sie jedoch eine sehr große Rolle spielten, steht außer Frage. Ich persönlich hatte Gelegenheit, zahlreiche Fälle mitzuerleben, in denen amerikanische Geheimdienststellen Operationen vornahmen – oder vornehmen wollten –, die einen direkten Mißbrauch nicht nur der zwischen Amerika und der Sowjetunion bestehenden diplomatischen Beziehungen bedeuteten – oder bedeutet hätten –, sondern auch der bloßen Möglichkeiten zur Erreichung einer besseren Verständigung zwischen den beiden Regierungen. Und ich habe keinen Grund zu der Annahme, daß sowjetische Geheimdienststellen unseren eigenen diesbezüglich irgendwie nachstanden. Ein gutes Beispiel für den Schaden, den diese Aktivitäten anrichten können, findet man in der Auswirkung des U-2-Zwischenfalls von 1960 auf die damals geplante Gipfelbegegnung.

Einer der gefährlichsten Aspekte dieser ausgedehnten und übertriebenen Versuche zur Schnüffelei ist, daß sie – wie viele reguläre militärische Vorbereitungen auch – von Annahmen zeugen, nach denen die Beziehungen zwischen den beiden betreffenden Ländern eigentlich nicht mehr von dem zu unterscheiden sind, was in einem bereits bestehenden – oder für die nahe Zukunft als unvermeidlich betrachteten – Kriegszustand gelten würde. Sind solche Annahmen aber erst einmal zur Grundlage von Regierungsaktivitäten im größeren Maßstab geworden, werden sie in den Köpfen derer, die auf entsprechender Grundlage zu handeln haben, bald auch zur Realität; und dann haben sie eine schädliche Wirkung sowohl auf die übrige Regierung, innerhalb derer sie wirksam sind, wie auch auf die, gegen die sie sich richten.

Ein zweites und nicht geringeres Gefahrenelement, das in diesen Aktivitäten steckt, ist die große Schwierigkeit, sie auf die Erfordernisse einer konstruktiven Beziehung hin zu beschränken und anzupassen. Ihr bloßes Wesen schon verlangt, daß sie sehr wenig Leuten bekannt werden. So können viele von ihnen in hoher Position, die an sich die Vollmacht und Erfahrung zu einer entsprechenden Kontrolle hätten, von dieser keinen Gebrauch machen, weil sie nichts von den Aktivitäten wissen. Doch selbst, wo sie bekannt sind, wäre es für einen zivilen Beamten ebenso wie für einen Karrierediplomaten ein kühnes und riskantes Unterfangen, zu versuchen, ihnen Beschränkungen aufzuerlegen oder sie nur zu empfehlen, kann er sich dadurch doch leicht in die Position desjenigen hineinmanövrieren, der sich Anstrengungen und Unternehmungen widersetzt, die für die nationale Verteidigung als notwendig gelten.

Aktivitäten dieser Art werden normalerweise in Meinungsaustausch und Diskussionen zwischen den Regierungen nicht berührt, obwohl sie als Ursachen des Mißtrauens den Gesprächspartnern der jeweils anderen Seite oft bewußt sind, auch wenn über anderes gesprochen wird. Das ist tatsächlich ein weiteres Gefahrenmoment, das sie umgibt. Natürlich bildeten 1972 die großen Risiken eines Zwischenfalls, die damals durch die gegenseitige Beschattung sowjetischer und amerikanischer Kriegsschiffe auf See bestanden, einen Diskussionsgegenstand zwischen den beiden Regierungen – und ein zwar nützliches, in seinem Anwendungsbereich aber beschränktes Abkommen wurde erzielt, um die Gefahr von Zusammenstößen zu verringern. Immerhin war das ein Beginn, der das dahinterstehende, weit größere Problem gerade erst an der Oberfläche streifte.

Man könnte annehmen, daß eine allgemeine Verbesserung der Atmosphäre in den sowjetisch-amerikanischen Beziehungen sich in einer Verminderung der Intensität und Gefährlichkeit derartiger Anstrengungen zeigen würde. Leider steht zu erwarten, daß im Falle solch einer Verbesserung die Mitarbeiter des militärischen Abschirmdienstes die letzten wären, die davon Notiz nehmen und sich von daher beeinflussen lassen würden – sofern sie nicht entsprechende Anweisungen von ihren Vorgesetzten erhielten, die ihrem Handeln Grenzen setzten.

Wenn die Entwicklung zur Militarisierung der sowjetisch-amerikanischen Beziehungen nachlassen und sich ins Gegenteil verkehren soll, müssen die Regierungen meines Erachtens zwangsläufig dieses Problem mit in Betracht ziehen, alles tun, was einseitig möglich ist, um die Rücksichtslosigkeit und Gefährlichkeit dessen zu mildern, was auf diesem Gebiet vorkommt, und dann – zu gegebener Zeit und vor einem geeigneten Forum – sich gemeinsam darüber beraten, welche weiteren Mittel gefunden werden können, um derartige Aktivitäten einzuschränken und zu kontrollieren. Wenn Krieg nicht wirklich unvermeidlich oder auch nur wahrscheinlich ist, dann hängt unser Leben nicht in erster Linie davon ab, wieviel wir von den Geheimnissen des anderen erfahren und von unserem eigenen Tun ihm verbergen können.

Eine völlige Aufgabe des Sammelns von geheimem Nachrichtenmaterial (was zu unterscheiden ist von geheimen politischen Unternehmen, die ein Thema für sich darstellen) ist nicht zu erwarten. Es war ein normales Kennzeichen der Politik von Nationalstaaten, lange bevor die Sowjetunion oder auch die Vereinigten Staaten bestanden; und es wäre utopisch, auf ihr totales Verschwinden zu hoffen. Doch es gibt Grenzen. Es ist einer der Fälle, wo Shakespeare bemerkte: „Vernachlässige nur die Zwischentöne – und horch, welcher Mißklang folgt." Das Problem besteht nicht darin, den Geheimdienst abzuschaffen. Es besteht darin zu sehen, daß er nicht außer Kontrolle gerät, wozu er – bei ihnen wie bei uns – bereits auf dem besten Wege war.

## 7. Dissidenten und Menschenrechte

In den späten 1880er Jahren verfaßte ein Cousin meines Großvaters, der denselben Namen wie ich trug, nach einer langen und beschwerlichen Forschungsreise durch Sibirien ein Buch mit dem Titel *Sibiria and the Exile System**, in dem er die Leiden der politischen Gefangenen und Verbannten beschrieb, die von den zaristischen Behörden in jene Gegend geschickt wurden, um sie für ihre verschiedenen Versuche eines – teils weniger, teils äußerst gewalttätigen – Widerstands gegen das zaristische System zu bestrafen. Das Buch war so etwas wie eine Sensation, wurde in viele Sprachen übersetzt (es gab sogar eine illegale russische Ausgabe), machte überall tiefen Eindruck und hatte insbesondere eine nachhaltige Wirkung auf die damalige Einstellung der gebildeten Menschen im Westen gegenüber dem zaristischen Rußland. Diese Wirkung war zum Zeitpunkt der russischen Revolution tatsächlich noch spürbar in dem Enthusiasmus, mit dem große Teile der westlichen Öffentlichkeit jenes Ereignis begrüßten.

---

* Deutsch würde der Titel lauten: Sibirien und das Verbannungssystem, A.d.Ü.

Zwanzig Jahre nach der Revolution fiel die russische Gesellschaft – und namentlich die der Intellektuellen – unter den Händen Stalins und seiner Helfershelfer einem Terrorregime zum Opfer, wie es kein großes Land in moderner Zeit je erlebt hatte – einem Regime, das von Ausmaß und Brutalität her um ein vielfaches schrecklicher war als das, welches der ältere George Kennan vorfand. Eine ganze Generation von Schriftstellern, Künstlern, Schauspielern, Regisseuren – Intelligenz jeglicher Richtung, viele davon hochbegabt – wurde zusammen mit Millionen anderer Menschen von dieser gewaltigen Massenvernichtung hinweggefegt. Merkwürdig genug ist es jedoch, daß während die vergleichsweise milden zaristischen Unterdrückungsakte in westlichen Ländern Proteststürme ausgelöst hatten, diese schrecklichen Säuberungen der Zeit zwischen 1935 und 1939 dies nicht vermochten – ebensowenig wie die gleichfalls entsetzlichen Maßnahmen, die während des II. Weltkriegs gegen bestimmte völkische Minderheiten der UdSSR und gegen die Bevölkerungen einiger von Sowjettruppen überrannter Gebiete ergriffen wurden. Die Opfer *dieser* Verfolgungen, unter denen sich so bedeutende Persönlichkeiten wie der Dichter Mandelstam befanden, wurden in ihrem Martyrium und ihrem Tod von der westlichen Welt mit Schweigen übergangen, nicht weiter beachtet und hilflos sich selbst überlassen.

Vierzig Jahre sind seit dieser schrecklichen Zeit verstrichen. Das jetzt an der Macht befindliche Regime in Rußland ergreift ebenfalls Maßnahmen gegen diejenigen Bürger, die sich ihm widersetzen, die es öffentlich ablehnen oder die es auf andere Weise in Schwierigkeiten bringen. Die Maßnahmen sind wie die der zaristischen Regierung vor etwa 100 Jahren oft töricht, gefühllos, unnötig brutal, dazu angetan, die bloße Widerspenstigkeit noch zu verstärken, gegen die sie eigentlich gerichtet sind. In Ausmaß und Härte jedoch sind sie unvergleichlich kleiner und weniger grausam als die, die von Stalins Polizeistaat in den 1930er Jahren ergriffen wurden. Die gegenwärtigen Dissidenten werden – so unglücklich ihre Situation sein mag – mit einer relativen Großzügigkeit behandelt, die zu Stalins Zeit undenkbar gewesen wäre: sie dürfen in vielen Fällen in ihren Wohnungen in Moskau leben, ihre abweichende Literatur schreiben und privat verteilen, mit Ausländern verkehren, ihre Klagen ausländischen

Korrespondenten mitteilen und über sie an die Sympathien der Weltöffentlichkeit appellieren.

Ich möchte nicht mißverstanden werden. Ich bin weit davon entfernt, die Behandlung dieser Menschen durch die sowjetische Polizei zu billigen. Ich kann ein Regime nur bedauern, daß sich dermaßen schwach fühlt, daß es keine besseren Methoden als diese findet, um mit Meinungsverschiedenheiten zwischen sich und einer verhältnismäßig kleinen und hilflosen Gruppe von Intellektuellen fertigzuwerden. Doch Ehrlichkeit zwingt mich zu der Feststellung – und ich denke, meine Leser können mir darin folgen –, daß im Vergleich mit den Zuständen vor 40 Jahren das, was wir heute erleben – so ungerecht und unangebracht es uns auch erscheinen mag –, Fortschritt ist. Und doch nimmt die Presse im Westen davon Notiz, ertönen Proteste dagegen in einem Ausmaß, das weit umfangreicher ist als im Fall der viel größeren Exzesse der Stalin-Zeit. Die neue amerikanische Administration sieht sich Forderungen gegenübergestellt, die sowohl von außen als auch aus ihren eigenen Reihen kommen, wonach sie viel weiter gehen und die Behandlung der Dissidenten zum entscheidenden Prüfstein der sowjetisch-amerikanischen Beziehungen machen sollte – wenn nötig, auf Kosten des Fortschritts in anderen Bereichen der Beziehung.

Welche Schlußfolgerungen, so fragt man sich, sollen die Sowjetführer aus dieser Sachlage ziehen? Sollen sie daraus schließen, daß obwohl größere Milde in der Behandlung der Dissidenten – verglichen mit der Stalin-Periode – zu einem deutlichen Anwachsen ausländischer Empörung und ausländischen Protests geführt hat, weitere Milde die gegenteilige Wirkung haben wird, indem sie oppositionelle Aktivitäten in Rußland zum Abklingen bringt und westlichen Reaktionen ihre Schärfe nimmt? Oder sollen sie daraus schließen, daß Stalin am Ende womöglich recht hatte – daß die einzige Methode, eine stabile Diktatur aufrechtzuerhalten, die von der westlichen Welt voll anerkannt wird, in der Bestrafung der Dissidenten nach Stalins Vorbild liegt: mit so schnell folgendem und schrecklichem Terror, daß die westliche Presse überhaupt nichts von den Leiden und dem Schicksal der Opfer erfährt? Sollen sie schließlich daraus folgern, daß das Ausmaß, in dem sie sich zu mehr Milde entschlossen haben, falsch – da zu gering – war, daß es einer Meile bedurft hätte, wo ein paar Zentimeter gegeben wurden, und daß weiter nachzugeben einen Weg zu beschreiten hieße, der am Ende zur Zerstörung ihres eigenen Regimes führen könnte?

Darin besteht für westliche Politiker der Kern des Dilemmas; während nämlich ein geringer Druck von seiten der öffentlichen Meinung im Westen nützlich sein mag, kann zu viel davon dem Kreml vor Augen führen, daß seine Existenz gefährdet ist; und dann dürfte weiteres Nachgeben nicht mehr in Frage kommen, da Selbsterhaltung ein Gesichtspunkt ist, dem Vorrang vor allen anderen – einschließlich den verbleibenden sowjetisch-amerikanischen Beziehungen – eingeräumt würde; und wo Nachgeben ausscheidet, da kann man denen nicht mehr nützen, um derentwillen die Proteste unternommen werden – lediglich den sowjetisch-amerikanischen Beziehungen schaden.

Die sowjetische Regierung lud sich mit Unterzeichnung der Helsinki-Erklärungen über Menschenrechte natürlich Schwierigkeiten auf. Die westlichen Regierungen befinden sich formal in vollem Recht, wenn sie daraus einen Streitpunkt ihrer Beziehungen zu Moskau machen, sofern sie daran Interesse haben. Die Frage aber bleibt, ob es klug für sie ist, in dieser Richtung noch viel weiter zu gehen: ob das den Menschen überhaupt nützt, für die sie sich verwenden sollen; und wenn das der Fall ist, ob dieser Nutzen von solcher Bedeutung ist, daß er den Fortschritt überwiegt, der sonst auf anderen Gebieten erzielt werden könnte.

Ich sollte vielleicht klarstellen, daß ich in meiner Bewunderung für Männer wie Solschenizyn und Sacharow niemandem nachstehe; ich würde sie zu den größten Russen der modernen Zeit rechnen. Wäre ich Russe, so würde ihnen meine aufrichtigste Dankbarkeit und vermutlich (es ist immer gefährlich, wenn man zu wissen glaubt, wie edel man unter hypothetischen Umständen wäre) meine Unterstützung gelten.

Doch ich bin kein Russe. Und all diejenigen sind es auch nicht, für die die US-Regierung vorgibt zu sprechen. Ich habe in diesem Buch versucht, mich in die Lage der US-Regierung zu versetzen, die Dinge vom Standpunkt ihrer Verpflichtungen aus zu betrachten und so etwas wie Prioritäten zwischen diesen einzelnen Verpflichtungen festzulegen, wo diese sich widersprechen.

Unter diesen Verpflichtungen befindet sich, so weit ich sehe, nicht die Aufgabe, die sowjetische Regierung zu stürzen oder einen grundlegenden Wandel in ihrem Wesen zustandezubringen. Es gibt Grenzen, denen wir uns gegenübergestellt sehen. Wir haben genug damit zu tun, unseren eigenen Weg heraus aus dem Labyrinth der Probleme zu finden, mit denen uns die moderne Zeit umgibt, und Bedingungen innerhalb unseres eigenen Landes zu schaffen, mit denen wir zufrieden sein können. Im Hinblick auf die Sowjetregierung besteht diese Aufgabe nicht darin, sie zu zerstören oder zu etwas anderem zu machen, sondern Mittel und Wege des Zusammenlebens und gegenseitigen Umgangs zu finden, die eher zur Verringerung als zur Vergrößerung der Gefahren beitragen, die uns allen drohen.

General George Marshall pflegte zu seinen Mitarbeitern zu sagen: Bekämpfen Sie nicht das Problem. Eben darum ging es mir hier – und ich meine, auch der US-Regierung sollte es darum gehen, nachdem das Problem in diesem Fall die Sowjetregierung an sich ist – so, wie wir sie vor uns haben und wie sie wahrscheinlich auch künftig noch lange sein wird. Ich habe mich nie für eine amerikanische Politik eingesetzt, die auf ihren Sturz abzielte, habe mich vielmehr aktiv gegen solch eine Politik gewandt – nicht weil die in Rußland vorherrschende Regierungsform mir entspricht und sympathisch ist, sondern weil ich es nicht für unsere Aufgabe halte zu versuchen, über politische Entwicklungen in anderen Ländern zu bestimmen, weil wir dazu wahrscheinlich gar nicht fähig wären, selbst wenn wir es wollten, und weil wir nicht wüßten, was wir an die Stelle des gegenwärtigen russischen Regimes setzen sollten, selbst wenn wir mit seinem Sturze Erfolg hätten. Ich weiß von keinen möglichen demokratischen Regierungen in Rußland, die dann plötzlich auftauchen würden.

Nun läßt sich keine amerikanische Regierungspolitik erkennen, die Hilfe für die sowjetischen Dissidenten einschließt, um damit zum Sturz der Sowjetmacht beizutragen. Nicht alle Dissidenten sehen ihr eigenes Handeln in dieser Richtung. Man kann sagen, daß es hier nicht um den Versuch geht, diese Macht zu stürzen oder ihr grundlegendes Wesen zu ändern, sondern mehr um die Klarstellung dessen, wie stark amerikanische Sympathie für die ist, die unter deren Exzessen leiden, wie aufrichtig der amerikanische Wunsch, die Praktiken des Sowjetsystems mehr im Einklang mit den allgemeinen Idealen der Toleranz und der Respektierung dessen zu sehen, was jetzt unter dem Begriff der Menschenrechte ins breitere Bewußtsein gedrungen ist.

Dagegen kann es prinzipiell keinen Einwand geben. Die betreffenden amerikanischen Sympathien bestehen tatsächlich. Die sowjetische Unterschrift befindet sich unter den Helsinki-Erklärungen. Mit Sicherheit läßt sich nichts dagegen sagen, daß verantwortliche amerikanische Politiker ihrer eigenen Hoffnung wie auch der ihrer Landsleute Ausdruck verleihen, daß diese Verpflichtungen nicht nur in Worten anerkannt, sondern eines Tages auch in die Politik und Praxis der Sowjetregierung umgesetzt werden.

Ich würde sogar noch weiter gehen. Es wäre nicht unzumutbar für die US-Regierung, ihrem sowjetischen Gegenspieler klarzumachen, daß solange weiterhin Bedingungen vorherrschen, an die wir täglich von ausländischen Pressevertretern in Moskau erinnert werden – solange mit anderen Worten die sowjetischen Polizeibehörden nicht aufhören, töricht, gefühllos und brutal gegen Männer und Frauen vorzugehen, deren einziges Vergehen darin bestand, zurückhaltend und keineswegs provokativ Ansichten zu äußern, die von denen des Regimes heute wie vor 60 Jahren abweichen – daß solange die Dinge so stehen, es Grenzen geben wird und geben muß, über die sowjetisch-amerikanische Beziehungen nicht hinausgelangen können – Grenzen, bis zu denen sich Amerikaner, wenn überhaupt, persönlich oder durch ihre Regierung mit sowjetischen Absichten und Idealen, wie sie sich in der gegenwärtigen Praxis zeigen, anfreunden könnten. Anders ausgedrückt: Solange diese Bedingungen weiterbestehen, muß stets eine gewisse Distanz zwischen den beiden Regierungen aufrechterhalten bleiben – eine Distanz, die durch keine Gipfeltreffen, keine herzlichen Trinksprüche, keine freundschaftlichen Gesellschaften, keine kulturelle Zusammenarbeit und kein Gerede über Koexistenz überwunden werden kann –, eine Distanz, die in Anbetracht der gewaltigen Verantwortungen, die mit Blick auf die Erhaltung des Weltfriedens und die Schaffung einer sichereren und besseren Welt auf beiden Regierungen lasten, nur als tragisch bezeichnet werden kann. Dies ist der Zustand der Dinge, von dem man ausgehen muß; und ihn haben sich ausschließlich die sowjetischen Behörden selbst zuzuschreiben.

Andererseits ist bei vielem, was im internationalen Leben wie sonstwo auch geschieht, nicht am wichtigsten, *ob*, sondern *wie* es geschieht. Es gibt Möglichkeiten noch und noch, den Sowjetführern und der Welt klarzumachen, wie Amerika auf die Berichte über die Behandlung der Dissidenten reagiert. Einige Kritiken sind nützlich; andere schädlich. Druckausübung bis zu einem gewissen Grad mag Ergebnisse zeitigen; Druck über diesen Punkt hinaus kann selbstzerstörerisch sein.

Die Aufgabe der US-Regierung wird sein zu sehen, wie diese Empfindungen des amerikanischen Volks der Sowjetregierung in einer Weise übermittelt werden können, die denjenigen mehr hilft als schadet, um deren Bestrebungen und Leiden es dabei geht. Doch die US-Regierung wird auch darauf achten müssen, daß diese Sympathiebekundungen nicht Formen annehmen, die in Moskau falsch interpretiert werden als direkte Versuche, den Gang der internen politischen Entwicklungen in Rußland zu beeinflussen, und darauf, daß sie das Hauptanliegen amerikanischer Staatskunst gegenüber Rußland nicht beeinträchtigen, das – wie schon bemerkt – darin besteht, die Gefahr zu verringern, die für beide Länder und die Welt durch die augenblickliche militärische Rivalität gegeben ist.

## 8. Handel

Die sowjetische Regierung hat den Möglichkeiten einer Entwicklung des sowjetisch-amerikanischen Handels stets große Bedeutung beigemessen und wird dies auch weiterhin tun. Die Gründe dafür sind zweifellos verschiedener Art. Sie umfassen so praktische Überlegungen wie den Wunsch, Amerikas reiche Quellen an fortschrittlicher Technologie zu erschließen, die Notwendigkeit umfassender amerikanischer Getreideimporte, um die Ausfälle in der heimischen Landwirtschaft wieder wettzumachen, usw. Doch die Sowjetführer hatten auch immer ein sonderbares Gefühl, wonach eine Bereitschaft zur Ausweitung des Handels oder wenigstens zu Gesten in dieser Richtung auch den Wunsch nach einer Stärkung der politischen Beziehungen symbolisiere – insbesondere im Fall eines kapitalistischen Landes – und daher hohe politische Bedeutung habe.

Für die Regierung der Vereinigten Staaten ist es schwer, solch einer Auffassung zu entsprechen. Sie hat keine Kontrolle über den Handel und kann ihn in den meisten Fällen weder vergrößern noch verkleinern. Der Handel entspringt – ob zum Guten oder zum Schlechten – allein dem, was privaten Kaufleuten an geschäftlichen Anreizen geboten werden kann.

Trotz der offenkundigen Asymmetrien zwischen einem Staatshandelssystem einerseits und einem System privatwirtschaftlicher Initiative andererseits, wie wir es haben, gibt es keinen Grund, warum wir den Handel mit der Sowjetunion behindern sollten – vorausgesetzt allerdings, daß er nicht zu einem so hohen Abhängigkeitsgrad einzelner amerikanischer Firmen oder Firmengruppen von sowjetischen Bestellungen führt, daß dem sowjetischen Handelsmonopol damit ein unzulässiger Einfluß auf unsere Geschäfte eingeräumt würde – wie ihn ähnlich die Araber und andere aufgrund unserer Abhängigkeit vom Öl erhielten –, und vorausgesetzt, daß der Sowjetunion nicht gestattet wird, über normale Handelsgeschäfte Zugang zur hochentwickelten amerikanischen Technologie zu erlangen, die von militärischem Wert sein könnte und ihr normalerweise durch die Regierungspolitik nicht verfügbar gemacht worden wäre. Über letzteres muß unsere Regierung befinden; und sie sollte darauf achten, daß solche Übertragungen von Technologie nicht vorkommen. Hierin sollte man sich jedoch völlig sicher sein: daß erstens die fragliche Technologie wirklich hohen und empfindlichen militärischen Wert besitzt und nicht in der Sowjetunion hergestellt werden könnte; und daß sie zweitens von den Russen nicht aus anderen Quellen bezogen werden könnte. Ich glaube, man wird feststellen, daß der Bereich der Technologie, für den beide Kriterien gelten, tatsächlich sehr begrenzt ist.

Über diese grundlegenden Vorsichtsmaßregeln hinaus gibt es – ich wiederhole es – keinen Grund, sowjetisch-amerikanischen Handel nicht zu begünstigen. Die Idee, daß Handel nützliche menschliche Kontakte fördert und zu freundlicher Einstellung und Frieden führt, kann leicht übertrieben werden, besonders wenn sie den Handel mit einer ausländischen Regierung betrifft, die über ein Handelsmonopol verfügt. Doch wenn der Handel psychologisch und vom Standpunkt menschlicher Kontakte schon nicht übermäßig nützt, so bewirkt er auch keinen großen Schaden; im Gegenteil – er ist, um es mild auszudrücken, wahrscheinlich nützlich, um die Menschen auf beiden Seiten zu überzeugen, daß ihre Gegenspieler menschliche Wesen, keine Ungeheuer sind, und daß wir alle auf derselben Welt leben. Wobei noch hinzukommt, was oft vergessen wird, daß er wirtschaftlich nützt.

Unter diesen Umständen ist mir völlig unverständlich, warum der Sowjetunion die Meistbegünstigungsbehandlung vorenthalten werden sollte. Ihre Verweigerung als ein Mittel der Druckausübung auf die Sowjetregierung in der Frage der jüdischen Auswanderung war offensichtlich erfolglos – und zwar in solchem Maße, daß für ihre Verweigerung nicht länger triftige Gründe angeführt werden können. Und andere Rechtfertigungen für diese Praxis gibt es anscheinend nicht. Der Handel ist in den letzten Jahren erheblich zu unseren Gunsten ausgefallen; protektionistische Überlegungen sind von daher kaum am Platze.

Es gab Vorschläge dahingehend, daß wir die Meistbegünstigungsbehandlung vorenthalten und sogar den Handel selbst verhindern sollten als Mittel, um allgemein politische Zugeständnisse zu erpressen – daß wir beispielsweise mit Getreideexporten nicht fortfahren sollten, solange die Sowjetunion nicht bereit ist, uns auf anderen, davon unabhängigen Gebieten entgegenzukommen. Diese Idee scheint mir völlig falsch zu sein; jedenfalls ist sie nicht anwendbar. Wenn die Sowjetregierung als Inhaber des sowjetischen Handelsmonopols auf dem amerikanischen Markt als Käufer erscheint, zahlt sie den gerade geltenden Preis, d. h. den Marktpreis, für das, was sie kauft – oder sollte ihn zahlen. Wenn der amerikanische Verkäufer nicht mehr fordert und sich bereiterklärt, zum betreffenden Preis zu verkaufen, und die

Sowjetregierung ihn dann zahlt, hat sie ein Recht zu der Annahme, daß sie alles getan hat, was vernünftigerweise von ihr als handeltreibene Macht verlangt werden kann, und ebenfalls ein Recht zur Inbesitznahme der Güter, für die sie gezahlt hat. Wir können dann nicht nachträglich noch als Regierung auf sie zukommen und allen Ernstes sagen: „Sie müssen dafür noch einmal in Form von diesem oder jenem politischen Preis zahlen, bevor Sie die Waren haben können." Entweder wir glauben an das freie Unternehmertum und die Richtigkeit des Marktes – oder wir glauben nicht daran. Tun wir es, sollten wir zugeben, daß die Zahlung des gerade geltenden Preises genug an Bezahlung ist. Tun wir es nicht, sollten wir unsererseits ein Handelsmonopol der Regierung einrichten und Handel aus politischen Gründen führen.

Die Ansicht, daß Handel mit kommunistischen Ländern ( er betrifft nämlich nicht die Sowjetunion allein) als Instrument zur Erpressung politischer Zugeständnisse benutzt werden sollte, bedeutet erstens, daß wir auf ihn aus wirtschaftlich-finanziellen Gründen eigentlich gar nicht angewiesen sind, daß wir als Land keinen nennenswerten wirtschaftlichen Nutzen daraus ziehen und daß wir ihn leicht hinnehmen oder auch fallenlassen können; und zweitens, daß unsere Bereitschaft zum Handel mit einem anderen Land gleichsam eine Gnade unsererseits darstellt, für die die andere Partei gewillt sein sollte, sowohl den üblichen Geschäftspreis wie auch eine politische Prämie zu zahlen. Keine dieser Folgerungen dürfte im Fall unseres Handels mit der Sowjetunion gelten: die erste nicht, weil die zu unseren Gunsten ausfallende Bilanz, die in den letzten Jahren durchschnittlich mehrere hundert Millionen Dollar p. a. betrug, ein überhaupt nicht zu unterschätzender Faktor in den Kalkulationen eines Landes ist, das Zahlungsbilanzprobleme hat; und die zweite nicht, weil sie weder dort noch sonst irgendwo akzeptiert wird.

Wir sollten uns deshalb entsprechend darauf einstellen, die Amerikaner mit der Sowjetunion Handel treiben zu lassen, wo immer sie es lohnend finden, sowjetischen Exporten in unser Land die Meistbegünstigungsklausel einzuräumen und bloß ein wachsames Auge darauf zu haben, daß sichergestellt bleibt, daß empfindliche militärische Technologie nicht wider Willen auf diese Weise enthüllt wird und keine zu großen Abhängigkeitsverhältnisse vom sowjetischen Handelsmonopol entstehen. Die sich ergebenden Verbindungen werden in stürmischeren Zeiten, wenn die Beziehungen gespannter sind, einen sicheren kleinen Anker bilden, und von den Tauschaktionen würden wir beide profitieren.

Andererseits sehe ich keinen Grund, warum wir die umfangreichen Regierungskredite über das hinaus erweitern sollten, was im Rahmen der normalen Geschäfte der Export-Import-Bank liegt. Die Sowjetunion hat selbst beachtliche finanzielle Reserven – ausreichend genug, um in verschiedenen Teilen der Welt politische Unternehmungen zu starten, die auch massive Waffenlieferungen einschließen und uns für eine politische Stabilität auf der Welt nicht hilfreich erscheinen. Ich vermag nicht einzusehen, warum wir das unterstützen sollten. Dazu kommt noch die Überlegung, daß die sowjetischen Stellen nie sehr mitteilsam im Hinblick auf ihre eigene finanzielle Lage waren. Ich fürchte, irgendetwas in meiner eigenen schottischen Abstammung wehrt sich gegen den Vorschlag, daß man große Geldbeträge jemandem leihen sollte, dessen tatsächliche finanzielle Lage einem beharrlich verheimlicht wird.

## 9. Kulturelle Beziehungen

Auf dem Höhepunkt der Nixon-Kissinger-Entspannung – in der Zeit zwischen 1972 und 1974 – wurden zahlreiche bilaterale Regierungsabkommen zwischen der sowjetischen und der amerikanischen Regierung über eine Zusammenarbeit auf verschiedenen Gebieten von Wissenschaft, Technik und öffentlichem Gesundheitswesen abgeschlossen. Daneben gab es noch Abkommen zwischen privaten Institutionen in den Vereinigten Staaten und verschiedenen sowjetischen Institutionen, die Austausch in vielerlei Art vorsahen.

In den vielen Kritiken, die in letzter Zeit gegen die Entspannung erhoben wurden, sind diese Abkommen mitsamt ihren Folgen allgemein vergessen worden; man gewinnt tatsächlich den

Eindruck, daß die meisten Kritiker nie von ihnen gehört haben oder sie für unwesentlich halten.

In Wirklichkeit sind die Ergebnisse dieser Abkommen weder bedeutungslos noch – insgesamt gesehen – negativ. Einiges von dem, was an Austausch und anderen Formen der Zusammenarbeit ins Auge gefaßt wurde, ist anfänglich in Schwierigkeiten geraten, die in der Regel darauf zurückzuführen waren, daß die sowjetische Seite mit kooperativen Versuchen dieser Art nicht vertraut war – manchmal aber auch darauf, daß amtliche Stellen irgendwie zögerten und sich nicht trauten. Außerdem blieben bestimmte Abkommen auf geschäftlichem Sektor unerfüllt, nachdem der Handelsvertrag von 1972 infolge des Ausbleibens der Ratifizierung durch den Kongreß in Washington gescheitert war. Doch im großen und ganzen scheinen die sowjetischen Stellen ehrlich bemüht gewesen zu sein, ihrerseits diese Vereinbarungen einzuhalten. Einige – besonders die Abkommen über das öffentliche Gesundheitswesen und die verschiedenen Abmachungen über den Akademikeraustausch – haben sich als sehr nützlich erwiesen. 200 Wissenschaftlicher (100 von jeder Seite) arbeiten beispielsweise im Bereich der medizinischen Forschung zusammen; und Dr. Theodore Cooper, Unterstaatssekretär für Gesundheit, Bildung und Wohlfahrt, hat öffentlich die Ansicht geäußert, daß amerikanische Forschung auf diesem Sektor von der Erfahrung der anderen Seite wesentlich profitierte. Alles in allem gibt es keinen Grund, daran zu zweifeln, daß mit Überwindung der anfänglichen Bedenken und zunehmender Gewöhnung an die entsprechenden Verfahrensweisen bedeutsame Ergebnisse für beide Seiten erzielt werden.

Bestimmte Abkommen werden von amerikanischen Militärs und Verfechtern einer harten Linie kritisiert mit der Begründung, daß die Russen mehr Information über uns erhalten als wir über sie. Dieser Vorwurf zeugt natürlich von einer ähnlichen Auffassung wie der, der weiter oben im Zusammenhang mit den Verhandlungen über Rüstungskontrolle angeführt wurde: daß nämlich ihr Gewinn nur unser Schaden sein kann – daß die amerikanische Seite mit diesen Abkommen es nur darauf anlegen möchte zu sehen, wie viel Information sie von der sowjetischen Seite erlangen kann und wie wenig sie im Austausch dafür hergeben muß.

Dazu kann nur gesagt werden, daß wenn dies – das Sammeln militärischen oder quasi-militärischen Nachrichtenmaterials – tatsächlich der Zweck war, den unser Volk beim Abschluß dieser Abkommen im Sinn hatte, es besser gewesen wäre, sie gar nicht erst zu unterzeichnen. Doch ich sehe keinen Anhaltspunkt dafür, daß dem so war. Der größte Vorteil, den diese Vereinbarungen bieten, ist materiell nicht greifbar: die größere gegenseitige Bekanntschaft zwischen Fachleuten von beiden Seiten – die Überwindung wirklichkeitsfremder Denkschablonen in den Ansichten beider Parteien – die Entdeckung, daß nicht alle auf der anderen Seite unmenschlich sind und wir tatsächlich eine Menge gemeinsam haben. Die Wirkung der Abkommen in dieser Hinsicht sollte nicht unterschätzt werden. Die Zahl der Austauschbesuche von Fachleuten diesbezüglich ist seit Bestehen der Verträge auf das mindestens dreifache angestiegen und beläuft sich jetzt auf zwei- bis dreitausend pro Jahr in beiden Richtungen. Die positiven Ergebnisse einer solchen Selbstdarstellung vor Menschen und Umgebung des anderen Landes sind natürlich nicht unmittelbar zu sehen und können nicht nur in Form der Information gemessen werden, die sich für unsere Seite daraus ergibt. Doch die Information, die die Russen dadurch von uns erhalten, ist im Regelfall eine Information, die sie – wenn sie wollten – auch aus anderen Quellen beziehen könnten; wohingegen sich diese immateriellen Vorteile, die wir besonders schätzen, nur schwer auf andere Weise herstellen ließen.

Darüber hinaus spricht es für eine ziemlich engstirnige und provinzielle Betrachtungsweise dieser Beziehung, wenn man annimmt, daß wir von beruflichen Kontakten dieser Art nichts anderes zu erfahren hätten als technische Information, wie sie ergänzend von unseren Gegenspielern käme. Wir sind Menschen und sie vermutlich auch; und wer wollte behaupten, daß wir unsere eigenen Betrachtungsweisen nicht dadurch bereichern könnten, daß wir den ihren eine nachdenkliche und ernste Aufmerksamkeit schenken? Die Tatsache, daß ihr System uns nicht reizen kann, ist kein Grund, warum ihre Erfahrungen und Verhaltensweisen als Menschen nicht informativ sein und einiges Licht auf unsere Probleme werfen könnten.

Natürlich müssen kulturelle Beziehungen – wie andere auch – auf Gegenseitigkeit beruhen, wenn sie fruchtbar sein sollen; und wenn es Grund zu der Annahme gäbe, daß die Russen sie mit völligem Zynismus betrachten und sie mit solchen Einschränkungen und Bedingungen versehen, daß die direkten Vorteile substantieller Art unwesentlich blieben und die immateriellen gar nicht bestünden, dann würde ich als erster auf ihre Beendigung drängen. Ich sehe jedoch keinen Beweis für solch eine Haltung in dem, was ich über die Wirkung der jetzt in Kraft befindlichen Abkommen zu hören bekomme. Und solange ein derartiger Beweis nicht vorliegt, dürfte dies nach meinem Dafürhalten einer der wenigen möglicherweise förderlichen Aspekte im gegenseitigen Verhältnis sein, den man nicht vergessen, übersehen oder leichtfertig völlig abträglichen Unternehmungen opfern sollte.

## 10. Berufsdiplomatie und die Moskauer Botschaft

Wirksame Diplomatie ist nicht nur eine Frage der großen Strategie. Sie ist auch eine Frage der Information und des Rates, den man sucht, der Leute, die man verwendet, und der Nachrichtenkanäle, die man zur Durchführung der Politik wählt. In all diesen Punkten ließ die Praxis der US-Regierung in den letzten Jahren hinsichtlich der Beziehungen zur Sowjetunion zu wünschen übrig.

Es kann überhaupt keine Frage sein, daß das politische Establishment in Amerika eine seit langem bestehende, fast schon traditionelle Abneigung gegen das Berufsbeamtentum in der Diplomatie hat. Das Prinzip, nach dem verfahren wird, besagt, daß Erfahrung in jeder anderen denkbaren Berufsrichtung – im Rechtsbereich, Geschäftsleben, Journalismus oder wo sonst immer – eine bessere Voraussetzung für höhere Verantwortung im diplomatischen Bereich darstelle als Erfahrung im Auswärtigen Dienst selbst.

Es ist hier nicht meine Absicht, gegen diese Auffassung in ihrer umfassenden Bedeutung zu polemisieren; doch wo sie auf unsere Beziehungen zu Rußland angewandt wird, erscheint sie mir ganz besonders fragwürdig; und ich glaube, daß sich unsere

Regierung mit ihrem Festhalten daran einer der wertvollsten Quellen beraubt, die ihr zur Verfügung stehen.

Wenn ich mich nicht irre, wurde seit dem Ende der Botschaftertätigkeit des verstorbenen Llewellyn Thompson die amerikanische Botschaft in Moskau kein einziges Mal mehr in nennenswertem Ausmaß als Informationsquelle und täglicher Ratgeber für den politischen Entscheidungsprozeß auf höchster Ebene benutzt – oder auch als Übermittlungsträger für die Darlegung von Washingtons Standpunkt und die Erläuterung seiner Politik gegenüber den geeigneten Stellen des offiziellen Moskau. Bei einer Gelegenheit wurde unser Botschafter nicht nur von der persönlichen Beteiligung an Verhandlungen ausgeschlossen, die für seine offiziellen Verpflichtungen von höchster Bedeutung waren, sondern er erhielt auch keinen Zugang zu angemessener Information über das, was im Gange war. Man scheint in Washington geglaubt zu haben, daß Information über Rußland besser über andere Kanäle als die regulären diplomatischen kommen könnte; daß die, die mit der Führung der Außenpolitik in Washington beauftragt waren, professionellen Rat – besonders vom Fach – nicht besonders nötig hätten; und daß die Aufgabe, Washingtons Position den Leuten in Moskau zu erklären, durchaus gelegentlichen Besuchen von hochrangigen amerikanischen Persönlichkeiten in Moskau überlassen bleiben könne, zufälligen Begegnungen dieser Persönlichkeiten mit ihren sowjetischen Gegenspielern bei internationalen Zusammenkünften oder Diskussionen mit dem sowjetischen Botschafter in Washington. Abgesehen von all den Fragen der Persönlichkeit liegen dieser Betrachtungsweise einige ernsthafte Fehler in sachlicher Hinsicht zugrunde.

Indem führende Politiker in Washington versäumen, von der US-Botschaft Gebrauch zu machen, verzichten sie schlicht und einfach auf das, womit ihnen die Männer in Moskau dienlich sein könnten, die sich mit dem Problem der sowjetisch-amerikanischen Beziehungen am besten von allen auskennen, dem Ursprung des Geschehens ständig am nächsten sind, tagtäglich die Lage verfolgen, die Abweichungen in der sowjetischen Politik zwischen Rhetorik nach außen und Realität im Inneren am feinsten wahrnehmen und ein Gefühl für all das haben, was im Spiele ist. Die meisten Beamten der diplomatischen Mission können etwas Russisch und haben eine Spezialausbildung dieser oder jener

Art für ihre Arbeit gehabt – natürlich keine so umfassende Ausbildung, wie sie sie hätten haben sollen, da Washington sie ihnen nicht gibt, aber doch eine größere als die Mehrzahl derjenigen, auf deren Äußerungen bei der Formulierung der Politik üblicherweise gehört wird.

Es ist peinlich zu sehen, wie prominente und einflußreiche Kongreßabgeordnete sich vor russischen Dissidenten, die zu Besuch kommen, klein machen, um Informationen über Rußland zu erhalten, wenn die Leute, die viel objektiver sind – besser unterrichtet über das, was Amerika interessiert, und besser darauf eingestellt, ihnen alles Wissenswerte zu sagen – überhaupt nie ein Kongreßmitglied treffen. Einige dieser Dissidenten sind natürlich bedeutende Persönlichkeiten; doch es sind nicht die Interessen der Vereinigten Staaten – manchmal nicht einmal die des Weltfriedens –, die ihnen am Herzen liegen; und so viel sie auch über die inneren Zustände in Rußland wissen mögen, sind sie doch oft die reinsten Kinder, wo es um das Verständnis der internationalen Beziehungen geht.

Indem man von der Moskauer Botschaft als einem Instrument zur Unterrichtung der sowjetischen Politiker über Washingtons Ansichten keinen Gebrauch macht, nimmt man dieser Mission viel von ihrem möglichen Wert als einer Informationsquelle für das, was im Rahmen der Sowjetpolitik geplant und unternommen wird; denn auch in der Diplomatie – wie in jedem anderen Beruf – erhält man normalerweise nichts umsonst; und sowjetische Politiker dürften nicht sonderlich interessiert daran sein, über amerikanische Politik mit US-Vertretern in Moskau zu diskutieren, die selbst nur dürftig informiert sind.

Doch darüber hinaus läßt sich die Aufgabe, Washingtons Ansichten in Moskau bekanntzumachen und Verständnis für sie bei sowjetischen Politikern zu finden, nicht mit gelegentlichen Treffen zwischen verschiedenen Persönlichkeiten auf höchster Ebene erfüllen. Es geht nicht nur darum, daß die betreffenden amerikanischen Spitzenpolitiker oft nicht im Bilde sind über die wirkliche Bedeutung und den Hintergrund der Worte und Ausdrücke, die ihre sowjetischen Gegenspieler benutzen, selbst wenn sie wahrheitsgetreu übersetzt werden, sondern auch um die Tatsache, daß Washingtons Standpunkt bei wirksamer Vertretung laufend, fast täglich, den sowjetischen Politikern dargelegt werden muß – von Personen, die sprachlich und überhaupt dazu fähig sind, und nicht nur auf einer einzigen, sondern auf mehreren Ebenen – etwas, was die Botschaft mit ihren breit gestreuten Kontakten in einzigartiger Weise vermag.

Eine kluge amerikanische Diplomatie wird darauf bedacht sein, die ihr berufsmäßig zustehenden Hilfsmittel zur Bewältigung dieses Problems zu verbessern, sie dann auch zu nutzen und nicht zu vernachlässigen.

# Ein Globalkonzept amerikanischer Politik

# XIV

Jede amerikanische Regierung der vergangenen Jahre sah sich wiederholt dem Vorwurf ausgesetzt, keinen groß angelegten Entwurf für Außenpolitik zu besitzen – kein allgemeines Konzept, in das sich die verschiedenen regionalen und funktionalen Unternehmungen zusammenhängend und in wechselseitigem Einklag einfügen ließen. Ich kann nur hoffen, daß die oben vorgetragenen Überlegungen – so wenig manche von ihnen auch dazu angetan sein mögen, allgemeine und spontane Zustimmung zu finden – wenigstens das darstellen werden, was sich als Konzept bezeichnen ließe. Und ich will jetzt versuchen, in Form einer Zusammenfassung zu beschreiben, wie das betreffende Konzept aussehen würde.

Man würde beginnen mit einer realistischen Erkenntnis der vielerlei Beschränkungen, denen sich die Regierung der Vereinigten Staaten mit Blick auf die Außenpolitik unterworfen sieht – Beschränkungen, die teils konstitutioneller Art, teils durch Tradition und Denkweisen bedingt sind, dann wieder mit der Funktionsweise des politischen Systems zusammenhängen oder Situationen widerspiegeln, in die wir uns selbst hineinmanövriert haben. Wo immer es geht, würden wir versuchen, diese Beschränkungen zu beseitigen oder abzuschwächen; und wir würden unverzüglich und entschlossen mit der ernstesten von ihnen beginnen: der übermäßigen Abhängigkeit von ausländischem Öl – und besonders von solchem Öl, das sich in unzuverlässigen ausländischen Händen befinden könnte.

Wohl wissend jedoch, daß die meisten anderen Beschränkungen aus innenpolitischen Gründen nicht überwindbar sind, würden wir die Folgen dieser relativen Hilflosigkeit tragen und uns mit der Tatsache abfinden, daß wir nur innerhalb bestimmter, klar festgelegter Grenzen den Lauf des Weltgeschehens beeinflussen können – daß wir schon glücklich wären, wenn es uns gelänge, die Sicherheit unseres eigenen Volkes und die einiger ausländischer Völker zu gewährleisten, die sich ihrer Abhängigkeit vom Fortbestand und Wohlstand der amerikanischen Gesellschaft in ihrer heutigen Form durchaus bewußt sind und deren Freundschaft wesentlich für unsere eigene Sicherheit ist. Wir würden – mit anderen Worten – die Probleme der Außenpolitik vergleichsweise bescheiden angehen – stets eingedenk dessen, daß unsere Hilfsmittel begrenzt sind und wir uns einigen dringlichen und schwierigen, aber begrenzten Aufgaben gegenübersehen, deren erfolgreiche Bewältigung wesentlich für die Sicherheit auf der Welt wie auch für unsere eigene ist; daß wir uns auf die Durchführung dieser Aufgaben konzentrieren müssen, wenn wir eine Chance haben wollen, sie zum Abschluß zu bringen; daß wir uns aus diesem Grunde nicht leisten können, unsere Aufmerksamkeit, unsere Energien und unsere Hilfsmittel mit Träumen von Weltverbesserung zu verzetteln, mit dem Streben nach weltweitem Einfluß und Ansehen sowie einer moralistischen Haltung, die für das politische Temperament der Amerikaner und die Rhetorik des öffentlichen Lebens hierzulande typisch sind.

Das bedeutet natürlich die Verringerung auswärtiger Verpflichtungen auf das unerläßliche Mindestmaß. Und ich würde dieses Mindestmaß in der Erhaltung der politischen Unabhängigkeit und militärischen Sicherheit von Westeuropa, Japan und – mit dem einzigen Vorbehalt, daß es nicht zur Entsendung und zum Einsatz amerikanischer Streitkräfte kommen darf – von Israel sehen. Diese Bindungen würden den harten Kern unserer auswärtigen Verpflichtungen bilden und jeglichen nötigen Vorrang erhalten. Soweit die Erfüllung dieser Verpflichtungen wirklich Veränderungen, Verbesserungen und Verstärkungen unserer Streitkräfte und der unserer Alliierten verlangt, würde dem vollauf entsprochen werden. Dies würde jedoch aus Gründen der Vernunft geschehen und bei uns und in der Welt auch so erklärt werden: wir würden Bedrohungen durch die Sowjetunion oder eine andere Seite nicht bloß zu dem Zweck erfinden, daß wir Unterstützung von seiten der Öffentlichkeit und des Kongresses für die fraglichen Maßnahmen erhalten.

Um unsere Hilfsmittel und Anstrengungen auf diese entscheidenden Aufgaben zu konzentrieren, würden wir – wie gesagt – die darüber hinausgehenden und uns nur ablenkenden Verpflichtungen und Verwicklungen rücksichtslos streichen. Das würde die Aufgabe einiger inzwischen überholter und nicht mehr wichtiger Positionen bedeuten: besonders der von Panama, den Philippinen und Korea. Es würde bedeuten, daß unsere westeuropäischen Alliierten wieder verantwortlich zeichnen für die Gestaltung der künftigen Beziehungen Griechenlands und der Türkei zur NATO – was eigentlich auch ihre Sache ist – und für eine Absprache mit den Regierungen dieser zwei Länder über die Verfügbarkeit von militärischen Anlagen und Einheiten der NATO auf ihrem Territorium. Amerikanische Einrichtungen und Stützpunkte würden dort nicht länger unterhalten werden.

Im Falle des südlichen Afrika wäre die tragische Dimension der Konflikte zu erkennen, unter denen diese Region leidet, sowie die Unfähigkeit von uns und jeder anderen außenstehenden Partei, gute Lösungen für diese Probleme zu empfehlen oder zu finden. Wir würden demnach nicht Partei ergreifen, sondern unsere Anstrengungen auf das beschränken, was wir hinsichtlich einer Mäßigung der Leidenschaften und einer Verminderung der Gewalt tun könnten. Wir würden uns insbesondere nicht in irgendeine Verwicklung hineinmanövrieren lassen – weder von den Weißen, die uns mit der Beschreibung ihrer Gegner als den Vertretern des Weltkommunismus gern einen Schrecken einjagen und zu entsprechenden Unterstützungsmaßnahmen treiben würden, noch von den Schwarzafrikanern, die uns gern mit dem Gespenst des Sympathieverlusts des restlichen Schwarzafrika (einem jedenfalls höchst fragwürdigen Wert) erschrecken würden.

Auch mit Blick auf die übrige Dritte Welt wäre zu berücksichtigen, daß wir allgemein hilflos sind angesichts ihrer Probleme – hilflos zunächst wegen der enormen Größe dieser Probleme im Vergleich zu unseren Möglichkeiten; hilflos aber auch wegen der Notwendigkeit, unsere Hilfsmittel und Bemühungen anderweitig zu konzentrieren. Wir würden zwar unser Interesse an den Sorgen dieses großen Teils der Welt nicht aufgeben und ebenso wenig die Entwicklungshilfe verweigern, die wir über internationale Organisationen geben könnten. Wir würden auch versuchen, unseren

Protektionismus dort zu überwinden oder einzuschränken, wo er speziell die Waren aus Ländern der Dritten Welt berührt. Aber wir würden uns darüber hinaus nicht allzu sehr um die Worte und Reaktionen der Regierungen dieses Raumes kümmern, nachdem wir wissen, daß das Beste, was wir auf lange Sicht von ihnen erwarten können, ihr Respekt, nicht ihre Zuneigung oder Dankbarkeit ist.

Im Nahen Osten würde unsere Begeisterung dafür nachlassen, geradezu phantastische Mengen von Waffen in die Hände derjenigen gelangen zu lassen, die keinen rechten Gebrauch davon machen können; unsere Aufgabe würde es sein, (stets unter Berücksichtigung der Verpflichtung gegenüber Israel) erstens für eine allmähliche Annäherung zwischen Israel und seinen arabischen Nachbarn zu sorgen und zweitens eine Übereinkunft mit der Sowjetunion zustandezubringen, die sicherstellt, daß diese Gegend nicht zum Ursprung eines ernsthaften Konflikts zwischen den beiden Großmächten wird.

Im Fernen Osten würden wir unser Hauptaugenmerk auf die Gestaltung unserer Beziehungen zu Japan richten, wobei auf die bestehenden Kommunikationsschwierigkeiten, die dieses Verhältnis belasten, besonders zu achten wäre — wie auch darauf, daß die Beziehungen in ihrer täglichen Abwicklung solchen Leuten anvertraut werden, die sprachlich, intellektuell und durch Erfahrung speziell für diese heikle und anspruchsvolle Aufgabe vorbereitet sind.

Im Verhältnis zu China würden wir mit viel Umsicht und ohne Hast zu Werke gehen — in Erkenntnis der großen Unterschiede, die sowohl zwischen beiden Völkern in psychologischer Hinsicht als auch zwischen beiden Regierungen im Hinblick auf Ideale und Zielsetzungen bestehen; und wir würden versuchen, uns so wenig wie möglich in die Lösung des Taiwan-Problems verwickeln zu lassen. Der große Respekt, den die Amerikaner traditionellerweise für die chinesische Kultur empfunden haben, wie auch das Mitgefühl, das sie gegenüber den Wechselfällen des chinesischen Lebens in unserer Zeit bekundet haben, dürfte und müßte darunter nicht leiden.

Was Korea angeht, würden wir uns so freundlich und besonnen wie möglich der militärischen Verwicklung in diesem Lande entledigen, wobei besonders darauf zu achten wäre, daß wir in all unseren Worten und Taten fest zu den Japanern stehen (deren Interessen am empfindlichsten dabei berührt sind).

Und was schließlich die Sowjetunion anbetrifft: da würden wir uns zuallererst der dringlichen Frage der Rüstungskontrolle zuwenden – besonders auf dem Gebiet der strategischen Waffen – und uns bemühen, diejenigen in unserer eigenen Gesellschaft eines Besseren zu belehren und zur Mäßigung zu veranlassen, die zwar laut schreien, aber höchst unrealistische Vorstellungen vom Wesen der Sowjetmacht haben, die ihrer Veranlagung nach geneigt sind, das Verhältnis auch künftig unter rein militärischen Vorzeichen zu sehen, und die uns in der Produktion von Kernwaffen sowie der Militarisierung des Verhältnisses allgemein am liebsten noch abenteuerlichere Höhen erklimmen ließen. Wir würden die Notwendigkeit einseitiger Maßnahmen der Zurückhaltung anerkennen. Wir würden den Prozeß der Rüstungskontrolle dadurch zu erleichtern trachten, daß wir sofort einer völligen Einstellung der Kernwaffenversuche zustimmen. Wir würden unsererseits die Notwendigkeit einer Aufgabe des Prinzips der Erstanwendung akzeptieren ebenso wie den Abschluß eines geeigneten Abkommens diesbezüglich mit den Russen (wie sie es selbst vorgeschlagen haben) – und unseren Verbündeten dies zu erklären suchen. Wir würden sehen, ob die Sowjetregierung nicht mit dabei wäre, wenn es um die Einschränkung übertriebener Unternehmungen beider Geheimdienste ginge. Wir würden vom Handel nicht abraten; im Gegenteil – wir würden ihn begrüßen und ermuntern, u. a. durch Ausweitung der Meistbegünstigungsbehandlung; doch wir würden nicht versuchen, ihn mit großangelegten Regierungskrediten zu beleben, und ebenso wenig die Russen im Zweifel darüber lassen, daß die Kräfte des Marktes, nicht die Maßnahmen der Regierung über seine Gestaltung und seine Ausmaße entschieden.

Im Hinblick auf die Dissidenten würden wir nicht davor zurückschrecken, maßgeblichen sowjetischen Persönlichkeiten vor Augen zu führen, welch negative Gefühle in unserer Bevölkerung mit Berichten über die Maßnahmen der sowjetischen Polizei gegen diese Leute geweckt werden. Wir würden auch weiterhin klarstellen, daß eine fortgesetzte Praxis dieser Art durch die entsprechenden Behörden so viel Ärger in der öffentlichen Meinung Amerikas auslöst, daß sie zwangsläufig eine Belastung des Verhältnisses darstellen und seinem weiteren Ausbau Grenzen setzen müßte. Aber wir würden darauf achten, den Sowjetführern nicht den Eindruck zu vermitteln, daß die Regierung der Vereinigten Staaten – in stillschweigender Duldung einiger ihrer Bürger – ihren Sturz herbeiführen wollte, und wir würden Aktionen und Gesten vermeiden, die als direkte Einmischung in innere sowjetische Angelegenheiten aufgefaßt werden könnten.

Wir würden schließlich die Art und Weise unserer Handhabung der Beziehung verbessern, uns weniger auf die Kunststücke der Gipfeldiplomatie verlassen und einen größeren Teil der Last den weniger auffälligen, aber beständigeren und wirksameren Bemühungen der speziell ausgebildeten Berufsdiplomaten überlassen.

In dieser schnell sich verändernden Welt, deren Vielfalt komplizierter Probleme die Fassungskraft eines einzigen Kopfes oder mathematischen Computers übersteigt, ist es müßig, zu weit nach vorne zu blicken. Der Staatsmann kann nur fragen, was unmittelbar am nützlichsten wäre, und sich dann mit den ihm zur Verfügung stehenden Mitteln an die Ausführung begeben.

Das Ziel eines Kurses, wie ich ihn oben in groben Zügen dargestellt habe, würde nicht sein, die Menschheit auf eine neue Ebene von Nächstenliebe, Frieden, Wohlstand und Brüderlichkeit zu führen. Unter Berücksichtigung dessen, was die Menschen sind, was sie immer waren und vorerst wohl auch bleiben werden, würden wir nicht erwarten, daß am absehbaren Ende dieser Bemühungen – sagen wir nach etwa drei bis vier Jahren (was etwa die Grenze sinnvollen Vorausplanens von jedem Staatsmann sein dürfte) – Kriege auf der Erde abgeschafft wären, Menschenrechte überall ihren festen Platz hätten und Völker und Regierungen überall dazu gebracht wären, die USA mit Dankbarkeit, Bewunderung und Liebe zu betrachten. Was wir hoffen würden – und, wie ich meine, auch erwarten dürften –, wäre, daß sich am Ende dieser Periode die Wolke der Gefahr, die für uns alle mit der enormen Entwicklung und Verbreitung von Kernwaffen gegeben ist, auflösen möge; daß eine beruhigende Beziehung zwischen Rußland und dem fortgeschrittenen Westen im Entstehen sein möge; und daß Menschen und Regierungen – wenigstens in der höher entwickelten nördlichen Hemisphäre – etwas leichter atmen würden und darauf eingestellt wären, sich von der Festlegung auf militärische Rivalität abzukehren und konstruktiveren, hoffnungsvolleren Aufgaben zuzuwenden – ganz besonders der Herstellung eines gesunden Gleichgewichts zwischen der modernen industriellen Zivilisation und der natürlichen Umwelt, in der sie verwurzelt ist, sowie der Entdeckung einer besseren Beziehung des Menschen zu sich selbst und zu seinen Mitmenschen – einer Beziehung, die mehr geistige Stütze und Hoffnung geben würde – in einer Zeit hoher technologischer Leistung und materiellen Überflusses.

Zur weiterführenden Lektüre sei verwiesen auf das ebenfalls in diesem Verlag erschienene Buch von Hartmut Velbinger: Eindämmung und Entspannung – George F. Kennan und die amerikanische Strategie in den 70er Jahren (siehe nächste Seite).

Wir sollten uns stets daran erinnern, daß eine bizarre Zukunft in dem Augenblick, in dem sie geschieht und in die Geschichte eingeht, verständlich, vorhersehbar und einleuchtend wird. Niemand hat geglaubt, daß Nikita Chruschtschow „verrückt genug" sein würde, im Jahre 1962 Atomraketen auf Kuba zu stationieren. Zur Zeit des überwältigenden Wahlsieges Nixons im Jahre 1972 wären die Geschichte von einem Watergate und sein Rücktritt ein Phantasiegespinst gewesen; 1962, die Geschichte vom Fall Südostasiens im Jahre 1975 – absurd; 1968, eine Voraussage von Nixons Reise nach Peking – lächerlich. Und dann, natürlich gab es den schockierenden arabischen Ölboykott und eine Erpressung, der sich der Westen demütig beugen mußte. Wahrheit ist fremdartiger als eine Fiktion. Vieles von dem, was politisch in dieser Welt geschieht, würde als Tatsachenroman oder mögliches Drehbuch keine Annahme finden.

*Mitterrand, F.*

**Spreu und Weizen**

320 Seiten, Paperback, ISBN 3 88073 032 6

Pressestimmen zur franz. Ausgabe

Chamfort, Montaigne, Bossuet – zu diesen Namen der französischen Moralisten gehört laut Le Monde neuerdings ein weiterer: Mitterrand. Denn der Parteichef der französischen Sozialisten hat ein Buch geschrieben, das auch seinen Gegnern Bewunderung abnötigt und dabei ist, ein Bestseller zu werden: Mit politischen Analysen, poetischen Landschaftsschilderungen und feinfühligen Portraits von Freunden wie Gegnern beweist „La paille et le grain" (Spreu und Weizen) das schriftstellerische Talent eines Politikers, der dennoch nicht die Absicht hat, sich auf Literatur zu beschränken. Der Spiegel

Ohne einen politischen Glauben in Frage zu stellen, der auf jeder Seite bestätigt wird und den übrigens Chardonne teilte auf seine Art – „Der Kapitalismus unserer Zeit ist ein Skandal" –, ist es erlaubt, in dieser Kunst der Loslösung vom Alltäglichen den Schlüssel zu den Fragen zu suchen, die einigen die Persönlichkeit Mitterrands stellte. Mitterrand ist nicht der Schauspieler, den die Politik heute verlangt: als Schriftsteller betrachtet er vorrangig das Französische auf Grund der Bedeutung seiner Worte. Le Monde

*Orland, N.*

**Israels Revisionisten**

Die geistigen Väter Menachem Begins
220 Seiten, Paperback, ISBN 3 88073 056 3

Ein Verständnis für die Bedeutung des Machtwechsels, der sich in Israel nach den letzten Wahlen vollzog, sowie für den geistigen Hintergrund der regierenden Partei Menachem Begins, ist ohne Rückblick auf deren Vorläuferin, die „revisionistische zionistische Bewegung" nicht möglich.

Nachum Orland zeichnet den historischen Weg der rechten Partei im Zionismus, analysiert und wertet ihre politische Aktivität und Weltanschauung. Einer der Schwerpunkte in der Untersuchung sind die Beziehungen zwischen den Revisionisten und ihren Gegnern, die Arbeiterparteien. Sie haben oft und undifferenziert die Revisionisten als „Faschisten" verdammt. Nachum Orland geht dieser Frage ohne irgendwelchen ideologischen Scheuklappen nach. – Jüdische Faschisten? Gibt es sie überhaupt? Kann es sie geben?

Eingebettet in die allgemeine Geschichte des Zionismus zeigt der Verfasser mit Schärfe und tiefem Einfühlungsvermögen die innere Entwicklung innerhalb der Revisionisten, ihre positiven politischen Ansätze, aber auch ihre Unzulänglichkeiten. Sie trugen mit dazu bei, daß die Revisionisten, diffamiert und verbittert, oft auch verfolgt, in der Opposition blieben – Jahrzehnte lang. Ihr Erbe jedoch wirkt auch heute, gerade heute, in Israel weiter. Nachum Orlands Buch ist ein wichtiger Beitrag, unerläßlich für all diejenigen, die den Zionismus als politische Bewegung und die geistigen Strömungen in ihm verstehen wollen.

tuduv